海沧姓氏源流

廖艺聪 编著

厦门大学出版社
XIAMEN UNIVERSITY PRESS
国家一级出版社
全国百佳图书出版单位

图书在版编目(CIP)数据

海沧姓氏源流/廖艺聪编著. —厦门:厦门大学出版社,2016.5
ISBN 978-7-5615-5996-3

Ⅰ.①海…　Ⅱ.①廖…　Ⅲ.①氏族谱系-研究-厦门市　Ⅳ.①K820.9

中国版本图书馆 CIP 数据核字(2016)第 061167 号

出 版 人	蒋东明
责任编辑	薛鹏志
美术编辑	李夏凌
责任印制	朱 楷

出版发行　**厦门大学出版社**
社　　址　厦门市软件园二期望海路 39 号
邮政编码　361008
总 编 办　0592-2182177　0592-2181253(传真)
营销中心　0592-2184458　0592-2181365
网　　址　http://www.xmupress.com
邮　　箱　xmupress@126.com
印　　刷　厦门市万美兴印刷设计有限公司
特约经销　厦门天顶文化传播有限公司
地　　址　厦门市思明区体育路华夏工业区 1 号楼 6 层
电　　话　0592-5888587

开本　787mm×1092mm　1/16
印张　17.75
字数　320 千字
印数　1～3 000 册
版次　2016 年 5 月第 1 版
印次　2016 年 5 月第 1 次印刷
定价　80.00 元

厦门大学出版社
微信二维码

厦门大学出版社
微博二维码

本书如有印装质量问题请直接寄承印厂调换

海沧姓氏源流

浩明题

厦门民盟美术院画师陈浩明盟友题写书名

"海沧姓氏源流"
记录乡愁
服务社会

邹品柱题

原海沧管委会副主任邹品柱题词

海滄姓氏源流出版誌賀

發揚優良
啟迪後昆

藝聯學弟正後 楊廣敏

厦门市民间文艺家协会主席、集美大学杨广敏教授题词

海沧区姓氏人口分布简图

仙灵横山
坑内茶园
后坑
后坑工区
白石距山
天柱山
五尺鞋护林点
真寂寺
大安山 593
天竺山水库
牛冈岭
桥头
东坑洋
后坑
李士
寨后（李姓）
山边（陈姓）
莲花（陈姓）
周瑶（周姓）
东瑶
凤山（苏、刘姓）
洪塘（陈姓）
过坂
贞岱（苏姓）
下尾（康姓）
芸美（陈姓）
鼎美（胡姓）
后柯（柯姓）
祥露（庄、欧阳姓）
霞阳（杨姓）
新坡（邱姓）
鳌冠（林、吴姓）
茂林王姓
东埔（张姓）
市第一农场
龙池
龙田
田里
角美镇
东山
石硿
锦宅
石美
南门
西边
溪南
金山
白礁
大岩山
防锋岭
古楼
海沧农场
钟山（蔡姓）
芦坑（卢姓）
宁店（李姓）
霞阳（杨姓）
石塘（谢姓）
东屿
渐美（柯、李、郑姓）
温厝（温姓）
海沧区
囷瑶（林姓）
大埕（何姓）
青礁（颜姓）
柯井（张姓）
海沧
锦里（林姓）
后井（周姓）
莲花洲（陈姓）
山后（苏姓）
大观山
白鹭自然保护区
岭上（李姓）
贞庵（江、杨姓）
金定
仁和
白鹭自然保护区
鼓浪屿街道
嵩屿街道
中华街道
鼓浪屿
湖里区
思明区
厦门港

图例

★ 区行政中心
◎ 行政村
○ 自然村

序

参天之木，必有其根，怀山之水，必有其源。凡中国人都有姓，姓氏是一个人或一个家族的符号，它穿越历史长河，让我们看到了自己的根。我的家族从哪里来？一直都是炎黄子孙始终追寻的纠结。姓氏文化成为中华传统文化的重要内容之一。

海沧风景秀丽，历史悠久。数百年来，海沧先民有下南洋、过台湾的传统，生活于斯的各姓氏都有其独特的岁月留痕。海沧，做为侨乡祖地，对台交流的桥头堡，其姓氏源流研究情牵游子情怀，意义重大。若有疑议的话，请看廖君《海沧姓氏源流》一书，便知分晓。

近几年来，由于兴趣相投，我与艺聪已成为挚友。他酷爱斯地的传统文化，尤是姓氏研究和习俗信仰，立志要厘清海沧"两庙"（寺庙和家庙）故事。为《海沧姓氏源流》的问世，多年来他不辞辛劳，走遍海沧的山山水水，查看族谱，考察宗祠，访问老者，究证史料，今终成正果，我为之敬佩、嫉妒。

《海沧姓氏源流》一书较为系统地对海沧原住民姓氏加以研究，资料殷实，考证有据。它的出版，开创了海沧姓氏研究的先河。相信此书肯定能为广大热爱族事的读者所喜爱和珍藏，对初涉谱学者有大帮助。但愿姓氏文化以族谱为载体，以宗族为纽带，以祠堂为依托，以弘扬祖德、敦亲睦族为主要内容，以忠孝廉节为典范，以爱国主义为核心，为构筑中华民族和谐社会增姿添彩。

江林宣拜言
已未年腊月

（江林宣，研究馆员，原厦门市图书馆副馆长。）

目 录

第一章 海沧姓氏概况

中华姓氏是一种超越时空、贯穿古今的文化现象，是中华民族的特殊标志，是中华民族传统文化中的瑰宝。每一个姓氏都有一番意味深长的来历，都蕴含一段段生动有趣的历史。据中国科学院遗传研究所的报告，中国现代社会常用的姓氏有 3000 多个。

海沧区位于福建省厦门市西南部，西北与漳州市长泰县交界，西南与龙海市毗邻，东北与集美区接壤，东南与厦门岛相望，南止于九龙江。下辖四个街道、三个农林场，共计 38 个村居，人口总数约为 49 万人（截至 2015 年 12 月）。

海沧史属漳、泉两府，今海沧、嵩屿、新阳街道（大部）属漳州府海澄县，东孚街道属泉州府同安县。1957 年 4 月、1958 年 8 月，同安县的东孚乡、海澄县的海沧、新垵乡先后划归厦门市。先后归属郊区、集美区、杏林区。2003 年 8 月，杏林区更名为海沧区，辖海沧、东孚、新阳两镇一街。此后，海沧各项社会事业蓬勃发展，逐步成为宜居宜业、温馨活力的美丽新城。

表1-1 2015年海沧区行政区划一览表

机构名称	下辖村居（农、林场）名称
海沧街道 （海沧新大街）	社区（3个）：海沧、温厝、海兴 村委会（6个）：青礁、囷瑶、锦里、后井、渐美、古楼
嵩屿街道 （嵩屿路116号）	社区（10个）：鳌冠、东屿、钟山、海发、海达、海翔、海虹、 未来海岸、北附小、海林 村委会（2个）：石塘、贞庵
新阳街道 （新光路253号）	社区（3个）：霞阳、祥露、兴旺 村委会（1个）：新垵
东孚街道 （洪诗路98号）	社区（7个）：凤山、莲花、东埔、山边、寨后、过坂、天竺 村委会（6个）：东瑶、鼎美、后柯、芸美、贞岱、洪塘
农场（3个）	第一农场、海沧农场、天竺山林场

第一节　海沧姓氏现况

海沧经济的飞速发展，带来了人口的大量涌入，外来姓氏的加入极大地丰富了海沧原有的姓氏。据厦门市公安局海沧分局统计，截至2007年底，全区常住人口106251人，共390姓，其中万人以上有林、陈两姓；千人以上有24个，为海沧原住民之姓氏；百人至千人51个，是福建常见姓氏；不足百人的姓氏315个，姓氏人数在3人以下的有152个，人数仅1人的姓氏达78个之多，基本是海沧开发建设后流入的。

表1-2　海沧区姓氏常住人口频率表
（截至2007年12月）

序次	姓氏	人口数	序次	姓氏	人口数	序次	姓氏	人口数
1	林	12537	2	陈	11354	3	李	6317
4	周	5124	5	邱	4981	6	张	4301
7	颜	3950	8	黄	3779	9	谢	3690
10	王	3669	11	杨	3663	12	苏	3639
13	蔡	2771	14	刘	2245	15	吴	2038
16	胡	1849	17	柯	1807	18	许	1780
19	叶	1589	20	郑	1537	21	庄	1313
22	洪	1174	23	江	1123	24	温	1120
25	郭	937	26	曾	821	27	何	792
28	廖	655	29	高	563	30	钟	547
31	朱	503	32	肖	485	33	徐	452
34	魏	436	35	白	429	36	康	427
37	卢	357	38	罗	356	39	余	312
40	沈	306	41	赖	298	42	潘	280
43	梁	272	44	杜	259	45	马	237

46	蒋	220	47	方	220	48	孙	216
49	施	214	50	姚	213	51	赵	210
52	吕	208	53	石	201	54	卓	195
55	翁	194	56	戴	192	57	邓	183
58	程	169	59	尤	169	60	傅	164
61	范	160	62	欧阳	158	63	薛	154
64	詹	142	65	彭	132	66	汪	131
67	纪	130	68	曹	130	69	唐	125
70	董	125	71	汤	124	72	游	118
73	蓝	112	74	邹	109	75	毛	103
76	冯	95	77	邵	94	78	阮	94
79	宋	93	80	连	92	81	熊	84
82	章	82	83	严	81	84	龚	81
85	兰	79	86	袁	72	87	钱	66
88	丁	64	89	姜	64	90	甘	64
91	俞	63	92	侯	63	93	韩	61
94	涂	60	95	雍	60	96	夏	59
97	池	55	98	付	55	99	饶	55
100	金	52	101	陆	52	102	易	51
103	史	50	104	雷	50	105	田	47
106	童	47	107	巫	46	108	任	44
109	万	44	110	谭	43	111	于	42
112	骆	38	113	阙	36	114	简	35
115	黎	33	116	尹	32	117	陶	31
118	樊	31	119	倪	30	120	崔	29
121	占	29	122	殷	28	123	顾	27

124	贺	27	125	官	26	126	韦	25
127	文	23	128	梅	23	129	丘	23
130	管	23	131	孔	23	132	秦	22
133	伊	22	134	练	22	135	龙	21
136	常	21	137	宁	21	138	乔	21
139	季	21	140	祝	21	141	聂	21
142	柳	20	143	齐	20	144	贾	20
145	项	20	146	鲍	19	147	闫	18
148	凌	18	149	伍	18	150	段	18
151	葛	17	152	郝	17	153	邢	16
154	单	16	155	岳	16	156	喻	15
157	向	15	158	武	15	159	包	15
160	孟	15	161	华	15	162	曲	14
163	乐	14	164	艾	14	165	缪	13
166	舒	13	167	裴	13	168	牛	13
169	毕	13	170	上官	12	171	应	12
172	申	11	173	尧	11	174	盛	11
175	代	11	176	关	11	177	莫	11
178	左	11	179	危	10	180	查	10
181	苗	10	182	明	9	183	揭	9
184	佘	9	185	蒲	9	186	耿	8
187	臧	8	188	覃	8	189	晏	8
190	尚	8	191	焦	8	192	庞	7
193	邬	7	194	蔚	7	195	辛	7
196	谷	7	197	苑	7	198	祖	7
199	蔺	7	200	路	7	201	候	7

202	席	7	203	冉	7	204	鞠	6
205	鲁	6	206	奚	6	207	车	6
208	古	6	209	仇	6	210	卞	6
211	闵	6	212	修	5	213	姬	5
214	祁	5	215	成	5	216	司马	5
217	宣	5	218	禹	5	219	卫	5
220	邝	5	221	沙	5	222	燕	4
223	隋	4	224	亓	4	225	敖	4
226	麻	4	227	柴	4	228	刁	4
229	宗	4	230	靳	4	231	桑	4
232	褚	4	233	霍	4	234	娄	4
235	窦	4	236	商	4	237	谌	4
238	滕	4	239	惠	3	240	和	3
241	寿	3	242	米	3	243	安	3
244	边	3	245	郎	3	246	党	3
247	辜	3	248	寇	3	249	但	3
250	鹿	3	251	桂	3	252	瞿	3
253	海	3	254	解	3	255	栾	3
256	支	3	257	阎	3	258	丛	3
259	呼延	3	260	景	3	261	侍	3
262	山	3	263	闭	2	264	荆	2
265	粘	2	266	供	2	267	况	2
268	荣	2	269	厉	2	270	钮	2
271	眭	2	272	符	2	273	凤	2
274	楼	2	275	冷	2	276	廉	2
277	月	2	278	帅	2	279	牟	2

280	锜	2	281	吉	2	282	元	2
283	戈	2	284	师	2	285	穆	2
286	甄	2	287	展	2	288	亢	2
289	蹇	2	290	端	2	291	屠	2
292	朴	2	293	普	2	294	仲	2
295	房	2	296	糜	2	297	战	2
298	母	2	299	柏	2	300	过	2
301	费	2	302	东	2	303	巩	2
304	储	2	305	肇	2	306	栗	2
307	漆	2	308	全	2	309	花	2
310	信	2	311	檀	2	312	宫	2
313	农	1	314	沓	1	315	厦	1
316	丰	1	317	茨	1	318	靖	1
319	鲜	1	320	飞	1	321	焉	1
322	力	1	323	鄢	1	324	阿	1
325	湘	1	326	吾	1	327	隆	1
328	蓬	1	329	暨	1	330	索	1
331	裘	1	332	瘳	1	333	历	1
334	奉	1	335	萧	1	336	原	1
337	虞	1	338	潭	1	339	慕容	1
340	初	1	341	澳	1	342	班	1
343	郦	1	344	匡	1	345	芮	1
346	来	1	347	南	1	348	淡	1
349	宾	1	350	望	1	351	才	1
352	翟	1	353	时	1	354	屈	1
355	贡	1	356	琚	1	357	畅	1

358	井	1	359	冒	1	360	诸葛	1
361	阳	1	362	蒙	1	363	豆	1
364	胥	1	365	束	1	366	遇	1
367	扈	1	368	阴	1	369	郏	1
370	宛	1	371	朝	1	372	芦	1
373	佟	1	374	岑	1	375	衣	1
376	谈	1	377	水	1	378	从	1
379	富	1	380	满	1	381	粟	1
382	梁	1	383	赫	1	384	瓮	1
385	留	1	386	银	1	387	宇文	1
388	门	1	389	荔	1	390	劳	1

海沧原住民多源自中原河洛一带，聚族而居，具有浓厚的血缘关系，各宗族于聚落开拓完成后，多会在聚落的中央兴建宗庙。据调查，海沧现有家庙150座左右，分属30个姓氏。他们就是海沧的"原住民"。

表1-3 海沧区各村社家庙简表（按村居排列）

	何姓家庙	堂号	业主	地址
	海沧街道			
1	林氏家庙	馨德堂	锦里林总祠	锦里村南片 111 号
2	林氏家庙	懋德堂	锦里长房长	锦里村东片 88 号
3	林氏家庙	敬德堂	锦里长房次	锦里村东片 88 号
4	林氏家庙	昭德堂	锦里林四房	锦里村南片 33 号
5	林氏家庙	耀德堂	锦里林五房	锦里村东片 59 号
6	林氏宗祠	追远堂	囷瑶林总祠	囷瑶村石岑 336 号
7	林氏小宗	诒德堂	大房	囷瑶村石岑 300 号

8	林氏宗祠	追远堂		困瑶村石岑社
9	林氏祠堂			困瑶村后山尾 72 号
10	林氏小宗	追远堂		困瑶村毛穴广 18 号
11	王氏宗祠			困瑶村西陵坑社
12	何氏家庙	庐江堂		困瑶村大埕 69 号
13	陈氏家庙	追远堂		困瑶村山仰 79 号
14	陈氏小宗	崇孝堂		困瑶村
15	陈氏家庙	宛在堂	再嘉房	海沧新街 46-48 号
16	陈氏家庙	曰肯堂	再安房	海沧社区旧街
17	陈氏家庙	薇荫堂	再安房	海沧社区洪厝社
18	周氏家庙	缵绪堂		海沧社区龙庙社
19	张氏家庙	诒德堂		海沧社区柯井社 88 号
20	张氏宗祠	裕宁堂		古楼村 302 号
21	杨氏家庙			古楼村上瑶社
22	温氏家庙	垂裕堂	总祠	温厝社区 169 号
23	温氏家庙		长房	温厝赤石社 38 号
24	温氏家庙	善述堂	二房	温厝社区 42 号
25	温氏家庙	肇修堂	三房	温厝社区温厝社
26	温氏家庙	太原堂		兴港花园 2301 号
27	林氏祖庙	思远堂		温厝社区宁坑
28	李氏家庙	树德堂		温厝社区宁店社 6 号
29	李氏家庙	怀恩堂		温厝社区石仓社
30	苏氏家庙	孝慈堂		温厝社区山后 107 号
31	萧氏宗祠	念德堂		兴港花园 2371
32	刘氏家庙			温厝社区马垅社 277 号
33	颜氏大宗	开漳堂	总祠	青礁村过田 13 号

34	颜氏家庙	崇泽堂	院前房祠	青礁村院前
35	颜氏小宗		红砖仔角房	青礁村院前 67 号
36	颜氏小宗		中宣第房	青礁村院前 85 号
37	颜氏家庙	崇恩堂	青礁房祠	青礁村大路
38	颜氏宗祠	缵恩堂	青礁长房	青礁村大路 216 号
39	颜氏小宗	思恩堂	青礁三房	青礁村鸿江 49 号
40	颜氏小宗	联恩堂	青礁五房	青礁村大路 22 号
41	颜氏小宗	承恩堂	青礁六房	青礁村埭里 126 号
42	颜氏小宗	继恩堂	青礁七房	青礁村后松
43	陈氏家庙	光裕堂	芦塘总祠	青礁村芦塘 6 号
44	周氏家庙	忠义堂	祖祠	后井村衙里社
45	周氏家庙		三房	后井村内坑社
46	许氏宗祠	孝思堂		渐美村西片 542 号
47	许氏小宗	怀思堂		渐美村西片 596 号
48	谢氏小宗	世飨堂		渐美村芦坑社 91 号
49	谢氏小宗			渐美村北片 89 号
50	蔡氏家庙	济阳堂		渐美村
51	蔡氏家庙	隆诒堂		渐美村西片 172 号
52	卢氏祖厝			渐美村芦坑社 347 号
53	卢氏家庙			渐美村芦坑北片 89 号
54	何氏小宗			海沧农场坪埕
	嵩屿街道			
55	江氏宗祠	追远堂	总祠	贞庵村贞庵社
56	江氏宗祠	崇德堂	二房	贞庵村贞庵社
57	江氏宗祠	诒燕堂	六房	贞庵村贞庵社
58	杨氏宗祠	树德堂	杨亮节派	贞庵村贞庵社

59	李氏宗祠	追远堂		贞庵村岭上社
60	卢氏祠堂			贞庵村岭上
61	林氏宗祠	雁塔堂		贞庵村澳头社
62	黄氏宗祠			贞庵村澳头社
63	叶氏宗祠		大房	贞庵村京口社
64	叶氏宗祠	崇本堂	二房	贞庵村京口社
65	薛氏宗祠			贞庵新村 101 号
66	谢氏家庙	世德堂	总祠	石塘村北片 255 号
67	谢氏家庙	孝德堂	长派长房	石塘村北片 121 号
68	谢氏小宗	顺德堂	长派五房河尾角	石塘村南片 200 号
69	谢氏小宗	延德堂	长派五房前郊角	石塘村北片 226 号
70	谢氏家庙	树德堂	长派六房东坑	石塘村
71	谢氏家庙	种德堂	次派水头角	石塘村水头社 138 之 1
72	谢氏小宗	述德堂	次派共四方	石塘村北片 188 号之 1
73	谢氏家庙	仁德堂	西山角	石塘村北片 466 号
74	林氏公厅			石塘村刘山社
75	李氏祖祠			石塘村水头
76	黄氏家庙	锦云堂		石塘村垾头
77	黄氏宗祠	敦叙堂		石塘村排头社
78	柯氏家庙	享德堂	祖祠	东屿社区顶社长坪角
79	柯氏家庙		东屿九柱	东屿社区乌井角大夫第
80	李氏家庙	世德堂		东屿社区村南路 95 号旁
81	李氏家庙	积庆堂		东屿社区村南路 95 号旁
82	蔡氏家庙	毅诒堂		钟山社区 559 号
83	吴氏家庙	垂裕堂		鳌冠社区
84	林氏家庙	敦本堂		鳌冠社区东片 252 号

85	卢氏家庙	本音堂		鳌冠社区庙兜 82 号
		新阳街道		
86	邱氏家庙	诒榖堂	大祖祠	新垵村北片 223 号
87	邱氏祖祠	敦敬堂	墩后	新垵村北片 228 号
88	邱氏家庙	澍德堂	宅派	新垵村
89	邱氏祖祠	金山堂	岑房	新垵村北片 253 号
90	邱氏小宗	垂德堂	门房	新垵村北片 126 号
91	邱氏小宗	思文堂	海长房	新垵村北片 297 号
92	邱氏小宗	垂统堂	屿房	新垵村北片 340 号
93	邱氏祖祠	丕振堂	田房	新垵村北片 323 号
94	邱氏祖厝	榕墩堂	梧房	新垵村北片 109 号
95	邱氏小宗		门房向东小宗	新垵村北片 81 号
96	邱氏家庙	仰文堂	海房	新垵村北片 575 号
97	邱氏祖厝	裕德堂	梧房	新垵村北片 72 号
98	邱氏小宗	裕文堂	海二房	新垵村北片 665 号
99	邱氏家庙	追远堂	海五房	新垵村北片 579 号
100	林氏家庙	敬愉堂		新垵村东社 146 号
101	许氏祠堂	敦睦堂		新垵村许厝 190 号
102	叶氏宗祠			新垵村东社 405 号
103	杨氏宗祠	植德堂		霞阳社区
104	张氏家庙	忍和堂		霞阳社区田边
105	林氏宗祠			霞阳社区霞阳西路
106	庄氏家庙	怀恩堂	总祠	祥露西片 191 号
107	庄氏家庙	崇敬堂	长房	祥露社区东片 176 号
108	庄氏家庙	五福堂		祥露社区篮球场边
109	庄氏家庙	述志堂	四房	祥露社区尾厝

110	庄氏家庙		六房	祥露社区西片 325 号
111	庄氏家庙	茂德堂	七房	祥露社区西片 237 号
112	欧阳家庙	助教堂		祥露社区 149 号
		东孚街道		
113	胡氏家庙	敦睦堂	总祠	鼎美村北区 17 号旁
114	胡氏家庙	燕诒堂	长房	鼎美村西区 7 号对面
115	胡氏家庙	承德堂	二房	鼎美村东区 23 号旁
116	陈氏家庙	墩山堂		鼎美村东区 167 号旁
117	柯氏家庙	一经堂	祖祠	后柯村南区 158 号之一右
118	柯氏家庙	思成堂	长房(田头角)	后柯村南区 120 号旁
119	柯氏家庙	追远堂	七房	后柯村南区 280 号右旁
120	柯氏家庙	自我堂	七房	后柯村
121	柯氏家庙	时思堂	七房下	后柯村北区 69 号
122	柯氏家庙	衍里堂	七房下	后柯村后路沟
123	柯氏家庙	敦厚堂	前柯	后柯村北区 175 号内
124	柯氏家庙	垂裕堂	猪灶角小房	后柯村南区 158 号之一右
125	陈氏宗祠	敦睦堂		东瑶村
126	周氏家庙	开闽堂		东瑶村
127	邱氏家庙			东瑶村后头
128	颜氏宗祠	敬爱堂		东瑶村
129	康氏家庙	霞文堂		东瑶村霞美社
130	张氏家庙	树德堂		东埔社区
131	刘氏家庙			东埔社区东区
132	吴氏家庙			东埔社区中区
133	叶氏家庙	郡马府	忠房	第一农场孚中央
134	李氏大宗	五山堂	闽南总祠	山边社区东坂

135	李氏家庙	孝思堂	七房	山边社区东坂
136	李氏家庙			山边社区下土楼（新村）
137	李氏宗祠		西岐房	山边社区西岐头
138	王氏家庙	珉公厅		山边村浦头社
139	谢氏家庙	宝树堂		过坂社区
140	谢氏家庙	宝树堂		过坂社区汤岸
141	陈氏家庙			过坂社区大溪社
142	陈氏家庙	莲山堂	总祠	莲花村莲花社
143	陈氏家庙	孝思堂		莲花村南山社
144	王氏家庙	世德堂		莲花村茂林社
145	陈氏家庙	明德堂		芸美村
146	黄氏家庙	锦云堂		芸美村墘头社
147	苏氏家庙	绍珪堂	总祠	贞岱村中区 36 号
148	苏氏家庙	追远堂	文焕派下	贞岱村 3 区灯光球场旁
149	苏氏家庙	郁文堂	文焕派下	贞岱村 3 区灯光球场旁
150	刘氏家庙		莆田涵江派	凤山村后埔社

第二节 古代入住姓氏

今海沧境域内，唐朝以前，所居人口、姓氏，史无记载。今根据海沧区现存各姓族谱及江林宣研究员、廖艺聪老师的走访调查，按时代顺序，叙述肇基海沧的姓氏。

（一）唐末五代时期

青礁谢姓、洪姓 据《海澄县志》载："……唐谢翛与弟谢修读书于此，南唐主簿洪文用与族人洪泽复偕隐焉"。谢翛，字升之，唐末南安县大同场（后设同安县）青礁人，文德元年（888年）进士。他文藻过人，其居之山因名文圃。从此文字中得知，唐末五代时期，青礁附近居住着谢、洪等姓人家。

渐美许姓 据族人介绍，开基祖为许均正，是漳南许天正裔孙，唐朝末年，许均正从龙溪马坪（今龙海程溪）到渐美落户。

莲花陈姓 据《莲山堂陈氏族谱》载，唐末，陈邕公之孙陈翾开辟了东孚莲花的陈姓家园。

（二）北宋时期

青礁颜姓 依《青礁颜氏族谱》载，北宋庆历年间（1041-1048年），永春卓埔（今达埔）人颜恺被蔡襄荐为泉州教授，后改教漳州，遂居住（龙溪）青礁，成为青礁颜氏的开基祖。

青礁苏姓 苏颂的第四个儿子苏颐（字宋杰，号碧溪），北宋宣和六年（1124年）从同安往青礁开基，其孙苏竦、曾孙苏溥皆为进士。今青礁苏姓极少，裔孙繁盛于虎渡（龙海市东泗乡）、东孚街道贞岱、凤山，温厝山后社和灌口镇深青等地。

山边李姓 北宋末年，李谕入住同安县仙店（今海沧区东孚街道山边村东坂）。传五子，君安、君怀、君博、君通、君迗。君怀传有五子，汝谆（居南安大盈雄山）、汝谨（居同安仙店南山，今东孚山边村）、汝海（居同安兑山，今属集美区）、汝谟（居海澄己山）、汝谦（居南靖水头金山）。后人尊为"五山李"，苗裔广布闽南各地，人数多达上万人。

（三）南宋时期

后柯柯姓 南宋初年，被朱熹尊为"理学名儒"的晋江人柯翰（字国材）开基同安后柯，为同安柯氏始祖，后移居东孚后柯村。

东埔张姓 南宋绍兴十二年（1142年）到东埔居住。龙溪张埭（今属龙海市角美镇崎巷社）张启紫裔孙张应凤先迁孚中央（今厦门市第一农场），再移居到东埔，为东埔张氏开基祖。

海沧柯井张姓 也属张埭苗裔，其始祖张宝庵于南宋末年迁来。

海沧何姓 据明代《何氏族谱志》记载，南宋中期，居于龙溪白石乡（今龙海角尾）的何氏裔孙何文宝迁居海沧。据说其孙国文、国贤、国俊都是南宋嘉定年间进士。何文宝的这支裔孙因兵祸外迁，在海沧守祖者因之衰零，有的迁往晋江，今海沧已难以寻觅。

石塘谢姓 南宋绍定六年（1233年），谢伯宜四世孙谢铭欣（号东山）由海澄豆巷卜居石塘，为石塘始祖。

（四）宋末元代时期

时元兵南下，此时，避兵乱先后移居到海沧的姓氏有陈、蔡、林、周、邱、柯、杨、胡、黄、刘、魏、何诸姓，这些姓氏成为海沧原住民的主要成分。

芸美陈姓 从泉州北门外分衍，宋末元初，陈宓之孙陈著（字梅隐）开基庄江路墘（今东孚街道芸美）。

鼎美陈姓 始祖陈泰基为长泰人，官判州军事。南宋末年，元兵南下，陈泰基隐居于陈墩（今东孚鼎美，）。裔孙散布在鼎美村附近社里。

钟山蔡姓 元朝初期，角尾的蔡景福先居鳌冠蔡岭，以养鸭为生，后到钟山定居。

东瑶西园陈姓 为南院太傅殿前派系，其26世孙于元朝时期迁居东瑶村西园。

锦里林姓 元初，漳浦藩岭人林琼宗避乱，携家迁到东孚街道山边村，倾资建造有一座石桥。林琼宗三子林天福先居同安嘉禾石湖，后居漳州，其孙兴智迁居金沙（今海沧后井）。其玄孙仙童，明朝初年再迁锦里，锦里林氏仍尊天福为始祖。

后井周姓 从龙溪县鹿石大井边社（今属龙海市莲花镇芦坑村新渡六口碑）迁来。开基鹿石大井边的周景清生子淑泽，淑泽生素庵，素庵生元朗、草庭、彦修、元鼎。草庭于元朝末叶迁金沙（今海沧后井）。

新垵邱姓 原姓曾，据《新江邱曾氏族谱》载：居住在厦门岛曾厝垵的曾光绰第5代裔孙曾明，元朝末年，避乱从鹭岛曾厝垵迁同安十八都山平洪（今东孚山边洪），入赘邱家。夫妻承邱氏业，生晚成。二世晚成移居三都新垵郑墩社，生大发（为邱姓，被乱党害杀）、正发（为曾姓）。三世正发先以曾姓，为里役正式改为邱姓，今成此村旺族。

东屿柯姓 属莆田支派，裔孙祐立（名齐）在元至正年间迁漳州龙兴屿（今海沧东屿），为东屿柯氏始祖。明顾起元的《懒真草堂集》中有《文林郎陕西道监察御史立台柯公墓志铭》一文，立名柯公，即东屿柯氏的九世孙柯挺。其墓志铭曰："先世为莆人，至正间，祐立公始徙于漳之龙兴屿。"

霞阳杨姓 据《霞阳杨家使头公杨氏支谱》载：元朝末年，杨寺丞（名秩）全家从河南固始经浙江丽水入闽。先居长泰，为碧溪派开基祖。不久，率全家定居后溪溪西村，寺丞子生耕道、耕德。耕道有九子，其八子德卿居霞阳，为霞阳杨氏开基祖。

鼎美胡姓 从永定下洋迁徙而来。元朝末年，胡念八郎率子进福、进德外出打铁谋生。初住南坂湖社，后转入十八都积善里（今东孚）鼎美社定居，以养鸭为生，成为鼎美胡姓的肇基祖。

后井欧垄魏姓 据族人口传，从龙溪玉州港内（今角美玉江）迁来。时间大约在元朝末年，始祖名失记。

芸美埭头黄姓 元朝末年，黄振恩从锦宅（今属龙海市角美镇）迁居到此。

温厝马垄刘姓 元朝末年，始祖刘汝实从海澄内刘随军来到温厝村马垄开基。

困瑶大埤何氏 元末明初从禾山（今厦门岛）何厝移居来此。

鳌冠林姓 始祖是莆田之林让，因时乱，于元末明初迁居鳌冠。

（五）明朝时期

是原住民入住海沧的又一高潮，繁衍于此的姓氏有：江、欧阳、温、谢、庄、周、林、刘、吴、陈、杨、叶、康等姓。

贞庵江姓 源于同安嘉禾里汤坂里(现湖里区高林社区田里社)。南宋末年江万载护帝昺逃难，经福州、泉州港避居汤坂里。传六世江世昌，生五子，明洪武八年（1375年），因避兵役，兄弟五人分居各地。其中四子佛护迁入海澄前庵（现海沧区贞庵村）居住。

祥露欧阳姓 明洪武十七年（1384年），欧阳万一先居过坂杨厝，后移居鼎美乌屿（今新阳祥露）。

温厝温姓 约在明洪武年间，平和芦溪温礼迁入海澄县龙堂社温家庄（今温厝）。

祥露庄姓 青阳庄公哲南宋末年分居同安，先住东市和潘土，再迁县城坊北隅（称顶祥露，今属同安）。庄公哲五世孙庄仙福于永乐十八年（1420年），因其外家周氏在鼎美黄林保，乐其山水之秀,复营居置业。因规模与城西祥露相当,故其地也名祥露（称下祥露，今属新阳街道）。

周山窑周姓 明朝初年，周姓一支裔孙移居周山窑（今东瑶村周瑶）。

渐美芦坑谢姓 其开基祖为谢永瑞，是明朝初期到此定居的。

困瑶林姓 明朝洪武年间，莆田北螺的林子源到困瑶落户。后山尾社（属海沧困瑶村）林姓，是明朝期间从同安琼头到此生息的。

凤山后埔刘姓 明朝初年，刘四极从海澄南门外内楼迁居东孚后埔（时称玉塘）。后东孚街道的分布在后埔、乌石埔、下尾溪、林后各社。

新垵林东林姓 据族人说，始祖是书塾先生，名失考，明洪熙元年（1425年）从今龙海东园迁来。

鳌冠吴姓 吴敏于明正统八年（1443年），从晋江灵水迁居到鳌冠落户。

莲花汤岸谢姓 依汤岸"皇明始祖景泰元年（1450年）考慎思谢公，妣四德叶氏，男邑庠生良立石"墓碑看，始祖可能是谢慎思，裔孙分衍本邑过坂村。

贞庵村京口、岭上叶姓 两村社为同宗，据族人口传，先祖可能在明朝嘉靖年间从浙江丽水迁此，今人口130人左右。

莲花陈姓 南院陈翻派裔于明末清初从角美石厝上店迁居东孚莲花。分莲花、南山、大溪（属过坂村）三大房。

山仰陈姓 大约在明朝末年，始祖陈罗曹开基山仰社（属海沧困瑶村）。

东瑶林姓 明朝末年，长泰人林子用先居鼎美，后迁到灌口上塘。其一支裔孙居东孚东瑶。

贞庵杨姓 依漳浦佛坛《杨氏世隆衍系族谱》记载，佛坛杨氏后裔加谊、加填和国秩父子带领全家人到皇亭（今贞庵）开基，时代大约在明朝末年。

霞阳刘姓 据族人口传，明朝时从南安迁来。

新垵东社叶姓 始祖为叶公灿，据说明末从同安莲花迁此。

东瑶下尾康姓 明朝时从石码沙坂康厝林迁居来此。

（六）清朝时期

入住海沧的原住民相对较少，主要有下列姓氏：陈、林、蔡、谢、黄、王、郑、卢、叶等姓。

贞庵寨前陈姓 据族人口传，始祖在康熙年间从后井迁来，名讳失考。

霞阳林姓 据族人说，先祖坐船而来，建老厝70年后才建祠堂，从祠堂内碑记可确定，祠堂建于雍正二年（1724年）。因此推测，始祖可能最迟在清朝初年迁此。

渐美蔡姓　约在清朝中期从安溪龙门落户渐美，始祖失考。

东屿谢姓　其中部分在清乾隆年间从大嶝岛迁居到此。

青礁芦塘陈姓　明代金门浯阳信房十八世陈国贤由金门迁入海澄。约在清道光年间，陈国贤后裔迁入侯堂（今青礁村芦塘社）。裔孙除芦塘外，散居在海沧村莲花洲、洪厝和龙海市角尾石美村。

石塘排头黄姓　从海澄锦宅田边分衍而来，其祠堂建于光绪十七年（1891年），由此推算，移居时间约在清晚期。

石塘排头王姓　据载，有白礁王氏裔孙于清康熙年间落户莲花村茂林社，清乾隆八年（1743年）移居于山边村浦头社，再分衍到海沧石塘排头。

东屿郑姓　其主流属大嶝派。分三次从大嶝田墘迁来，清初顺治年间，10岁的郑某到东屿落户；清中后期，田墘的郑序搬家来东屿；民国初年，郑礼源家的上祖迁居东屿。

此期间，还有居住在海沧鳌冠村庙兜社、渐美村芦坑社的卢姓，居住于新垵村东社和鼎美村的叶姓，皆无族谱，其开基祖名字，何时何地迁来均已失考。

第三节 近现代入住姓氏

近现代以来，海沧人口大量外迁，过台湾、下南洋，造成原住民外旺内弱，海沧出现了地广人稀的局面，外地人就逐渐迁徙进来。在本地区内，如仙店李姓裔孙移居石塘水头、温厝宁店、东瑶、贞庵岭上等村；困瑶林姓迁贞庵嵩屿、温厝宁坑等社；锦里林氏裔孙往东屿；贞庵澳头黄氏移海沧；东埔张氏移鼎美等等。

同时，外来的姓氏迁移到海沧的有：

新垵曾姓，族人说约120年前迁来。

新垵苏姓，约百年前从南安迁居来此。

贞庵岭上卢氏，光绪三十四年（1908年），浙江平阳的卢姓人到厦门美孚石油公司任职而居海沧。

鼎美廖姓，百余年前来自安溪。

困瑶后山尾郭姓，清末来自辽东。

过坂郭姓，1911年从同安五峰造水搬来。

鼎美叶姓，据说从同安迁来，现裔孙约180人左右。

洪塘陈姓，1911年从南安东田来洪塘村社；另一支1917年从集美移居洪塘赤土。

渐美王姓，清末从安溪来此，今衍七代。

古楼王姓，清末从安溪官桥迁来。

古楼廖姓，清末从安溪官桥来此。

东屿张姓，清末从大嶝迁此，今传六代。

据调查，上述外来姓氏，少部分如渐美蔡姓、贞庵岭上卢氏等建有家庙外，大多外来姓氏族支未建家庙。

民国至新中国成立前时期，时局战乱，为逃避抓壮丁和苛捐杂税，百姓外流迁徙频繁。而本省邻县市百姓大量入迁海沧，成了今海沧居民重要组成部分。外来人口中，又以南安、安溪籍最多，今列表如下。

表1-4 1949年前后海沧相邻县市人口入住海沧简表

居住地	姓 氏	迁入时间	原籍地	备 注
鳌冠	石姓	1953 年	南安	
鳌冠	白姓		安溪榜头	
鳌冠	陈姓	民国时期	南安	
鳌冠	廖姓	1942 年	安溪	
鳌冠	郭姓	1945 年	安溪	
鳌冠	翁姓	1948 年	安溪	
石塘埭头	陈姓	1936 年	南安满山	
石塘	王姓	1940 年	南安	
钟山	王姓	1949 年前	福州	
钟山	林姓		安溪	
困瑶大埭	李姓	1949 年前	龙海墩美	
困瑶毛广穴	黄姓	1949 年前	安溪	
古楼	林姓	1945 年	安溪官桥	
古楼	白姓	1949 年前	安溪和平	
古楼	李姓	1949 年	同安茶山	
古楼	郭姓		龙海白水	
温厝	王姓		同安红兰尾	
温厝	黄姓		越南回国定居	原籍南安
温厝	程姓	1925 年	安溪	
锦里	张姓	1949 年前	南安	
锦里	陈姓		漳浦前亭	
锦里	黄姓	1938 年	鼓浪屿	
锦里	谢姓	1949 年前	福州	
青礁	黄姓	1921 年	锦宅	

青礁	王姓	1949 年前	白礁	
海沧农场坪埕	陈姓	1931 年	安溪	
海沧农场	王姓	1935 年	安溪	
海沧农场坪埕	林姓	1921 年	安溪	
海沧农场	施姓	1935 年	安溪	
海沧农场	李姓	1949 年	安溪	
海沧农场	林姓	1940 年前后	安溪	
海沧农场	周姓	1935 年	安溪	
海沧农场	苏姓	1930 年	安溪竹园	
海沧农场	杜姓	1945 年	杏林	
海沧农场	苏姓	1947 年	海澄	
海沧农场	郭姓	1939 年	云霄	
海沧农场	蔡姓	1945 年	同安	
海沧农场	洪姓	1921 年	同安	
海沧农场	魏姓	1931 年	漳浦	
新垵	陈姓	1925 年	南安	
霞阳	李姓	民国时期	角美	
洪塘	何姓	抗战期间	安溪	居赤土、龙井
洪塘	李姓		安溪南安	
洪塘西塘	刘姓	抗战期间	南安桃源	
洪塘	石姓		南安眉山	居龙井、赤土
洪塘	林姓		南安、安溪	
洪塘	苏姓		南安、安溪	
洪塘	王姓	1949 年前	安溪长坑、	
洪塘	周姓	1940 年	安溪 南安、角美	
洪塘	陈姓		南安东田	

洪塘	黄姓		南安东田	
洪塘刘营	黄姓		安溪	
过坂	洪姓	1947 年	南安英都	
过坂	蔡姓	1953 年	南安大雾	
贞岱	李姓	1943 年	南安	
东瑶林埭	高姓		安溪大坪	
东瑶	许姓		南安	
东瑶	许姓		大嶝	
东埔	黄姓	1946 年	莆田	
东埔	王姓	1949 年前	南安瑛村	先祖龙海龙田
东埔	陈姓	1925 年	安溪官桥	
东埔	李姓		南安山腰	
山边	黄姓	1930 年	南安东田	
山边	蔡姓		晋江	
山边	苏姓		云霄	
山边	庄姓		龙海	
山边	林姓		安溪	
山边	张姓		南安	
山边	吴姓		安溪	
山边	叶姓		南安	
山边	沈姓、周姓		安溪	
山边	刘姓		南安	
山边	黄姓	1930 年	南安东田	
寨后	黄姓	1930 年	南安东田	
寨后	曾姓	1935 年	平和九峰	
寨后	林姓	1938 年	同安五峰	

寨后诗山	刘姓	1926 年	南安	
寨后诗山	叶姓	1936 年	安溪	
贞岱	钟姓	1937 年	厦门钟宅	已传六代
贞岱	林姓	1949 年前	浙江	

这些外来姓氏入住海沧的时间都不长，长则八、九十年，短则四五十年，繁衍子孙多则四、五代。他们都未建祠堂，也未编辑各自的家谱，仍与原籍地仍保持亲密的宗亲关系，也常回故乡扫墓祭祖。

1989 年 5 月，经国务院批准海沧设立台商投资区，先后在海沧、新阳辟建工业区。2003 年海沧区划调整后挂牌，经济和各项社会事业蒸蒸日上，宜居宜业的海沧成为新厦门人落户厦门的首选之地。十余年来，海沧区总人口数年年强势增长，2015 年人口数比 2003 年的多达 4 倍。

表1-5 2003-2015年海沧区人口情况表

年份	总人口	常住人口	流动人口
2003	128552	86631	41921
2004	138330	89635	48695
2005	149944	94004	55940
2006	181093	100695	80398
2007	203063	106251	96812
2008	216879	112532	104347
2009	224779	118040	106739
2010	260015	124071	135944
2011	337360	132434	204926
2012	448135	139308	308827
2013	411184	146866	264318
2014	429067	155765	273302
2015	490641	166820	323821

在姓氏数量上，大量不常见姓氏，甚至是稀有姓氏也列入其中。譬如，笔者曾工作过的厦门海沧实验中学，在292名教职工中，姓氏就有86个之多，其中前20个姓氏是福建常见姓氏，外来的单一姓氏有40个。由此可以看出，海沧实验中学是个以闽籍教师为主体，全国各地精英加盟的大家庭。

在农村城镇化的洪流中，以单一姓氏为主体的村社成为众多姓氏的杂居之地，农耕社会聚族而居的特点迅速瓦解了。

表1-6 厦门海沧实验中学教职工姓氏频率表
（截至2010年9月）

名次	姓氏	人数	名次	姓氏	人数	名次	姓氏	人数
1	林	26	2	陈	20	3	李	14
4	王	14	5	刘	14	6	张	12
7	黄	12	8	周	11	9	谢	10
10	吴	9	11	杨	7	12	颜	6
13	徐	6	14	郑	5	15	沈	5
16	邱	5	17	钟	4	18	郭	4
19	朱	4	20	肖	3	21	夏	3
22	罗	3	23	余	3	24	汪	3
25	叶	3	26	许	3	27	卢	3
28	魏	3	29	赵	3	30	廖	2
31	韩	2	32	阮	2	33	赖	2
34	蔡	2	35	吕	2	36	戴	2
37	何	2	38	练	2	39	高	2
40	曹	2	41	蒋	2	42	龚	2
43	方	2	44	詹	2	45	白	2
46	苏	2	47	聂	1	48	倪	1
49	洪	1	50	陆	1	51	池	1

52	姚	1	53	阙	1	54	申	1
55	廉	1	56	尤	1	57	熊	1
58	邓	1	59	韦	1	60	闫	1
61	施	1	62	宾	1	63	连	1
64	易	1	65	万	1	66	翁	1
67	眭	1	68	孙	1	69	苗	1
70	望	1	71	唐	1	72	俞	1
73	江	1	74	杜	1	75	米	1
76	侯	1	77	糜	1	78	傅	1
79	修	1	80	宋	1	81	童	1
82	董	1	83	程	1	84	范	1
85	冯	1	86	单	1	合计		292

海沧家庙的门神

第二章 海沧姓氏播迁

　　海沧各族姓入沧肇基后，随着人口的不断繁衍发展，自宋代起，明、清两朝尤盛，就陆续有海沧人或因学成官，或人多业少、或天灾人祸、或逃乱避赋等原因而播迁往大陆内地、台湾及东南亚各国。许多地方形成了客地裔孙人数远远超过祖地的现象，这种外旺内弱的情形让海沧众多村社，如新垵村、霞阳村、石塘村等成为了闻名遐迩的华侨村社。

第一节 播迁大陆内地

宋、明、清朝鼎盛时期，海沧社会安定，百姓安居乐业，人口蕃息迅速，为谋生计，各姓宗亲开始往外迁徙。宋、明两朝时，多往本省或广东移居，有为官者，携家眷迁往外省。

据青礁《重修颜氏族谱》载，颜慥裔孙在宋代就开始分衍各地。北宋末，四世颜实传师鲁、师邹（五世），乔居龙溪西桥，为西桥始祖；南宋时，九世希孔居漳州府前坊之西桥，派术青溪，金田，还集文昌乌泥；元代，十一世鸣陆居漳浦三十三都之白沙，为白沙的开基祖；到了明代，十四世伯乾、伯旭迁居龙溪县南门外凤塘、瀛店，伯乾为凤塘开基祖；伯旭为瀛店开基祖，苗裔分布约为：龙海市霞宫村（凤塘）人口约1000人，颜厝前2200人，港尾镇白沙800人。连江县颜崎村3000人左右。宁德市霍童村约3000人。在广东省，其裔孙分布广泛，主要集中于粤东地区，如兴宁、连平、潮阳、海丰、陆丰、普宁等县市，总人口约逾数万人。

仙店的李氏分衍祖国各地的裔孙众多，本省集中南安、安溪、晋江、龙海、南靖、金门、惠安、永春诸县（市），人数多达上万人。集美区兑山村为仙店裔孙移居的李氏村落，李氏人口约有3800人；同安区五显、汀溪、大同（小东山）的仙店李氏裔孙约有千人；翔安区马巷镇后滨村的李氏裔孙近3000人。

据后井《金沙周氏族谱家乘》（三房）谱载，在明、清两代，后井周氏迁居外省的有上海、宁波、绍兴、嘉定、海门等地。据说迁居广东合甲的裔孙现有近万人。集美区杏林村的周氏为（后井六世点轩公裔孙）现已传至二十五世，人口有4000多人。

石塘谢氏迁往外地者不少，据族人介绍，贵州省安顺地区石塘谢姓后裔人口达8000余人，为十三世总兵谢英之苗裔。东山县铜钵村谢姓，人口6000余人，为石塘九世谢却所传，台湾地区行政院前领导人谢长廷即为此支裔孙；龙海市江东坂尾谢姓，人口8000余人。

为方便裔孙寻根，今依海沧各姓现存老族谱资料，将各时期，尤是明清时期迁徙大陆各地姓名摘录整理如下：

表2-1 青礁颜氏分衍大陆各地简表

代数	名 字	分衍地点	时 间	备 注
4	实	龙溪西桥	北宋末年	子师鲁、师邹
4	发	院前	北宋末年	
5	州洱	潮州	南宋初年	分派东溪头
6	维魁	连江颜崎	南宋初年	进士，南渡后遂居
7	戢	渐山	南宋年间	
8	贡、朗	兴宁	南宋绍定年间	贡、朗为兄弟，因父在兴宁为
9	希圣	莲池	南宋	官被害而家焉
9	百宣	霞美	南宋	
10	琳	福清	元代	父希哲官福清令，随父
10	珏	古田	元代	
10	太常	大埔	元代	裔孙改连、邢两氏
10	尧臣	潭边	元代	
10	贵来	平和	元代	裔孙大多迁广东海陆丰、普宁
10	积	浙江太平新场	元代	
10	书、礼	南靖西门	元代	
11	观聚	水头	元代	
11	象陆	宁德霍童	元代	
11	鸣陆	白沙	元代	今龙海市
11	文光	潭尾	元代	
11	文炳	颜厝前	元代	今龙海市
13	嘉允	灵店	明初	
13	嘉祯	东山	明初	裔孙有居福州、台湾
13	起鹏	湖南新化	明初	
13	嘉猷	贵州普安	明初	

13	嘉祥	院前	明初	属青礁村
13	嘉议	铁店	明初	
13	嘉会	钱宅	明初	
14	正道	南靖西门	明初	子书、礼、乐仲
14	伯乾	漳州南门凤塘	明初	
14	伯泽	后沟	明初	
14	伯旭	瀛店	明初	
14	崇琼、崇瑶	同安港头	明初	
14	崇玉	崎后	明初	
14	崇贤	井头	明初	
14	崇庆	西头	明初	
14	聚	北京独石	明初	今沽源县
14	褒	南靖上釜	明初	
15	一忠	马坪霞尾	明中期	
15	一洙	浙江瑞安御渡	明中期	
15	凯周	过岭下井	明中期	
15	一净、一清	马坪花园	明中期	
15	真胜	海沧洲尾	明中期	
15	华杰	仙门	明中期	
15	华俊	福州营前	明中期	
15	华伟	漳浦	明中期	
16	旦	龙岩缘岭	明中期	裔孙后迁广东连平
16	濂溪	潮阳桂梓林	明中期	后再分派揭阳、惠来
16	穆溪	下井	明中期	
16	沁溪	潮阳砂陇	明中期	
16	日耕	泉城	明中期	

17	宗赐	新安	明中期	元宗四世孙
17	奎	长乐	明中期	华轸孙
17	清	田寮	明中期	华轸孙，裔孙迁台湾鲫仔潭
17	光	同安澳头	明中期	
17	廷富	同安	明中期	
17	仪	下井	明中期	
18	文榜	珠坑	明末	
18	光晋、光圣	坑州	明末	
18	儒雄	兴化	明末	
20	思齐	台湾	明末	
21	振南	浙江瑞安	明末	

（据《重修颜氏族谱》整理）

表2-2 南山（仙店）李氏分衍各地简表

代数	名　字	分衍地点	时　间	备　注
2	君安	吴店		
2	君博	吴店内坑		
2	君迭	南安浮桥		
3	汝谆	南安雄山		
3	汝谟	海澄己山		
3	汝谦	南靖金山		
4	致敏	晋江崇明山		
4	永祐	居厦门后埔		汝谟子
5	仲文	集美兑山		
5	仲进	同安小东山		
5	仲义	晋江仙店		

5	仲怡	龙海金山		
5	仲愉	漳浦西街		
5	仲尉	金门浯江		
5	仲恺	金门浯江山		
6	人与	同安后滨		
7	世容	海澄龙井		
7	世禄	施塘尾		
8	单	南京	明洪武年间	天与之孙
9	新才	浦园刺塘		
11	荣周	西头		
11	鹏	广东遂远西山		
11	荣福	沾坛头		
12	赋方、赋员	马巷后边村（今后滨）		
12	大亨	兴化峰口		
12	日丰	广东海丰		
12	子立	南安后堀		
13	孝	海丰		
13	乾炯	苎溪		
13	二气	前山		
13	崇缙	长泰西门外黄塘		
13	崇荼	南安英内		
13	崇春	吴田东林		
13	万侯	漳州城内		
13	万崇	灌口		
13	万祉	广东		
14	赞锵	同安岭头		

14	世振	福宁东门内		
14	崇礼	安溪坂头		
15	启略	常熟		
16	玉	汀州		
17	芋	灌口丕山		
17	君宽	海澄石码		
19	廷晖	刘营		

（注：据《重修仙店李氏族谱》清康熙八年（1669 年）本整理。世序以李谕为一世）

表2-3 石塘谢氏裔孙分衍大陆各地简表

代数	名 字	分衍地点	时 间	备 注
3	华	嘉禾		道举房
5	成德	中孚后埔头		友公房
6	良	郭坂		道举房
6	晚进	漳城东门外		道举房
6	添郎	漳城北门外		道举房
7	更派	岭兜（下尾角）		道举房
7	广诚	程溪		道举房
7	扁	浙江		道举房
8	铿	长泰白帆岭		子佛娘，道举房
8	廷官	漳城		道举房
8	武英、武备	漳城东门外		广让子，道举房
8	元吉	周山窑		友公房
8	子和	高浦鳌美	明嘉靖年间	生佛生、佛祐，道举房
8	尔器	漳州		
9	却	铜山铜砵	明嘉靖年间	今东山县康美镇铜钵村

9	宗文	漳州		
9	盘禄	同安园港		
9	骞	同安山南洋		恤房，字世通
9	伯弘、伯川	同安杨坑仔		恤房
9	伯材	同安兜坑尾		恤房
9	伯珍	灌口刺林内		恤房
9	伯秀	同安东澳洪前山仔		恤房
9	安	合葬同安		恤房，字世重
9	相字、朝助	漳城南门外桂林		孝房
9	伯旺	永春		恤房
9	台	广东		任房
10	玄	同安南洋新宅		恤房
10	章浦	同安园港		恤房
10	清迟	同安		
10	宣德	同安东门		
10	佑	同安安岭		
10	敦贤	同安		
10	续生	漳州东门		
10	有协	南京		任房
10	有量	温州		任房
10	月德	潮州泥浦		道举房
10	日休	苏州		道举房
10	日明	镇江		道举房
10	耀	嘉禾宫路下		恤房
11	合	沈宅		友房
11	元祖	海澄月港		

11	应宾	同安二都		
11	待俸	同安白石连厝		
11	待辰	长乐上湖		
11	圭	寓居泉州		恤房
11	应墀、二墀	同安		恤房
11	学渊	漳城		道举房
11	长、盛、祥	福州陈衙巷		道举房
11	宽、瑞升	长泰白帆岭		道举房
11	应鹤、应业、应祥	同安西门杨坂		道举房
12	奇鸿	海丰长洲		任房
12	映瑞	长泰		
12	仲春	潮州三海灞东门		
12	华国	同安白石乡		
12	保	同安外江		恤房
12	瑞中	同安中山		
12	铨	南安九峰		恤房
12	映瑞	长泰		任房
12	让信、让恭	湖头		友房
12	标范	建宁府		恤房
12	六	淮安安东		恤房，子基
12	昌祚	建阳水南		道举房
13	正参、正雍	长泰		睦房
13	英	南顺		
13	青阶、青基	灌口白石刘厝		
13	汉泉	泉州南门		
13	陈	泉州		子富、孟、五哥

13	吉耀	同安郭坂		
13	正参、正雍	长泰		睦房
13	维新	同安深青		任房
13	必献	晋江		任房
13	聘	建宁府		恤房
13	双	省城		恤房
13	朝庆	漳州东郭宫		道举房
13	宸选	漳城		任房
13	士攀	建阳王墩		
14	派	江西		孝房
14	阵	福州		孝房
14	一魁	新榆		任房
14	一兰	光泽水口		
14	静、左	赣州西门		
14	益	嘉兴王店		任房，生7子
14	震茂	澄海蓬州		
14	元珍	永春公孙寨		
14	超聪、超明	建宁府		
14	攀	兴化府北门		
14	裕美	同安		任公房，字芳星
14	元圭	新城汤家		任房
14	崇玺	广东上春		任房
14	周	建宁		任房
14	怨	江西省城		任房
14	润	漳城南门外		任房
14	答	漳城		任房

14	劝	吴川		任房
14	龙	建宁府		恤房
14	田、番、陈	江西		恤房
14	英	新岱石家		恤房
14	祈福	感化里		恤房
14	国元	建阳水南		恤房
14	添	漳城		恤房
14	需郎	漳城东门外		恤房
15	兴	漳州北门大坑头		
15	爵	漳州北门外高坑		
15	鸣秋	漳州南门		
15	续	长泰古洋		
15	鹰	南京		任房
15	富	上虞		任房
15	麟、陈	广东		任房
15	宗庇、显荣	漳州北门		任房
15	古保	漳城南门		任房
15	弟	长泰古洋		任房
15	果使	广东		恤房
15	士麟、士凤、士鹤	金门		道举房
15	廷柱、廷梁、廷松	建阳		道举房
15	善	石门内		道举房
16	汉龙	东度		道举房
16	三才、四美	同安		恤房
16	拔	广东		恤房
16	学	广东		道举房

16	登阴	三沙		道举房
16	天池	澳门		道举房
16	心安、济时	广东北门		道举房
17	章、文旦	广东		任房
17	光淘、有宗	嘉兴		任房
17	有详	广东老龙山		任房
17	双桃	安溪		任房
17	梁泉	西边		
17	七叶	广州		道举房
17	西南	怀远		道举房
17	宣化	漳浦		道举房
18	珍器	漳州双路口		任房
18	至武、至此	长泰		
19	宗文	漳州		任房
19	沛	澳门		任房
19	文滔	广州		道举房

（据《石塘谢氏家乘》整理）

表2-4 新垵邱氏裔孙分衍大陆各地简表

代数	名 字	分衍地点	时 间	备 注
6	敦乾、敦赞	吴川	永乐年间	广道之子
8	隆章	揭阳白塔圩	明隆庆年间	生正阳、仲阳、三阳
10	拱训	海丰墩下	万历间	
11	履朴	寓广东	明末	
11	庭海	往碣石	万历间	与三子钟中

11	庭闻	龙岩		子任、惟、机
12	王娘	往海南		讳钟王
12	钟转	海丰大安圩	约清康熙年间	子泽是、泽意、泽全、泽参
12	钟传、钟妙、开芳	海丰县		
12	鹏奇、贤奇	山东		
12	喜奇	漳州		
12	尔衍	广东	清初	生泽泉、泽随、泽响
13	泽壬	东尾乡		
12	钟兴	青浦		
13	南哥	杭州	康熙年间	
13	四好	福州		
13	泽藩	漳浦		
14	潘生、冯生	海丰大安圩		
14	之秀	泉州		号君实
14	模意	漳州		
15	煌友	长泰	乾隆年间	
15	汉禹	漳州		
16	竣果	澳门		嘉庆十年卒
16	光忝	澳门		道光三年卒
16	竣帕	澳门		
16	德兴	澳门		
16	丽水	漳州	乾隆年间	生子五知
16	德禄	漳州		
16	竣群	澳门		
17	伯约	广东香山		子台熙、台垣、台建皆往澳门
18	桃儿	上海		

18	登坤	漳州	咸丰年间	
18	惠泽	漳州		
19	荣尊	广州		
19	有等、有量	广东	咸丰年间	
20	思文	香港		
21	继盛	香港		
21	继耀、继义	香港		
21	继成	龙海		
22	武达	香港		
22	武勇	香港		
23	基信	香港		

（据《新江邱曾氏族谱》整理）

表2-5 锦里林氏裔孙分衍各地简表

代数	名 字	分衍地点	时 间	备 注
3	兴祖	潮州金山	元代	子择仁、择璋
5	僧童	山兜	明初	
5	仕童	山头	明初	
6	宝	安溪	永乐年间	
6	振盛	锦园	明中期	
10	泽乃	诏安	万历年间	
12	若桂	海丰碣石	万历年间	
12	若橙	长泰	万历年间	
12	逢甲	湖广长泽县	明末	
12	应明	大坪	明末清初	
12	若栋	长泰广坑	明末清初	

13	启夏	南靖	明末清初	
13	尔能、迪猷	建宁	明末	
13	迪庠	江西新城	明末	
14	士纯	江西	康熙年间	
15	维材	桥头	乾隆年间	

（依《锦里林澹斋公家谱》整理）

表2-6 鳌冠林氏裔孙分衍各地简表

代数	名　字	分衍地点	时　间	备　注
4	执	高安	明初	
6	麟	浯州		
6	赤	曾营		裔孙在厦门
7	佛成	高安		
7	四妹	同安		
8	奇新	同安		
8	必标	泉州胡格王		
8	必畅	南澳		
9	时化	镇海		子孙出祖镇海
11	学文	建宁	明末清初	
11	雄、招	康琅林大湖里		
11	兴	福宁府		
11	长	建宁		
11	五老	建宁		子孙居建宁
11	台	同安		
12	荣	漳州		子魁、祖、榜

（据《鳌冠林氏族谱》整理）

表2-7 后井周氏分衍大陆各地简表

代数	名字	分衍地点	时间	备注
14	超	莆州	明末清初	生岐、延
14	维韩	漳州	康熙年间	
15	贤	绍兴探花桥	康熙年间	
17	文斗	宁波	乾隆年间	生章月
18	振翰	上海	乾隆年间	
18	令	上海	嘉庆年间	生绍
18	微	建宁府	嘉庆年间	
19	宪钦	上海嘉定	道光年间	生积善、积亮、积桢
19	暨	海门	同治年间	

（据《金沙周氏族谱家乘》三房谱整理）

表2-8 芸美陈氏次房裔孙分衍大陆各地简表

代数	名字	分衍地点	时间	备注
3	存善	长泰汤湖		
8	益溪	白石粟仓厝		
9	特华	大东山		
11	可明	嘉禾		
11	朝班	下店圩		
11	朝正	下店浦边		
12	乔祝	贞岱		
12	希廉	白石		
12	二娘	石美		
12	扬仁	安海		

12	扬进	马厝巷		
13	瑞宝	长泰		
13	国晏	同安岳口		
13	羽皇	赤土		
13	廷二	坂尾		
14	兆章	长泰汤湖		
14	旋同	福宁		
15	君琏、君耻	南安孤厝		
16	笃其	角美		
17	潜望	苏营		
18	德柔	金门		

（据《庄江路墘陈氏大宗次房族谱》整理）

第二节 播迁台湾

明朝后叶，时航海发达，冒险下澎湖、过台湾的闽南百姓不乏其人，据《厦门市志》载，崇祯元年（1628年）闽南大旱，郑芝龙与闽抚协商，以巨舰运载沿海饥民数万名入垦台湾，同安沿海饥民多附舰渡台；明末清初，郑成功踞厦门、金门抗清，厦门地区人民卷入其中，加上清政府的迁界政策，沿海百姓被迫背井离乡，各奔西东。康熙二十二年(1683年)清廷鼎定台湾，为开发宝岛，自乾隆年间以来，多次下诏召民前往台湾垦殖。直延至清道光年间，海沧各姓裔孙蕃衍之地主要集中在台湾。

青礁颜氏二十世裔孙颜思齐，明朝万历后期至天启年间东南沿海海商集团的领袖之一，是大陆成规模组织百姓移居、拓殖台湾的第一人，被誉为"开台第一人"、"开台圣王"。拓殖嘉义一带。据有谱乘可稽者，台南县下营乡颜氏，为海澄青礁颜慥之裔孙，其始祖颜世贤于明末东渡来台，至今传十四世，在红毛厝建有宗祠。颜公轮，清初由海澄迁居台南县六甲一带。

谢氏自大陆徙居台湾，是在明末郑芝龙设寨于笨港时到台湾垦荒的。此后，有谢贤、谢岩随郑成功入台。清朝政府统一台湾后，谢氏入台者络绎不绝。据《石塘谢氏家乘》载：孝公派下十四世谢挺、谢腾、谢倦等，睦公派下十二世谢其一、谢奇鸿等，任公派下十二世谢辰、十三世谢吉念、谢吉美等，恤公派下十四世谢意、谢钦等陆续前往台湾，后蕃衍子孙，聚族而居，人之众超过石塘本乡。今石塘谢姓裔孙在台北近3000人、台中近5000人、苗栗近5000人、台南约3000人、桃园约4000人。

自明朝末年以来，不少海沧林氏裔孙迁徙居到台湾定居，至目前为止，其人数多达万人。康熙三十二年（1693年），锦里林氏十三世林登榜前往台湾开基，定居于现屏东县一带。其孙林朝英，号"一峰亭"，书法、绘画、雕刻艺术精湛，被尊为"清代台湾唯一的艺术家"。其后裔以"一峰亭"林氏自称。锦里十三世林贵贤也于清雍正年间移居台湾，在台湾裔孙人数比祖地锦里村的人还要多。台北林氏敦本堂、宜兰林氏追远堂都是海沧林氏裔孙所创建。

明末清初，随郑成功入台的杨文科落籍在台南佳里镇，雍正十二年（1734年），继有杨肇尽兄弟、杨应扬兄弟、杨明教、杨一墙等也前往该地落户。他们裔孙已成为当地望族，人口7000余人，建有杨氏祠堂。台南地带古称东都，台南霞阳杨氏裔孙人口多达万人。

　　新垵邱氏裔孙在台湾有万余人，主要集中在台湾南部，尤以台南县七股乡笃加村、高雄县茄定乡崎漏村为多。台南笃加村的邱氏是清乾隆年间邱煌乾（十五世，台湾称邱乾成）兄弟先落脚在洲仔尾，乾隆二十三年至五十三年间（1758—1788年），洲仔尾地区受洪水泛滥的影响，后才迁往笃加村。

　　祥露庄氏往台湾开拓者不少，庄崇德后裔庄德于明永历十五年（1661年）随郑成功去台，定居台南县佳里镇营顶村开族，为台湾佳里庄氏始祖。

　　自清代以来，李氏裔孙纷纷前往台湾开拓新家园，依据清康熙八年的《重修仙店李氏族谱》中就有19世的李院、李元诗父子迁台湾嘉义盐水港。

　　柯姓裔孙往台湾移民众多，就柯春行一支在高雄市左营就约1400人。

　　今依部分姓氏族谱加以整理，将明清时期迁徙台湾的姓名列表如下：

表2-9　新垵邱氏裔孙分衍台湾简表

代数	名字	分衍地点	时间	备注
11	汝兰		明万历间	
12	钟巧、钟陛		清康熙年间	康熙癸卯年卒
12	参娘		康熙年间	讳钟良
12	钟誉、钟随		康熙年间	履桓子
12	开先		明末清初	
12	若惺、若哲		明末清初	
12	胤管		康熙年间	
12	钟名		康熙年间	生泽淮、泽都、泽佟
13	毓宝		康熙年间	
13	琯		康熙年间	
13	课、珍		康熙年间	钟坦子
13	泽和		康熙年间	
13	泽挺	东都	乾隆时代	乾隆二十五年卒于东都
13	泽都、泽佟		康熙年间	

13	泽升	淡水	康熙年间	
13	泽建		乾隆年间	生模云、模颜、模建、模杏
13	泽照	东港	乾隆年间	子模汀、模彦
14	模定		乾隆年间	生煌迁、煌光
14	模保	西螺	乾隆年间	子煌彭
14	模忠		乾隆年间	子煌成、煌义、煌仁
14	模信		乾隆年间	
14	模营	东港	乾隆年间	
14	模悦		乾隆年间	
14	模禄	东都	乾隆年间	雍正十三年葬在东都
14	模勇	东都	乾隆年间	子煌庇、煌旋、煌断
14	模引		康熙年间	康熙四十年葬在东都
14	模上		乾隆年间	子煌墩、煌银、煌金
14	模柄		乾隆年间	
14	模斗			子煌庄、煌理
14	模年			子煌茂、煌茶
14	模翰			子煌泉、煌绿、煌绍
14	模尚	东港	康熙年间	雍正年间
14	模祥			卒于乾隆四十五年
14	模虎			乾隆四十四年卒
14	模调			乾隆五十二年卒
14	模杭			
14	模考	东都		康熙五十六年葬在东都
14	模猛	笃茄埔	乾隆年间	
14	模庄		乾隆年间	子煌爽
14	模彦	崎漏	乾隆年间	

15	得意	东都	乾隆年间	生四子：埈琏、埈马、埈字、埈盼
15	起杰、起芳	诸罗斗六门	乾隆年间	模生子
15	煌躭、煌妙		乾隆年间	模逸子，生二子：埈旺、埈文
15	煌甚		乾隆年间	
15	煌盛		乾隆年间	生百束、埈登
15	煌迁、煌光			
15	煌敏、春风			
15	煌党	东都	乾隆年间	卒于东都
15	煌彭	西螺	乾隆年间	
15	天生	东都		
15	煌育			乾隆五十三年卒
15	煌瘦		乾隆年间	生二子：埈苑、埈典
15	煌振	茂安庄	乾隆年间	嘉庆七年卒
15	煌殿	番仔路	乾隆年间	
15	性宗	鹿耳门	乾隆年间	
15	武英	苯港	乾隆年间	
15	煌煽		乾隆年间	
15	煌法	东都	乾隆年间	
15	煌班			嘉庆八年卒
15	煌主			乾隆四十七年卒
15	煌瑞	东都		乾隆时葬在东都
15	煌位		乾隆年间	
15	煌实	东港		生二子：埈福、埈信
15	煌添		乾隆年间	乾隆二十八年卒
15	煌雍	东都	乾隆年间	
15	邦国	东都	康熙年间	雍正十三年卒

15	传意	南路	乾隆年间	子埈马、埈字、埈盼
15	煌朗			嘉庆四年卒，生 埈海、埈逝
15	煌双	东港	乾隆年间	嘉庆三年卒
15	煌眼			乾隆十四年卒
15	煌堪			乾隆五十七年卒
15	乌章、振成			
15	大生		乾隆年间	生子埈为
15	煌兴、煌诗	东都	乾隆年间	乾隆元年卒
15	煌畅、煌茶			
15	煌尊、煌绿			
15	煌泉、煌亨	东都		
15	煌绍、煌楚			
15	煌鞅、煌随			
15	煌盛、煌再			模教子
15	煌随、煌与			煌与又名文与
15	煌楚、煌昌			
15	煌相、登普			
15	煌庄、煌理			
15	生联			字煌联，生二子：埈勤、埈料
15	煌言	萧垅社		乾隆十一年卒
15	煌追			乾隆十年卒、生 埈协
15	煌球、煌皆			
15	煌姐	东都		嘉庆二年卒
15	煌登	东都		
15	煌和	东都		乾隆二十一年卒
15	煌裕	东都		乾隆三十六年卒

15	煌佚		乾隆年间	嘉庆十二年卒
15	煌拱		乾隆年间	
15	煌勋			乾隆三十六年卒
15	煌界			乾隆二十一年卒
15	煌微、应元			
15	煌乞	台东都山		生子允生
15	煌唱	西港		雍正七年卒
15	煌仰、煌眼		乾隆年间	
15	煌谦	东都		乾隆十九年卒
15	煌冯			乾隆五十五年卒
15	煌蕴、煌意			
15	煌国	东都		乾隆三十四年卒
15	煌房			
16	春奇	东都	乾隆年间	号直朴，1786年卒
16	埈谟	东都		嘉庆十五年卒
16	埈思	西港	乾隆年间	乾隆五十三年卒
16	埈理、埈勃		乾隆年间	
16	埈迎、埈爱		乾隆年间	
16	拱照			乾隆五十七年卒
16	埈朝			乾隆五十三年卒
16	埈雄	东都	乾隆年间	
16	埈铨、埈应		乾隆年间	
16	雨顺	北路	乾隆年间	
16	百束、埈登			
16	南山、北海		乾隆年间	
16	埈殿		乾隆年间	生华房、华元

16	埈应			
16	埈荫		乾隆年间	嘉庆十年卒
16	埈宇	苯港		乾隆五十四年卒
16	埈喜			乾隆五十三年卒
16	埈义、顺天		乾隆年间	
16	埈栽	竹后	乾隆年间	乾隆五十二年卒
16	埈赛、埈吉			煌带子
16	埈狗			生华娇、华盆、华汪、华超
16	埈牛			生子
16	埈水			
16	埈张			煌让子
16	埈物	东都		
16	埈强、埈桃			乾隆二十八年卒
16	埈兴		乾隆年间	煌老子
16	埈涌、埈占			煌郭子
16	埈影			道光廿年卒
16	埈影、埈露			
16	埈佺、埈胜			
16	埈龙、埈虎	东港		煌庞子
16	埈苏、妈漏			
16	思齐、弘弘、源水			煌开子
16	埈牛			乾隆六十年卒 生6子
16	班石			乾隆五十八年卒,生华吾、华 水、华尧
16	埈全			嘉庆元年卒
16	埈祈、埈山、埈谷			煌苗子
16	埈荣		乾隆年间	煌赞子

16	才郎		乾隆年间	乾隆六十年卒
16	埈隆		乾隆年间	煌万子
16	朝老、埈强			
16	武当	东都萧垅后	乾隆年间	
16	埈旦、埈岩		乾隆年间	煌良子
16	埈兴、埈侯		乾隆年间	煌开子
16	成祖、天必		乾隆年间	
16	光夺、味生			
16	埈田、埈语			
16	未升、埈海			
16	埈楚、埈德			煌巧子
16	埈加、埈冠	东都	乾隆年间	月池子
16	埈庇、埈慰		乾隆年间	秀坦子
16	埈煅		乾隆三十二年卒	
16	埈协			
16	埈语	东都		
16	埈逊、埈宏	东都		乾隆年间卒
16	埈性、大庞	东都		
16	埈意、埈苞	东都	乾隆年间	
16	埈澄	番仔港		乾隆年间卒
16	埈至		乾隆年间	
16	埈三、绍祖			
16	埈存、埈访	蚊甲		
16	埈麟、埈助			
16	埈猜、埈灿			
16	灵感、神保	东都	乾隆年间	永德子

16	光庇、埈思			
16	埈伯	苯港	乾隆年间	
16	埈双	山仔门		
16	埈泳			
16	攀龙、埈笑		乾隆年间	
16	埈琴	东港		
16	埈移、埈绵			煌石子
17	华雪	东都		
17	大罗	东都		乾隆年间
17	华周			
17	华等、昭宝			
17	宗能			
17	华房、华元			
17	华基			
17	如廷			
17	妈意、琼生			
17	华美、华策			
17	佛螺			
17	新发、覃发			
17	华默、载添			
17	华景、华转			
17	悴生、兄弟			自在子，弟赧生、文生
17	华得、华叠			
17	华尚、华竹			
17	妈言、华成			
17	华富			

17	华商、华波			
17	光听、华毛			
17	廷章			
17	伯林、伯容	东都		兄弟
17	华纵、华熊	东都		
17	左宜、左税	东都		
17	国焕、华舍			
17	华蓝			生台拔、台旺、台兴、台尽
17	华族、华亏			
17	育螺六兄弟			
17	台海			
17	和顺			
18	五全、允栋			佛生之子
18	荣瑞			
18	仙招			
18	台赞			
18	台拔			生子衡娇
19	承祖			
19	衡返	东都		
19	妈抄、四埭			
19	四用、四复			兄弟
20	汉耀			
20	清吉三兄弟			弟清耀、清熙
20	思德、思煌			兄弟

（据《新江邱曾氏族谱》整理）

表2-10 鳌冠林氏裔孙分衍台湾简表

代数	名 字	分衍地点	时 间	备 注
10	凤翅	台南	明末	
10	旭初	台湾		生三、寅
10	懒	台湾		生友、台、治
12	耀	台湾		
12	俨、伯	台湾		
12	妹、明、容	台湾秀才庄三块厝		
12	士	台湾		孙在台湾
12	连	台湾		生旺、南、儒、明、艺
12	玉明	台湾台南		生心正
13	大崇	台湾		
13	郎甫	台湾		嗣子马生
13	时瑾	台湾铁线桥		字珍,生节、至、滔、武、论
13	诵、营	台湾		
13	京	台湾		
14	恭	台湾三块厝		
14	博	台湾		生俊、杰、佐
14	厚	台湾		

（据《鳌冠林氏族谱》整理）

表2-11 锦里林氏裔孙分衍台湾简表

代数	名 字	分衍地点	时 间	备 注
12	登榜	台湾屏东	康熙年间	
13	贵贤	台湾	明末清初	
13	尔魁	台湾	明末清初	生士贤、士宜、士香、士俊、士寅

13	启梁	台湾	明末	与父若网同往
13	启爵	台湾红毛寮	明末	
14	士寅	台湾	康熙年间	
14	登升	台湾	康熙年间	

（依《锦里林澹斋公家谱》整理）

表2-12 石塘谢氏裔孙分衍台湾简表

代数	名　字	分衍地点	时　间	备　注
11	奇一	台湾	明末	子名
12	尾	台湾	明末	生子立、标
12	其一、奇鸿	台湾		
12	辰	台湾		
12	显明	台湾永康里	明末	生尚、贤、雄
12	显尾	台湾	明末	生仕明
12	昌潢	台湾	清初	生合
13	吉念、吉美	台湾		
13	宗哲	台湾	清初	子元和、兴
13	宗眺	台湾	清初	子贞、栋、乾
13	汝耀、吉美	台湾	康熙年间	
13	远	台湾	康熙年间	子成祖
13	岩	台湾	康熙年间	
14	殿	台湾	康熙年间	生脱、臣、淡
14	接惠	台湾		
14	挺	台湾坎仔脚	康熙年间	生凤
14	腾	台湾	康熙年间	
14	倦	台湾		

14	仲	台湾	康熙年间	生子四、时、八、节
14	朝	台湾		生子陈、程
14	固	台湾灰窑		生有
14	意、钦	台湾		
14	兴宗	台湾	康熙年间	子妈朝、大韬
14	思昶	台湾	康熙年间	子欲腾
14	猷	台湾坎仔脚	康熙年间	子凤、銮、祥、就
14	陟、洁	台湾	康熙年间	
14	旺	台湾	康熙年间	子喜
14	苗	台湾	康熙年间	子光耀
14	魏	台湾淡水	康熙年间	生开
14	安	台湾	康熙年间	
14	意、筑	台湾	康熙年间	
14	楚	台湾	康熙年间	生泰庇
14	文英	台湾西螺街		生天赐、天成、天吉
14	详	台湾	乾隆年间	生子龙
14	恬	台湾	乾隆年间	生水
14	秋湖	台湾	乾隆年间	生润盛
14	领	台湾	乾隆年间	生石祇、石佛
15	山	台湾南门外仙		子继盛
15	鹤	台湾鹿港		生子广富
15	乞	台湾坎仔脚	乾隆年间	
15	眼	台湾坎仔脚		生子皆
15	陈、程	台湾		
15	有	台湾坎仔脚	乾隆年间	
15	耀	台湾	乾隆年间	生庇、邹、斟、葵

15	允	台湾	乾隆年间	子宝松
15	岩、俭	台湾中路	乾隆年间	
15	信、段	台湾	乾隆年间	
15	启宗	台湾	乾隆年间	生兴隆、兴祖
15	尧	台湾	乾隆年间	子郡、升、岐、桔
15	廉	台湾	乾隆年间	生天奇
15	显昭	台湾	乾隆年间	生振茂、振禄
15	然	台湾	乾隆年间	子辉龙
15	跃	台湾	乾隆年间	子尊贤、显宗
15	答	台湾坎仔脚	乾隆年间	庇、训
15	双喜	台湾	乾隆年间	生茂盛、秀郎
15	亮	台湾	乾隆年间	生九、连宗
15	中山	台湾	乾隆年间	
15	波	台湾	乾隆年间	生再
15	齐	台湾坎仔脚	乾隆年间	斌
15	端郎	台湾坎仔脚		生待、行
15	胆	台湾坎仔脚		生光六
15	进	台湾坎仔脚		生辉、耀
15	来	台湾坎仔脚		生忆枝
15	曰	台湾坎仔脚		
15	千	台湾		生齐老
15	世教、卿	台湾		
15	国	台湾		生二山、三寓
15	应祥	台湾		生存、川、择、舜
15	佛赐、燕山	台湾		
15	柯	台湾		生汉龙

16	辉、水	台湾		
16	顶	台湾		生子光在
16	学	台湾	乾隆年间	生长、深、坛、侍
16	健	台湾坎仔脚	乾隆年间	生位正
16	圣贤	台湾	乾隆年间	子治
16	葵、佛荫	台湾	乾隆年间	
16	麒	台湾	乾隆年间	子赵、朝、揆
16	傅	台湾	乾隆年间	生俊、妹
16	预、语、夺	台湾	乾隆年间	
16	孝、长	台湾	乾隆年间	
16	士彪	台湾	乾隆年间	生景行
16	明虎	台湾诸罗	乾隆年间	
16	国让	台湾彰化	乾隆年间	生文郁、宗老
16	福	台湾	乾隆年间	生文瑞、焕章、佑彩
16	昙	台湾	乾隆年间	生登科、贯通
16	风	台湾	乾隆年间	
16	万山、丽	台湾	乾隆年间	
16	杞连、五伦	台湾	乾隆年间	
16	高、抵	台湾	乾隆年间	
16	宗成	台湾	嘉庆年间	生傅生
17	岩	台湾	乾隆年间	生观泽
17	用	台湾	乾隆年间	子道
17	雨水	台湾	乾隆年间	生新在
17	初登、宗泰	台湾诸罗	乾隆年间	
17	文雅	台湾	乾隆年间	生善
17	鼎、宗林	台湾	乾隆年间	

17	继宗	台湾	乾隆年间	生鼠
17	景	台湾水窟头	嘉庆年间	子事亲
17	悠久、高明	台湾	嘉庆年间	
17	少	台湾灰窑	嘉庆年间	子光衍、马庆、马蓁
17	揖	台湾	嘉庆年间	子清和
17	成、质	台湾		
17	爽	台湾		子谦
17	胆、钦	台湾		
17	若水	台湾		
17	春爵	台湾彰化		
18	东宁	台湾		

（据《石塘谢氏家乘》整理）

表2-13 后井周氏分衍台湾简表

代数	名 字	分衍地点	时 间	备 注
15	仁生	台湾	乾隆年间	到道光年间裔孙有百余人
17	文彬	台湾	乾隆年间	
17	友	台湾	乾隆年间	
18	壮、清源	台湾	乾隆年间	
18	渊源、清源	台湾	乾隆年间	
18	元长、泗	台湾	嘉庆年间	
18	光学	台湾	嘉庆年间	

（据《金沙周氏族谱家乘》三房谱整理）

表2-14 祥露庄氏裔孙分衍台湾简表

代数	名 字	分衍地点	时 间	备 注
？	寿	台湾		金房
？	德	台南佳里	康熙初年	石房
6	华	台湾		石房
6	尧枝、尧辉	台湾		
10	评、英	台湾	康熙年间	石房
12	浚靖	台湾	乾隆年间	子哲长、哲寝、哲花、哲来、哲交。石房
12	浚勤、浚登	台湾	康熙年间	石房
13	哲肃、哲泰、哲议	台湾	乾隆年间	石房
14	文痛	台湾		子明早、明晏、明再、明摇、明鲁、石房
14	文看、文附	台湾		石房
？	文作	台湾高雄	同治年间	
15	明早、明晏、明再、明摇、明鲁	台湾		
17	孝远	台湾		金房

（据《同安县锦绣祥露庄氏族谱》整理）

表2-15 芸美陈氏次房裔孙分衍台湾简表

代数	名 字	分衍地点	时 间	备 注
10	笃会	台湾		生4子
16	名顶	台湾		
16	笃凤	台湾		生台
16	笃定	台湾		生3子
16	笃力、笃义	台湾温仔庄		
16	笃全	台湾		
17	潜彭	台湾		

17	潜六	台湾埔心街		
17	潜虎、潜院	台湾		
17	潜本	台湾		
17	潜阁、潜竹	台湾南势		
17	潜麟	台湾		
17	潜佑、潜吉	台湾		
19	德成	台湾埔心街		
20	君炮	台湾		

（据《庄江路墘陈氏大宗次房族谱》整理）

海沧部分姓氏族谱

第三节 播迁东南亚各国

明末清初，海沧居民大规模往台湾垦殖的同时，往南洋各国谋生、开拓者也大有人在。先期，首选地是吕宋（即菲律宾）。进入清代，目标转向东南亚其它国家，清乾隆年间开放海禁后，海沧各姓裔孙主要集中在马来西亚、新加坡、印度尼西亚三国。

据《陇西渊源志》载，明末，仙店的李应楚未娶妻即远迁吕宋，为仙店李氏往海外发展的先例；又据清李其蔚所编《重修仙店李氏族谱》载，有李元寿往交留吧（今印尼雅加达），可见仙店李氏裔孙在明末清初时期，就开始往海外移民开拓。

霞阳杨氏裔孙蕃衍在东南亚各国多达万人，总人口以数千计地超过本村人数。杨氏裔孙开拓槟榔屿（今属马来西亚）始于清康熙年间。马来西亚的沙捞越杨氏裔孙众多，他们后来成立董杨宗亲会。咸丰四年（1854年）始，霞阳杨氏裔孙又往缅甸发展，今人口约上千人。

据《新江邱曾氏族谱》载，邱氏最早"贩番"的是邱世派，他于明嘉靖六年（1527年）六月，因往汶莱国卒于彼处。明朝期间，出洋大都前往吕宋岛（今菲律宾）。清朝统一台湾后，中国东南沿海逐渐开禁，新江人多往荷属东印度及英属马六甲等地，尤其集中在槟榔屿。

谢氏族人早在明末清初就飘洋过海，到东南亚各国谋生。据了解，现居印度尼西亚的谢姓后人达万人左右，单在槟城就约有2500人左右。

自清代以来，祥露庄氏裔孙大量移居东南亚各国，主要分布在马来西亚、新加坡、菲律宾、缅甸和印尼等国，繁衍近万人。

海沧各姓裔孙在居地国往往聚族而居，为了联系乡亲或宗亲，许多姓氏成立自己的宗亲组织，如邱氏在槟城的龙山堂邱公司，谢氏在槟城的世德堂谢公司，祥露庄氏在海外的后裔联合成立了四美堂，杨氏在槟城和缅甸都有植德堂公司，林氏创立槟城敦本堂和勉述堂，1866年两堂迁入槟城林氏九龙堂驻地办公，并分别于1891年8月20日、1930年10月12日注册，成为马来西亚政府承认的合法社团。东孚莲花社陈姓1927年成立了新加坡"莲山公会"。这些民间宗亲组织，长期以来对故国家乡的公益事业作出巨大贡献。

今依部分姓氏族谱加以整理，将明清时期裔孙迁徙南洋各国的姓名列表如下：

表2-16 新垵邱氏裔孙分衍南洋各国简表

代数	名字	移居地点	移居年代	房头
13	孟官	吕宋		井房
13	锡弘	吕宋		松房
13	垀泽	吕宋	康熙年间	田房
13	泽相	交留吧	康熙年间	岑房
13	泽埔	柬埔寨	康熙年间	岑房
14	模芳	交留吧	康熙年间	海长
14	模朝	丹荖	康熙年间	海二
14	模檀	交留吧万丹	康熙年间	海二
14	模魏	槟城	乾隆年间	海二
14	模流	槟城	乾隆年间	井房
14	模勒	槟城	乾隆年间	岑房
15	煌株	槟城	乾隆年间	海长
15	煌雅	槟城	乾隆年间	海二
15	煌诚	槟城	嘉庆年间	海四
15	煌探、煌夺	槟城	嘉庆年间	海五
15	道诚	槟城	乾隆年间	门房
15	煌助、煌享	槟城	乾隆年间	屿房
15	煌胆、煌治、煌峻、煌截、 煌包、煌泥	槟城	嘉庆年间	井房
15	煌雄、煌帝	槟城		松房
15	妈恩、妈内、煌东、煌剑、煌泥、煌 褅、煌俊4兄弟、煌猪	槟城	道光年间	岑房
16	垵持、垵厚、垵阵	槟城	乾隆年间	宅房
16	合得、完胤、兴嗣、汉凌、 垵坤、垵望、顺正、垵疑、垵昶	槟城	乾隆年间	海长

16	水生、埈把、埈赞、福才、埈夏、开泰、梅这、埈泥、埈爱、埈阵、埈煖、书传、埈欢、埈斗、埈兴	槟城	乾隆年间	海二
16	埈祖、埈就、天启、天化、天从、天养、池宣、埈秋、埈文、埈蜜	槟城	嘉庆年间	海二
16	埈鸟、埈请、文琴5兄弟、继周、邦畿、清风、埈篆、埈云	槟城	嘉庆年间	海四
16	埈堂、埈富、埈术、埈湖、埈香、埈名、埈正	槟城	乾隆年间	海五
16	埈切、埈株、埈山、埈整、埈赐、埈路、埈缘、埈硕、埈商、埈对、埈田、埈曲、埈楫、埈约、埈纵、埈仲、埈弼、埈宙	槟城	嘉庆年间	海五
16	埈巧、元贞、一爵	槟城	嘉庆年间	门房
16	埈溪	槟城	乾隆年间	屿房
16	埈幼、书田、明山、明管、锦让、谦泰	槟城	嘉庆年间	屿房
16	埈憾4兄弟、善与、光待、埈钦、埈发、埈七、振贤、永科、埈岸	槟城	嘉庆年间	井房
16	埈阵、埈尚、埈策、埈和、埈唱、四五、埈响、中元、埈菊、埈仰、景山、埈风	槟城	乾隆年间	梧房
16	埈坪、埈桃	槟城	嘉庆年间	梧房
16	士就、埈进、光集、埈春、埈西、埈株、埈渺、江珠	槟城	乾隆年间	松房
16	埈岸、埈焕、埈乞、埈沙、埈画、埈妆、埈广、埈灿、文琴、淑风、安然、埈悦	槟城	乾隆年间	岑房
16	春来、埈杂	槟城	嘉庆年间	岑房
17	华流、华水、华恩、华岁、华伦、华映、华赤、华望、仕滚、光甫、华信、诵诗	槟城	嘉庆年间	宅房

17	青龙、华苞、华维、三潮、华九、五 踱、春本、自珍、妈超、博学、以文、智惠、柳幼、南攀、光恩、随逸、清建、开发、华猪、华赛、华肆、文泮、华首、华波、华拜、华且、华冬、华立、华笨 3 兄弟、华塔、可见、华亲、华三、华膑、华九、华和、华终、华意、华商、华坪、华梅	槟城	嘉庆年间	海长
17	华然、华硕、允抱、华舜、锦安、华列、华顺、乌甜、逢时、武松、华省、华逐、华行、华探、华填、妈兜、伯扶、良 仿、良赞、福泰、华春、华愿、恒足、永康、金重、金带、廷沙、廷魁、忠仕、华标、万诵、菜光、四开、高桐、菜光、七再、华聪、华科、华恐、华夏、华信、华绕、华菊、增典、华宿、绵欻、华习、华挹、华镜、华英、华信、华辅、华醮、华登、华田、源水	槟城	嘉庆年间	海二
17	振生、振山、锦招、锦水、华会、华珍、华礼、成裕、添进、添筹、昭全、三阳、华蜂、华羡、开泰、华笑、华修、梓乾、华情、华埭、应忠、天来、华水	槟城	嘉庆年间	海五
17	永市、华敂、华云、华江、如铁、华琴、华抱、华婴、妈兰、荣山、宗镇、育 阔、笃行	槟城	嘉庆年间	门房
17	华闪、神保、楚王、凌云、心地、心美、华乖、清叶、文帕	槟城	嘉庆年间	屿房

17	光水、光赛、华成、华晓、华田、华布、华迎、华庆、华爱、华绍、华六、华七、华都、华周、华喜、华粪、高帕、水根、华清、华株、华旺、华怨、华荣、华寿、华相、华邦、华笃、华攒、朱用、华分、华逊、华份、华同、华衬、华宝、平恩、华蒲、华还、老得、华亨、华狮、华款、佛乞、伯轩、昆玉、华眼、广能、肇邦、肇基、肇拱、元信、元政、天图、天贺、宗兰3兄弟、天降、元赞、元琴、金带、循便、华勃、华枰、华喧、华标、华金	槟城	乾隆年间	梧房
17	章月	槟城	嘉庆年间	梧房
17	华省、光镴、华樟、心念、华八、华夏、梓露、锡督、华永、华艺、华墨、华促、华谅、华探、埈螃、华世、华汀、华葵、华佐、华市、华进	槟城	道光年间	松房
17	华茶、神剑、华众、长怿、华尿、华淑、华壮、华祐、华卯、华迎、华石、华毡、华虎、华来、秋香、冬菊	槟城	道光年间	田房
17	漏成、华这、华沙、三芽、有恭、华清	槟城	道光年间	岑房
18	银凤、台六、台旺、台炮、主楚、台抱	槟城	嘉庆年间	宅房
18	嫦娥、银智、台泉、台珠、台文、台遇、台登、台水、宽谅、台插、深泉、绵庆		嘉庆年间	海长
18	台交、台葱、台应、壹牛、溙洧、月照、台石、台左、台碧、台雪、台瑞、赵云、台秋、台香、子章、求登、妈正、明月、宣和、河汉、台管、主楚、仲生、妈从、台章、台尾、佛刊	槟城	道光年间	海长

18	新尚、万福、台整、光审、台益、仁选、三让、以云、崇芽、台熟、台泉、台见、台件、台最、宝泉、九埕、厅郊、源亨、三阳、荣叠、水明、窜灵、以攀、良赞、恒用、登峤、登仕、登赞、登镇、光前、三泮、宝泉、尚宗	槟城	道光年间	海二
18	台超、台常、台显、台明、明德、明章、台从、台合、斗元、台朝、汝夜、台吝、其祥、台礦、机会、乃时、明会、牛根、登乞、登春	槟城	道光年间	海五
18	应淡、台祥、台思、登照、光赐、光朋、登宏、登吉、登晋、传受、应渺、应翁、应沁、应璜、传心、传誉、天壹、天泉、朱安、台恭、台典、广实、高耀	槟城	道光年间	门房
18	台田、番出、有容、台桃、台染、妈腾、登科	槟城	道光年间	屿房
18	光任、光斗、台达、台仕、荣宗、大塭、淇水、存心	槟城	道光年间	井房
18	台彭、台萍、台赏、佛乞、台湾、台添、台养、光起、台三、清夺、嘉禄、妈捻、妈待、台熙、台添、载通、请心、请固、光肴	槟城	乾隆年间	梧房
18	彩元	槟城	嘉庆年间	梧房
18	福员、应东、炳乾、台连、台秀、光惟、台成、珠看、妈延、台情	槟城	道光年间	梧房
18	成科	槟城	咸丰年间	梧房
18	台力、文龙、德裕、台鲁、安然、朝约、朝葵、光求、光桃、协成、登科、天寿、子张、和尚	槟城	同治年间	梧房

18	台现、台此、两伦、清发、惠荣、丁烨、台经、弘模、台老、台尚、台陆、乌若、妈谅、台于、玉磐、台益、台甫、台躬、登盏、登盆、台掌、五治、入德、台郁	槟城	道光年间	松房
18	台转、大灶、大堨、淇水、存心、天恩、台件、文山	槟城	道光年间	田房
19	衡叹、则庆、衡营、衡九、传盛、三鼓、仲路、衡东、光喜、金田、嫦娥、和尚	槟城	道光年间	海长
19	河祥、衡从、颗谨、君梨、大敢、恒逢、启种、衡报、生凑、登榜	槟城	道光年间	海二
19	金虎	槟城	道光年间	海三
19	振元、明波、明元、衡山	槟城	道光年间	海五
19	如岳、荣夏、清龙、新掌、衡育、衡松	槟城	道光年间	门房
19	衡醮、衡注、衡机	槟城	道光年间	井房
19	稍慰	槟城	道光年间	梧房
19	衡实、衡哲	槟城	同治年间	梧房
19	崇禧、天牛、衡及、英光、赞言、三才、为政、允中、光品、其蜂、有彩、其奢、衡明、衡本、妈生、衡菊、衡萍、允钳、允树、衡奇、衡满、衡逊、清标、木瓜、果明、衡露、如珍、克勤、衡瘁、联升、光冉、紫勋	槟城	道光年间	松房
19	光色、古镜、光羡、光月、中秋、石泉、衡恒、衡头、有用、清临、衡古	槟城	同治年间	松房
19	豁然、喜成、光根	槟城	道光年间	田房
19	四岩、得胜、衡拔、有本、衡琛、衡建、光葵、衡遴、衡鱼	槟城	道光年间	岑房

20	思逊、恭富、思界、思淡	槟城	道光年间	海长
20	光碙、光载、德目、漏偕、德昌、思根	槟城	道光年间	门房
20	友朋、思迈、文元、如泥、抱龙、如斗 、思雪、思就、思典、思武、思仕、思枞、思贤、思财、嗣续、嗣绾	槟城	道光年间	松房
20	思明、思安	槟城	道光年间	田房
14	模魏	吉礁	乾隆年间	海二
15	煌钦	吉礁		梧房
16	埈狮	吉礁	乾隆年间	海长
16	埈树、埈琼	吉礁	乾隆年间	海二
16	登科	吉礁	道光年间	岑房
17	六四	吉礁	乾隆年间	海长
17	兴祖、	吉礁		松房
15	煌牛、煌祖	马六甲	雍正、乾隆年间	海长
15	舜荣、煌三、煌诰、煌翰	马六甲	乾隆年间	海二
15	煌耀、煌叶	马六甲	嘉庆年间	海四
15	埈羊	马六甲	嘉庆年间	海五
15	太宗	马六甲	雍正年间	门房
15	元郎、煌岳	马六甲	雍正年间	屿房
15	煌讲	马六甲		梧房
15	煌伋、煌持	马六甲	乾隆年间	松房
16	三辰、秉诚、芳敏	马六甲	乾隆年间	海长
16	埈育、天锡、埈忍、天爵	马六甲	嘉庆年间	海二
16	埈羊	马六甲	乾隆年间	海五
16	志士	马六甲		门房

16	淑恩、峻水	马六甲	乾隆年间	屿房
16	峻辑、峻斋、峻别、峻添、峻尧、峻思、峻卫、峻竹、大财	马六甲	乾隆年间	梧房
16	元健、峻汦	马六甲		岑房
17	华若	马六甲		宅房
17	顶仁、华进、梦临	马六甲		海长
17	华领、	马六甲		海二
17	华猛	马六甲		屿房
17	华图、昆荣、华情、华同	马六甲		梧房
17	华诵、华甲、文腾	马六甲		松房
17	华炳、华盾	马六甲		田房
17	华盾	马六甲		岑房
18	台溪、挺隆、台渊、台佐	马六甲		梧房
18	台生、台朗、登权、令使、台恰、乌楠、五治、台平、光任、光远、清恩、台兴、台翰、振竹	马六甲		松房
19	衡月、衡雍	马六甲		松房
20	双全	马六甲		松房
15	煌质、文远	加央	乾隆年间	梧房
16	峻昇、峻党	加央	乾隆年间	海二
16	峻合	加央	嘉庆年间	海二
17	其照	加央		屿房
16	峻奇	柔佛		海二
18	红蟳	马来亚		海五
19	两美、应督	马来亚		海二
19	衡山	马来亚		海五
20	思淡	马来亚		海长

20	应督	马来亚		海二
14	模质、模至、模恬	交留吧	康熙年间	海二
14	模言、模运	交留吧	雍正年间	梧房
14	模翰、模董	交留吧	乾隆年间	田房
15	煌从	交留吧	康熙年间	宅房
15	煌朗	交留吧	乾隆年间	海长
15	煌节	交留吧	乾隆年间	海二
15	煌诰	交留吧	乾隆年间	海五
15	虽尾	交留吧	康熙年间	门房
15	煌照、煌伟	交留吧	乾隆年间	梧房
15	聪明	交留吧	康熙年间	松房
15	煌义、完瑞	交留吧	康熙年间	田房
15	煌杼	交留吧	乾隆年间	岑房
16	埈悦、天注	交留吧	乾隆年间	海二
16	五豹、埈禄、学第、大锦、育手	交留吧	乾隆年间	门房
16	埈禄	交留吧	康熙年间	梧房
16	埈步、夺魁	交留吧	康熙年间	松房
16	埈宝、埈建	交留吧	乾隆年间	田房
17	光彩	交留吧	乾隆年间	海二
17	元亮、可畏	交留吧	乾隆年间	门房
17	神保	交留吧	乾隆年间	岑房
18	济川、应韬	交留吧	嘉庆年间	门房
18	心念	交留吧	嘉庆年间	田房
19	佛赐、衡添。其连。王侯	交留吧	道光年间	松房
14	模柑	三宝垅	乾隆年间	屿房
15	煌钻	三宝垅	乾隆年间	门房

16	竣饱、意汀、大注、夷则、六四、方善、意汀、大德、豢宾 3 兄弟、炽进	三宝垅	乾隆年间	门房
16	竣霜	三宝垅	乾隆年间	梧房
16	藏密	三宝垅	乾隆年间	田房
16	竣瑞	三宝垅	乾隆年间	岑房
17	华益	三宝垄	乾隆年间	宅房
17	华兴	三宝垄	乾隆年间	海长
17	粗磁、新波华商、文重拔山	三宝垄	乾隆年间	海二
17	华足	三宝垄	乾隆年间	海四
17	金生	三宝垅	乾隆年间	海五
17	极泉、坎水、紫荆、光长、光 筬、光腾、光烈、光照、义理、宫音、叶根、红霫	三宝垅	乾隆年间	门房
17	四海	三宝垄	乾隆年间	屿房
17	华赐	三宝垅	乾隆年间	梧房
17	尖峰、天旺	三宝垅	乾隆年间	田房
17	有德、光智、永全	三宝垅	乾隆年间	岑房
18	妈兆	三宝垅	乾隆年间	宅房
18	仁策、三榜、三吉	三宝垅	乾隆年间	海二
18	光芋、郡沾、沛然、传芳、安静 4 兄弟、广生、广道、应瑞、传地、沥川、光贴、台蚶、台竹	三宝垅	乾隆年间	门房
18	台六	三宝垅	乾隆年间	梧房
18	台程	三宝垅	乾隆年间	松房
18	台闰、四乌、如湛、四洪、水锦、建兴、衡梗	三宝垅	乾隆年间	岑房
14	模倍	吧东	康熙年间	门房
14	模让	吧东	康熙末年	屿房

15	煌南	吧东	康熙年间	海四
15	煌鼎	吧东	康熙年间	门房
15	煌楠	吧东	乾隆年间	屿房
16	埈俊	吧东	乾隆年间	海长
16	埈全	吧东	乾隆年间	海二
16	埈迎	吧东	嘉庆年间	海四
16	埈掌、埈由	吧东	乾隆年间	门房
17	华奇	吧东	乾隆年间	宅房
17	景昌	吧东	乾隆年间	海长
17	乌扶、华合、天养、绍兴、华顺、永壳、华富	吧东	乾隆年间	海二
17	华叠、华寅	吧东	乾隆年间	松房
17	华精、华算、甚德	吧东	乾隆年间	田房
17	有益	吧东	乾隆年间	门房
17	华精	吧东	乾隆年间	岑房
18	石泉、台霞	吧东	嘉庆年间	井房
18	石泉、台霞	吧东	嘉庆年间	田房
19	衡棕	吧东	嘉庆年间	田房
19	衡选	吧东	嘉庆年间	岑房
19	朝直	吧东	嘉庆年间	海二
16	埈赐	高吧	乾隆年间	梧房
17	华雨	高吧	乾隆年间	海长
18	台坡、台培	高吧	乾隆年间	梧房
18	天厚、文举、台楼	高吧	乾隆年间	梧房
18	应珍	高吧	嘉庆年间	门房
18	台滔	高渊	嘉庆年间	梧房
16	埈祐	井里汶	乾隆年间	海二

16	埈藩	井里汶	乾隆年间	梧房
17	满载、玉凤	井里汶	乾隆年间	门房
17	昊宗	井里汶	乾隆年间	岑房
18	登科、朝阳、五常、荣孝	井里汶	嘉庆年间	门房
19	其山	井里汶	嘉庆年间	松房
20	地亭	井里汶	嘉庆年间	松房
17	华全	亚齐	乾隆年间	宅房
18	台国	亚齐	乾隆年间	海二
20	崇行	亚齐	道光年间	松房
17	华栋	万隆	乾隆年间	海长
14	模改	马辰	康熙年间	海五
17	应祥	马辰	乾隆年间	岑房
18	应泼	马辰	乾隆年间	门房
18	荣角、自强	罗梭	嘉庆年间	门房
19	荣坤	印尼	嘉庆年间	海二
20	沧江、沧石	印尼	道光年间	海二
20	峇猪	印尼	道光年间	海二
14	模壮	吕宋	康熙年间	海五
14	模愿	吕宋	康熙末年	田房
14	石降	吕宋	乾隆年间	岑房
15	煌爨	吕宋	乾隆年间	宅房
15	煌捷、煌锦	吕宋	乾隆年间	海二
15	煌昺	吕宋	康熙年间	屿房
15	煌承	吕宋	乾隆年间	井房
15	煌土	吕宋	乾隆年间	松房
15	文玉	吕宋	乾隆年间	田房

15	煌升	吕宋	乾隆年间	岑房
16	埈春、埈碧、埈扰、埈武、埈助、埈志	吕宋	乾隆年间	宅房
16	埈恩、	吕宋	乾隆年间	海二
16	埈悴、埈面、埈株	吕宋	嘉庆年间	海五
16	埈梓	吕宋	嘉庆年间	井房
16	埈解	吕宋	乾隆年间	梧房
16	埈天	吕宋	乾隆年间	松房
16	埈绒、文玉	吕宋	乾隆年间	田房
16	埈派、埈池	吕宋	乾隆年间	岑房
17	和尚、华禄、华填、华株、华注、永秀	吕宋	乾隆年间	宅房
17	翰林、伯寮、琼华	吕宋	乾隆年间	海长
17	清九、清标、华宙、华靖、华耍、华帆	吕宋	乾隆年间	海五
17	华彭	吕宋	乾隆年间	屿房
17	文登、华慄	吕宋	乾隆年间	井房
17	金朝、华纳、华份、华狗、伯达	吕宋	乾隆年间	梧房
17	华喜、华马	吕宋	嘉庆年间	梧房
17	兰桂、华喜、台琦	吕宋	乾隆年间	岑房
18	翰音、台种、天来	吕宋	乾隆年间	海长
18	汭川、台忠	吕宋	乾隆年间	门房
18	宽柔	苏禄	乾隆年间	门房
18	台琏、元甲建宗、振祥	吕宋	乾隆年间	梧房
18	台祐、台意	吕宋	嘉庆年间	梧房
18	台厘	吕宋	道光年间	梧房
18	三草	吕宋	乾隆年间	松房
18	顺天	吕宋	乾隆年间	田房
18	台琦、台钳、宝藏、永皆	吕宋	乾隆年间	岑房

19	衡灿、天送、宁武、宁生、罗成	吕宋	乾隆年间	海长
19	衡石	吕宋	嘉庆年间	海五
19	万盛	吕宋	咸丰年间	门房
19	衡远、衡耀	吕宋	嘉庆年间	松房
19	有朋	吕宋	道光年间	松房
19	衡教、四美、守份、衡笑、衡岸、衡焕	吕宋	道光年间	岑房
20	思钳、思潘、燕青	吕宋	道光年间	松房
20	翻身	吕宋	同治年间	岑房
14	国进	是力	乾隆年间	岑房
15	煌聘、煌院	是力	嘉庆年间	岑房
15	煌本、煌夏、煌善、煌眼	是力	道光年间	岑房
16	峻婴	是力	乾隆年间	海五
16	峻岭、粒梅	是力	乾隆年间	梧房
16	妈诚、	是力	嘉庆年间	田房
16	峻团、峻陈、文芳、文后、光衬、 峻谋	是力	嘉庆年间	岑房
16	峻断、峻七	是力	道光年间	岑房
17	华合、	是力	乾隆年间	宅房
17	焕章	是力	乾隆年间	海长
17	德叶、	是力	乾隆年间	海二
17	华念、华璧	是力	乾隆年间	梧房
17	有力	是力	乾隆年间	松房
17	金参、海外	是力	嘉庆年间	岑房
18	满堂、天河、勃然	是力	乾隆年间	海长
18	台听	是力	乾隆年间	梧房
18	振兴、台沛、台深、登杰、有力	是力	嘉庆年间	松房
18	台扶	是力	嘉庆年间	田房

18	台宙	是力	嘉庆年间	岑房
19	协力、妈暖、衡法、衡束、衡荫、衡孕、临时、衡麟	是力	嘉庆年间	松房
19	衡运、衡玉、衡尚	是力	道光年间	松房
20	妈传、思合、思让	是力	同治年间	松房
15	煌水	丹老	乾隆年间	梧房
15	煌允	丹老	乾隆年间	岑房
16	天降	丹老	乾隆年间	海二
16	埈阵	丹老	乾隆年间	海五
17	陈皮、华江、华敛、华对、华抱、华武、华坤	丹老	乾隆年间	海长
17	华信、	丹老	乾隆年间	海五
17	妈钳	丹老	嘉庆年间	屿房
17	子丹、华简	丹老	乾隆年间	梧房
17	华位、华派、华顺	丹老	乾隆年间	松房
17	华就、华育、华甲、华排、华达	丹荖	嘉庆年间	井房
18	台国、台齐	丹老	嘉庆年间	海长
18	台扁、台推、台应、台寻	丹老	嘉庆年间	梧房
18	台元、台德	丹老	嘉庆年间	松房
19	衡同	丹老	道光年间	海五
16	渊泉	土瓦	乾隆年间	海二
16	埈榜	土瓦	乾隆年间	海四
16	妈富、埈宗、埈月、埈白	土瓦	乾隆年间	海五
16	埈漏	土瓦	乾隆年间	梧房
16	宁利	土瓦	嘉庆年间	田房
17	华达、华硕、华昆	土瓦	乾隆年间	宅房
17	华源、华记	土瓦	乾隆年间	海长

17	得旺	土瓦	乾隆年间	海五
17	天贞	土瓦	乾隆年间	梧房
17	光柳	土瓦	乾隆年间	田房
19	松青、瑞慨、瑞广	土瓦	嘉庆年间	海长
16	埈辉	毛淡棉	乾隆年间	海五
16	埈营	毛淡棉	乾隆年间	海长
16	良宾	毛淡棉	嘉庆年间	田房
17	华池、华兴、华虎	毛淡棉	乾隆年间	海长
17	华逢	毛淡棉	乾隆年间	海二
17	华霁、华备、华掌	毛淡棉	乾隆年间	梧房
17	恂慄	毛淡棉	乾隆年间	松房
18	台简、台拨、台摅	毛淡棉	嘉庆年间	海长
18	文缉	毛淡棉	嘉庆年间	海二
18	妈商	毛淡棉	嘉庆年间	井房
18	妈商	毛淡棉	嘉庆年间	田房
19	江水	毛淡棉	嘉庆年间	海长
19	允栋	毛淡棉	道光年间	松房
17	登杰、登葵、添泗	仰光	乾隆年间	海五
17	华连	仰光	乾隆年间	门房
17	妈兴	仰光	乾隆年间	井房
17	冠英、冠隆	仰光	乾隆年间	松房
18	台孝、台参、忠义	仰光	乾隆年间	海长
18	光蟳、光沙光奚、允织台尚、永聪	仰光	嘉庆年间	海二
18	台艳、台胜	仰光	嘉庆年间	海五
18	应随、应时	仰光	嘉庆年间	门房
18	银河	仰光	嘉庆年间	松房

18	正预	仰光	嘉庆年间	岑房
19	衡映	仰光	道光年间	海长
19	衡阵、衡分、新接	仰光	道光年间	海五
19	永裕	仰光	咸丰年间	门房
19	新接	仰光	道光年间	梧房
19	衡宙、佛护	仰光	道光年间	松房
20	汉柏 3 兄弟	仰光	同治年间	海长
20	水滕	仰光	同治年间	门房
20	成恩、新兴	仰光	同治年间	松房
19	清水、思宏	缅甸	道光年间	海二
14	模杭	暹罗	雍正、乾隆年间	松房
18	台智	暹罗	嘉庆年间	门房
18	台仲	暹罗	嘉庆年间	梧房
15	煌珊	宋脚	乾隆年间	海二
16	阿江	宋脚	乾隆年间	梧房
16	埈维、埈桃	宋脚	乾隆年间	田房
17	华田、	宋脚	乾隆年间	海五
17	观厚	宋脚	乾隆年间	屿房
17	肇赛	宋脚	乾隆年间	梧房
18	凌回	宋脚	嘉庆年间	松房
19	填补	宋脚	嘉庆年间	海长
15	煌博	大呷	乾隆年间	梧房
18	天分、真龙、双念	通扣	嘉庆年间	梧房
16	埈寿	安南（今越南）		海五
16	宁省	安南	嘉庆年间	田房

16	春雨	安南		岑房
17	华竹	安南		宅房
17	华燕	安南		海三
17	华阵			梧房
15	煌智、煌忠	柬埔寨	乾隆年间	海五
16	埈诚	柬埔寨	乾隆年间	宅房
16	埈桃、埈我	柬埔寨	乾隆年间	松房
16	文义、应角	柬埔寨	乾隆年间	岑房
17	恒达	蓬仔	乾隆年间	海二
17	华文	滂仔	乾隆年间	海五
17	华葱	柬埔寨	乾隆年间	梧房
17	大纯	滂仔	乾隆年间	梧房
17	华日	柬埔寨	乾隆年间	松房
17	华庞	柬埔寨	嘉庆年间	岑房
18	有为	金塔	嘉庆年间	屿房
18	台叠	金塔	嘉庆年间	梧房
19	衡樟	傍仔	道光年间	松房
16	清福	幼里	乾隆年间	海二
17	华仁	龙雾	乾隆年间	海五
17	华高	龙雾	乾隆年间	门房
17	华茂	贵仔闽	乾隆年间	梧房
18	桃柳	龙雾	嘉庆年间	海长
18	聪良、润益、德雄	党尔	嘉庆年间	海三
18	定鞭	龙雾	嘉庆年间	海五
19	衡春	龙雾	道光年间	海长

（据《新江邱曾氏族谱》整理）

表2-17 石塘谢氏裔孙分衍南洋各国简表

代数	名 字	分衍地点	时 间	备 注
11	侍凤	吕宋		
11	学礼、鸣鸾	吕宋		
13	汝材	吕宋		讳思贤
13	汝陞	交留吧吉力石		讳妙
13	汝辅	吕宋		讳程生
13	士忠	吕宋		字诤卿
13	泗	吕宋		讳婴治
13	久	吕宋		讳而卫
13	又远	交留吧		
13	又遂	交留吧吉力石		
13	品、阵	吧城		
13	天祥	番邦		
13	建德	吕宋班隐		
14	邦	吧城		
14	元绿、豫、准	吕宋		
14	虎、光裕、粪	吕宋		
14	春	吕宋州仔岸		
14	绍、秉国	吕宋		
14	光明、光耀	吉礁		
14	宝基、郏	吉礁		
14	实	吉礁		
14	邦、叔	吧城		
14	笃、佛、衍	交留吧		
14	崇升、拨、度	交留吧		

14	笃	交留吧		
14	禄	暹罗		
14	榜、荐	番邦		
15	兴、苞、柑	吕宋		
15	棋、先	吕宋		
15	德衿、德诂	吕宋		
15	随、俞	暹罗		
15	旺、周、狱	马六甲		
15	畴、量、月	马六甲		
15	深、敬	马六甲		
15	鸣瑶	交留吧桶岸		
15	锡珍	交留吧埔头		
15	兴、云	交留吧		
15	琴、渲	交留吧		
15	仰、全、艺	交留吧		
15	永老、魁	交留吧		
15	六、着、前	吉礁		
15	态、阵、辖	吉礁		
15	澳、暨、秦	吉礁		
15	带、勇、略	吉礁		
15	诰使、赐、奇	吉礁		
15	坤、及、举	暹罗		
15	秦	暹罗		
15	贵、赞、张	吧城		
15	联、亚	吧城		
15	异	安南		

15	永立、贯、士俊	槟榔屿		
15	士锦、绿、典使	槟榔屿		
15	腾水	槟榔屿		
15	润	马辰		
15	赐、蒲	沙里		
16	琴	苏禄		
16	治、水	槟榔屿		
16	志、令	槟榔屿		
16	王宽、治、喜	槟榔屿		
16	志、琏、令	槟榔屿		
16	应拔、连、缉	槟榔屿		
16	如松、卢会、著	槟榔屿		
16	简、志、孕	槟榔屿		
16	必、和尚、光田	槟榔屿		
16	子骞、宗义	槟榔屿		
16	文华、方员	槟榔屿		
16	清源、子平	槟榔屿		
16	修、朝龙、有定	槟榔屿		
16	三仲、怡、良水	槟榔屿		
16	辇、尧、宽柔	槟榔屿		
16	皆再	槟榔屿		
16	弼、普、光	交留吧		
16	琼、登、轲	交留吧		
16	轩、坚、恩求	交留吧		
16	国才、高	暹罗土山		
16	芒	暹罗		

16	次、雍、隆	吉礁		
16	德、晚、鳌漏	吉礁		
16	笑、订、雅	吉礁		
16	彦、光料	吉礁		
16	阳午、开宗	吉礁		
16	洁、奉、通	马六甲		
16	突、纵、宰	马六甲		
16	广惠	马六甲		
16	回、答、惟	吧城		
16	南、君恩	吧城		
16	长苉、光为	吧东		
16	敏	宋脚		
16	行、腾舜、自当	番邦		
16	光爱、言语、图	番邦		
16	冉有、光正	番邦		
17	阴	槟榔屿		
17	朝光	马六甲		
17	天然	浮炉		
17	福全、仙	马六甲		
17	朝光、学圣	马六甲		
17	湛、富贵	槟榔屿		
17	川位、仰止	槟榔屿		
17	俨然、栋、通文	槟榔屿		
17	顺、妈利、荣	槟榔屿		
17	澄桥、春宇	槟榔屿		
17	庶民、联捷	槟榔屿		

17	光荣、光琏	槟榔屿		
17	联彩、斗、仰	槟榔屿		
17	应得、新洲	槟榔屿		
17	通文、光耀	槟榔屿		
17	光址、祈应	槟榔屿		
17	情怡、宝王	槟榔屿		
17	宗羲、融、姜	槟榔屿		
17	阴、志、云	槟榔屿		
17	纯江、果珍、霞	槟榔屿		
17	沧耳、夺魁	槟榔屿		
17	有义、雀、光道	槟榔屿		
17	让、显、胡	交留吧		
17	梅	交留吧		
17	陈、熙、拴	吉礁		
17	宝荣、三狗	食呐		
17	九如	食呐		
17	应时	宋脚		
17	茂、五桧、五湖	吧东		
17	绒、映、孝	暹罗		
17	石麟、发地	安南		
17	藕水、亲	比仔闽		
17	芸	六昆		
17	由、阵、钟	番邦		
17	知、公文、榜	番邦		
17	志诚、六琼、	番邦		
17	六谋	番邦		

18	光眼	浮炉		
18	允、成、康泰	槟榔屿		
18	添、登山、必魅	槟榔屿		
18	妈益、妈爱	槟榔屿		
18	充、光愠、绍周	槟榔屿		
18	绍充、守卜、涯	槟榔屿		
18	春、妈猜、光财	槟榔屿		
18	砖、光转、光沛	槟榔屿		
18	锦云、光秋	槟榔屿		
18	光名、妈益	槟榔屿		
18	一义、一河	槟榔屿		
18	树兰、仁泽	槟榔屿		
18	木笑、管仲、化	槟榔屿		
18	石、元芳、总	槟榔屿		
18	缘、述、华珍	槟榔屿		
18	仕狮、水萍	槟榔屿		
18	笃生、锦衣	槟榔屿		
18	素位、天注	槟榔屿		
18	有才、顾安	槟榔屿		
18	光杼、传书	槟榔屿		
18	初喜、本恒	槟榔屿		
18	蒋、大川、飚	交留吧		
18	夺、银水、光武	交留吧		
18	安琼、妈阴	食叻		
18	传经	食叻		
18	恩恭	吧城		

18	水苗	吉礁		
18	忏	通扣		
18	瑞鹏	安南		
18	彩	望加锡		
18	莱、邑	沙浪		
18	敏	丹老		
18	欠井	旧港		
18	绵盛、天、集成	番邦		
18	火祥、启明、佑	番邦		
18	启澄、明泮	番邦		
18	敦伦	番邦		
19	正勤、正寻	槟榔屿		
19	正本、从、广财	槟榔屿		
19	光明、九梅、掌	槟榔屿		
19	得露、丹成	槟榔屿		
19	光石、淼、光声	槟榔屿		
19	夏烟、登香	槟榔屿		
19	允应、允达	槟榔屿		
19	奶雍、坑、保	槟榔屿		
19	起璋、茂	槟榔屿		
19	夏盆、兴、正荣	食叻		
19	夏以	吉礁		
19	陶	安南		
19	嘉喜	番邦		
20	淑如	槟榔屿		

（据《石塘谢氏家乘》整理）

表2-18 祥露庄氏裔孙分衍东南亚各国简表

代数	名 字	分衍地点	时 间	备 注
14	银安	仰光	清末民初	子启通、启才。金房
15	克勤、克俭	菲律宾	清末民初	生三子，土房
15	英俊	菲律宾	清末民初	土房
15	亚启、亚秀	马来西亚	清末民初	土房
16	温琴	仰光	民国初	石房
16	礼种	仰光丹老	民国初	金房
16	辉煌	马来西亚	民国初	革房
16	温叶	新加坡	民国初	石房
17	延喜	仰光	民国年间	金房
17	含目	新加坡	民国年间	金房
17	恭俭、恭灿	槟城	民国年间	金房　　银安曾孙
17	来兴、来福	槟城	民国年间	土房，来福生 3 子
17	恭成	印尼棉兰	民国年间	金房
17	恭联	印尼	民国年间	金房
18	荣山	槟城		土房
18	启豪	槟城		金房
18	老猪	仰光		金房
18	宏伟	印尼		革房
18	孝就	仰光		金房
18	妈贤	仰光		金房
18	亚拼	槟城		金房

（据《厦门市同安县锦绣祥露庄氏族谱》整理）

表2-19 后井周氏分衍东南亚各国简表

代数	名 字	分 衍 地	时 间	备 注
13	毓岩	吕宋点	万历年间	
14	党	吕宋	康熙年间	
15	天生	吕宋	康熙年间	
15	伦	交留吧	乾隆年间	
15	中	番邦港	乾隆年间	
15	起	安南	乾隆年间	生盛老、和
16	世彭	三宝垄	乾隆年间	
16	尚、光面	井里汶	乾隆年间	
16	仪	巨港	乾隆年间	生毛棕
17	文阁	万隆	乾隆年间	
17	光明、文珍	交留吧	乾隆年间	
17	藻、芹	交留吧	乾隆年间	
17	文盛、固	槟榔屿	乾隆年间	
17	文仁	文莱	乾隆年间	
17	快	槟榔屿	嘉庆年间	生得三、孝
17	正春	是力	嘉庆年间	生坤尝、坤生、等茅、崇山、崇林
17	动	吕宋	乾隆年间	
17	文福	吕宋	乾隆年间	生章墙、章甲、章启
17	达三	安南	乾隆年间	
18	章曹、文淼	宋脚		
18	栗	柔佛	乾隆年间	生华柿、华鳐、华曹
18	约、四贵	交留吧	嘉庆年间	
18	文诗	交留吧	嘉庆年间	
18	选	吧东	嘉庆年间	生文菲

18	文旬	吧东	嘉庆年间	
18	妈居	亚齐	嘉庆年间	
18	章秉、章宁	槟榔屿	乾隆年间	
18	厉、梗	马六甲	乾隆年间	
18	讲、慈	槟榔屿	乾隆年间	
18	懒、让	文莱	乾隆年间	
18	拔、楷	槟榔屿	乾隆年间	
18	栗	柔佛	乾隆年间	生华柿、华鱼、华曹
18	目、章茶	董里		
18	元旦	董里		
18	婴、定国	槟榔屿	嘉庆年间	
18	文和	槟榔屿	嘉庆年间	生侃、陈
18	文表	槟榔屿	嘉庆年间	生宗廷
18	文顺	槟榔屿	嘉庆年间	生愁、采、吕
18	妈赐	槟榔屿	嘉庆年间	生有情、方策、有忠、有秧、有赞等
18	四诗	槟榔屿	嘉庆年间	生盛
18	章范	吉礁	嘉庆年间	
18	章圆、旭	槟榔屿	道光年间	
18	文藻、松	槟榔屿	嘉庆年间	
18	琛、淑	槟榔屿	嘉庆年间	
18	恶	槟榔屿	嘉庆年间	
18	章宙、三畏	是力	嘉庆年间	
18	章场、章七	是力	道光年间	
18	对、守质	吕宋	乾隆年间	
18	蕊	暹罗	乾隆年间	
18	四业	暹罗	嘉庆年间	生拱照、有庆

18	四辉	暹罗	嘉庆年间	
18	四民	安南		生泰上
18	鹏	安南	嘉庆年间	
18	八	仰光	嘉庆年间	生瑞日、瑞末
19	涌泉、祖福	苏禄	嘉庆年间	
19	怀宗	苏禄	嘉庆年间	
19	合老、振吉	是力	道光年间	
19	华砖、四一	是力	道光年间	
19	华闩、量	是力	道光年间	
19	万道	是力	咸丰年间	子情威
19	香瓜、交恩	董里		
19	妈宁、得意	槟榔屿	嘉庆年间	
19	华堪、华艳	槟榔屿	嘉庆年间	
19	文左	槟榔屿	嘉庆年间	
19	宗泽	吉礁	嘉庆年间	
19	光洛	董里		
19	华砚、妈交	槟榔屿	道光年间	
19	光蛋	董里	道光年间	
19	四海、金狮	槟榔屿	道光年间	
19	仆、三奇	槟榔屿	咸丰年间	
19	华天	槟榔屿	咸丰年间	生藕水、泽水、丽水、统、悦水
19	华胤、秋	董里	咸丰年间	
19	光田、送	槟榔屿	咸丰年间	
19	华箸	廖里	同治年间	生明清
19	宗智	廖里	同治年间	生五子
19	金锭、卜	宋脚	道光年间	

19	得意、至诚	宋脚	道光年间	
19	登原、	宋脚	道光年间	
19	有必	把东望	道光年间	生亮采、丹书
19	带华	宋脚	咸丰年间	生红旗
19	龙云、华吉	交留吧	同治年间	
19	七、宗义	三宝垄	同治年间	
19	华箸	廖里	同治年间	生明清
19	宗智	廖里	同治年间	生五子
19	得庆	暹罗	嘉庆年间	
19	宗喜	安南	嘉庆年间	
19	华徐、请	安南	道光年间	
19	回夺	安顺	咸丰年间	
19	音、红枣	安南	同治年间	
19	景	安南	同治年间	子秧
19	根	安南	同治年间	
20	笃立、俭	是力	同治年间	
20	元龙、庆宣	是力		
20	未、英	是力		
20	坑、再	槟榔屿	同治年间	
20	乌樟、浦	吉礁	同治年间	
20	相语、	董里	同治年间	
20	膏泽	槟榔屿	同治年间	生三让、三善、三复
20	天开	槟榔屿	同治年间	生锡嘉
20	重桶、新	槟榔屿	同治年间	
20	名、清	槟榔屿	同治年间	
20	元育、纯坚	交留吧	同治年间	

20	启澄	三宝垄	同治年间	生五子
20	正开	亚齐	同治年间	生五子
20	清香	三宝垄	同治年间	生子新情
20	八卦、桧	三宝垄	同治年间	
20	院、登榜	暹罗	道光年间	
20	粪扫、养漏	暹罗	咸丰年间	
20	正珍、正伦	安南	同治年间	
20	沙、振益	安南	同治年间	
20	老、盾	安南	同治年间	
20	纯泽	安南		生达
21	嘉	是力	同治年间	
21	藏修、福祥	槟榔屿	光绪年间	
21	源	董里	光绪年间	
21	学易	三宝垄	同治年间	
21	辅图、清萍	安南	同治年间	
21	恭断	安南	同治年间	

（据《金沙周氏族谱家乘》三房谱整理）

表2-20 钟山蔡氏分衍东南亚各国简表

代数	名 字	分衍地点	时 间	备 注
11	肇魁	亚齐	康熙年间	
11	肇调	交留吧	康熙年间	
11	肇清	交留吧	康熙年间	
12	国璋	交留吧	康熙年间	
12	国选	交留吧	康熙年间	
12	国珍	台湾	康熙年间	
12	国时	马六甲	雍正年间	
12	国怀	吉礁	乾隆年间	
13	秀起	交留吧	雍正年间	
13	秀雅	交留吧	雍正年间	名珍璞，在吧生三子
13	秀英	交留吧	乾隆年间	
14	特蕃	交留吧	乾隆年间	
18	江白	槟榔屿	清末	

（据《钟山蔡氏族谱》二房惠养公房谱整理。）

表2-21 东埔张氏裔孙分衍东南亚各国简表

代数	名 字	分衍地点	时 间	备 注
18	怡胜	南洋		
21	清山	缅甸	近代	
21	清春	马来西亚		
21	明南、明筑	荷兰		
22	赐兴、赐福	马来西亚		
22	同仁	南洋		

22	志明	印尼		
22	秀春	马来西亚		
22	天柱	菲律宾		
23	景祥	印尼巨港		
23	世年	马来西亚		
24	宗坚	缅甸		

表2-22 本章部分古今地名对照表

古地名	今地名	备注
交趾	越南北部、中部地区	
交留吧、吧城	印尼雅加达	
丹老、丹荖	墨吉，今缅甸南部丹老群岛	
万丹	印尼万丹	在爪哇岛西北部，曾称为下港
吉礁、吉打	马来西亚西北部	
马辰	印尼加里曼丹岛南部	
吧东、巴东	印尼苏门答腊岛	
暹罗	泰国	
实力、食叻	新加坡	
宋脚、宋卡	泰国	
大年、大哖	泰国西南部北大年府	
加央	马来西亚玻璃市州首府	
毛淡棉	缅甸孟邦首府	
柔佛	柔佛巴鲁，属马来西亚	首府为新山
土瓦	缅甸南部港市	也称塔威
亚齐	印尼苏门答腊岛西北部	

吉力石、格雷西、锦石	印尼爪哇岛	
吕宋班隘	菲律宾	
苏禄	菲律宾苏禄群岛	
浮炉	孚埠，疑为怡保	
六昆、六坤	今泰国马来半岛的洛坤	
望加锡	印尼苏拉威西岛南部	曾称为乌戎潘当
旧港、巨港、巴邻旁	印尼苏门答腊岛南部	
董里、什田	泰国西南部	
廖里、廖内	印尼苏门答腊岛东部中	

第四节　宗亲交流

　　早期海沧先民以家族宗亲为纽带，播迁海内外各地，尤其集中于隔海相望的台湾省和东南亚各国。他们延续传统，依据血缘、宗亲、地缘在侨居地组成宗亲侨团，与祖籍地海沧往来密切，形成了今天海沧独特的海外联谊、两岸宗亲交流热络的宗亲文化。海沧因此成为著名的侨乡和台胞重要的祖籍地之一。

　　海沧史属漳泉两府，1958年至2003年先后分属厦门市郊区、集美区、杏林区，海沧均偏远于治所。2003年海沧行政区成立后，区委区政府十分重视台、侨谊工作，潜心打造"保生文化节"、"海峡论坛"海沧配套活动、"乡情乡约"、"乐活节"等品牌活动，大大促进了祖、客地的宗亲交流。

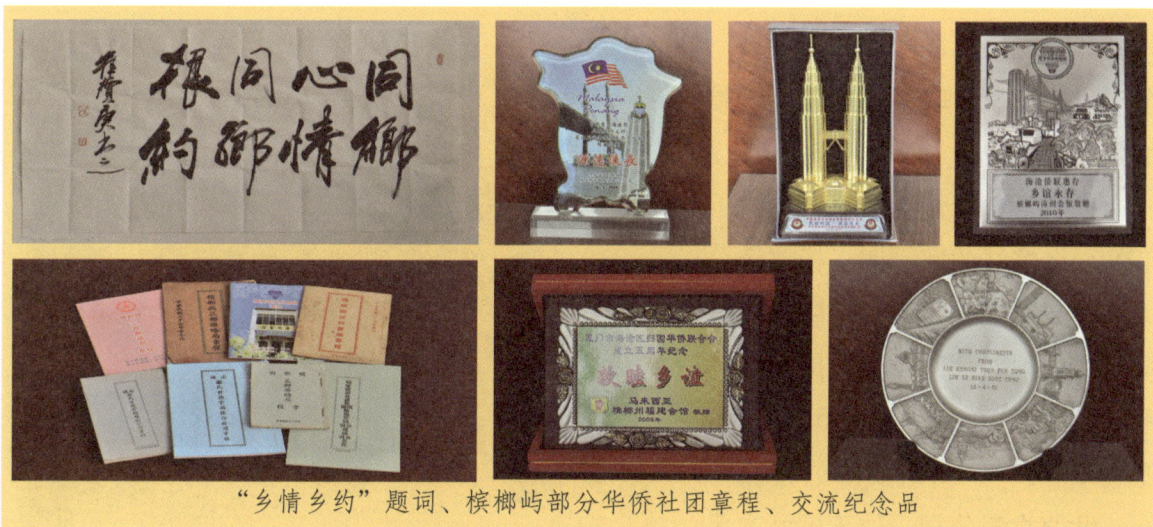

"乡情乡约"题词、槟榔屿部分华侨社团章程、交流纪念品

一、2003年海沧区划调整前

　　明清时期，大量海沧先民苦于生计，出走异国他乡，或下南洋拓荒，或过台湾讨生活。他们中大多数人是普通劳动者，或开垦土地，种植橡胶、甘蔗、可可、椰果等热带经济作物，或从事锡矿、钨矿的开采，相当于殖民者的劳工。凭着勤劳、节俭和智慧，不少佼佼者开商号经营生意而发了财。他们多数克勤不业，经商发家致富后，将大量的"批款"寄回乡梓，用于接济家乡亲人生活和建设祖地家园。他们不是侨居地的侵占者，而是与侨居地土著居民融洽相处，共同开发家园的劳动者。

　　在海外，海沧旅外各姓裔孙延续故里宗亲文化传统，往往聚族而居，成立宗亲组织。如马来西亚的槟城，可谓是"域外的海沧"，华人会馆林立，这些海外宗乡组织，长期以来与故国家园保持着天然的联系，对祖籍地社会公益事业的发展作出巨大贡献，并与祖籍地原有的宗族组织相得益彰、各得其美，展示出族群内求团结、外求发展的美好诉求。现择部分社团简介如下：

槟城三都联络局　清光绪二十二年（1896年），时为海澄三都108社的先贤为抗拒盗匪，保卫家乡之安宁以及维护族人利益而组织三都联络局。光绪二十六年（1900年）槟城三都诸先贤为响应祖国乡亲之号召，发起募捐基金，成立槟城三都联络分局（后改为总局）。槟榔屿三都联络局自成立后，通力合作，积极与家乡联系，对家乡贡献尤大。

三魁堂　清光绪七年（1881年），在槟城的邱、谢、杨三个公司组成三魁堂，将购置房屋出租的租金，共同汇款回乡以协助组织地方保卫队保护家乡，每公司轮值管理三年。

世德堂谢公司　位于槟城本头公巷8号。清嘉庆十五年（1810年），在槟城的石塘谢氏创办福侯公公司。光绪十六年（1891年），由谢允协领导正式注册为谢氏福侯公公司。1919年，谢四瑞等所筹设石塘谢氏育才学校开课。1933年，宗祠进行大重修，并统一了槟榔屿大宗祠与厦门市石塘社祖祠的名

槟榔屿三都联络局章程　　　　槟榔屿三都联络局旗

槟城世德堂谢公司

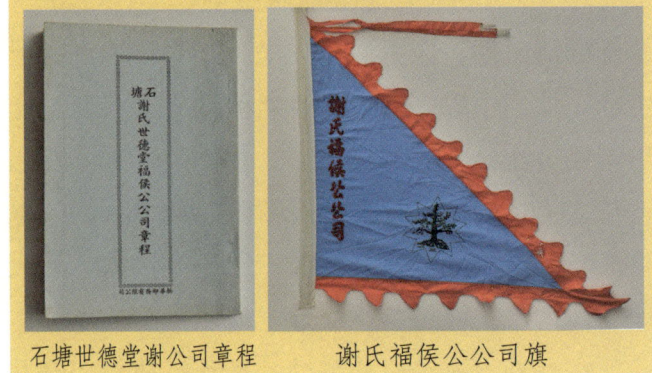

石塘世德堂谢公司章程　　　谢氏福侯公公司旗

字，称为石塘谢氏世德堂福侯公公司，继续执行谢公司章程内有关宗法、宗教、教育与福利等措施。2012年为铭记祖地木本之恩，改名为世德堂谢公司。

龙山堂邱公司 清道光二年（1835年），槟城新垵邱氏为崇颂祖德，团结合作，在是年五月初八集合一百零二族人成立"诒穀堂"邱公司。道光三十年（1850年），改名为龙山堂邱公司。该公司对祖籍地新垵作出重大贡献，1816年，以"大使爷槟榔屿公银"捐款一百廿元回乡修正顺宫，同治年间（1863—1867年），槟城邱氏各房出资共英银一千七百九十元回乡修《新江邱曾氏族谱》，来自海外尚有印尼三宝陇和菲律宾吕宋两地的捐资，新江小学创办初期，以槟城龙山堂邱公司公款部分利息充作开办学校的经费；1928年后，每年经费3000元左右，直至1934年。

龙山堂邱公司旗标

槟城龙山堂邱公司

植德堂杨公司 霞阳杨氏在仰光、槟城、菲律宾、台南番仔寮已成为当地望族。旅居槟城、仰光、新加坡的杨氏宗亲，成立了植德堂杨公司。槟城杨氏植德堂成立于清嘉庆十九年（1814年），1922年旅缅侨领杨昭固倡议新建植德堂于仰光，1931年旅居新加坡族亲杨添寿发起，在新加坡成立杨公司。

槟城植德堂杨公司

敦本堂林公司及勉述堂林公司 清同治二年（1863年），旅居槟城的宗亲林清甲组织倡议组设槟城敦本堂及勉述堂，林清甲为首任两堂社长。至1866年林氏九龙堂成立后，敦本堂与勉述堂迁入九龙堂。1891年敦本堂林公司依据1889年社团法令获准注册，1931年获准注册勉述堂。敦本堂为旅居槟城的鳌冠林氏的宗亲组织，勉述堂则是鳌冠村宫前角、下河尾的宗亲组织。两堂对贫苦族人多有接济。

槟城林氏九龙堂

槟城庄氏四美堂 1918年，旅马庄氏族长庄清健经营万福碾米厂而成巨富，为联络族亲感情，发起组织庄氏"四美堂"。堂号"四美"取意海沧祥露庄氏的长、四、六和七房。"四美堂"除搞好旅马族亲的福利外，关心家乡建设，在祥露开办同祥学校、资建水库等。

槟城庄氏宗祠

自清朝至民国年间，海外和台湾的海沧各姓裔孙或通过侨批，或取道侨汇大量款额接济三都亲人。

第二次世界大战后，东南亚各国先后独立，各居住国华裔的国籍身份逐渐由华侨转变为华人。祖籍地海沧的华人在东南亚诸国各界仍发挥极其重要角色。新中国成立初期，许多华侨胸怀赤诚报国之情，回国支持新中国建设。上世纪六十年代中期，个别国家出现反华排华动作，也致使部分侨民回乡居住。改革开放以前，由于种种因素，海外宗亲、台湾同胞相互交流甚微。

祖国大陆改革开放后，海外华裔陆续回乡寻根问祖，他们对乡梓的一草一木异常关心，捐资修建祖祠、兴办学校等公益事业成为时尚。宗亲大都以个人或小组团回乡寻亲祭祖或祭祀进香，如马来西亚槟城龙山堂邱公司多次出巨资重建新垵正顺宫等。较早与东南亚各国交流的有邱姓、杨姓、谢姓、林姓、陈姓、柯姓、庄姓、胡姓等宗亲，台湾方面的金门庄姓宗亲、台南番仔寮杨氏裔亲、台南下营乡颜氏裔亲、台南一峰亭林氏裔亲等也与海沧宗亲常来常往。

二、2003年海沧区划调整后

在海沧区委、区政府的领导下，区委台办、区侨联等相关部门依托"两庙"（寺庙和家庙），开展了卓有成效的台、侨联谊活动。海沧区委、区政府举办了各种形式的文化交流活动，如：保生文化节、海峡论坛的"特色庙会"、两岸"乐活节"等，邀请、吸引了众多的台湾、海外宗亲前来参加。各姓氏民间组织，如：青礁颜氏、石塘谢氏、新垵邱氏、霞阳杨氏、山边李氏、锦里林氏、后井周氏、后柯柯氏、鼎美胡氏、祥露庄氏、凤山苏氏、莲花陈氏、柯井张氏、钟山蔡氏等宗亲团体，也以垦亲会或祠堂修缮落成庆典等契机，请进来或走出去，大大热络了海内外的交流。形成了官方、民间共襄宗亲交流盛举的局面。

值得一提的是，保生文化节自2006年举办首届以来，至今已成功举办了九届，成为海沧宗亲交流的品牌。特别是台湾宫庙信众回祖庙祭祀活动也渐趋热络，较大规模的台湾宫庙信众团组陆续走入海沧，慈济东宫外，有石囷玉真法院、青礁万应庙、石塘水头信王庙、霞阳应元宫、海沧瑞青宫、温厝慈济北宫、东孚迎仙宫、钟山水美宫等，组团几十人、上百人的都有。至2015年，海沧已有14个姓氏宗亲、14个宫庙组织与台湾、海外宗亲及宫庙开展了往来交流。据不完全统计，到2015年7月止，历年台湾宗亲回海沧寻根祭祖的已近2万人次，宫庙信众回海沧参访祖庙的有近10万人次。

海沧宫庙信众也走入台湾，2007年8月，"慈济保生大帝巡游金门"受到金门信众的热列欢迎。2010年保生大帝金身巡游台湾，青礁万应庙与台湾武财神总会，霞阳应元宫与台南佳里应元宫，玉真法院与台中同兴宫台北广照宫，寨后长北安福堂与台南学甲兴太宫，风山官林庵与台南佳里苏厝寮宝兴宫等，均与台湾分灵宫庙建立了宫庙交流关系。

同信（仰）同根，乡情乡约。自2008年"大三通"及两岸交流政策的陆续出台，迅速开启了两岸宗亲往来的大门，海沧宗亲也迅速走入台湾：青礁颜氏组团访问了台南下营乡红厝村及漳化北斗裔亲，并于2010年起，每年组团赴台与台湾颜氏宗亲在嘉义水上乡三界埔颜思齐墓地举办两岸颜氏宗亲共祭"开台王"颜思齐先人活动，受到两岸议论的高度关注；新垵邱氏与台南笃加村，霞阳杨氏与台南番仔寮，锦里林氏与台湾"一峰亭"、糖友里，石塘谢氏与台南树林里，祥露庄氏、山边李氏、后井周氏与金门，海沧各大姓宗亲几乎都与台湾、金门裔亲对接上了关系，并相继组团入岛寻亲开展族谱对接。

近年的"海峡论坛"开展了"同宗、同名村"对接活动，把日渐热络的两岸宗亲交流引入佳境。同宗村就是"冠姓地名"，则系本于开基祖血缘造成的自然村，同名村即"冠籍地名"，乃基于始迁祖地缘形成的聚落。两者充分显示了闽台两地同根同源，同祖同亲的关系。

全国政协俞正声主席就此强调："同名村也是同根村、同心村，它饱含着同胞们的爱乡爱土之情，人亲土亲一家亲，也是在告诉后人，两岸同胞是一家人"、"同名同宗村里是中华民族独特的现象，代表两岸同胞的亲情、血缘是谁都断不了，同名村必须要继续研究发展"。

宗亲交流品牌之一：第一届保生慈济文化节（2006年）

第二届保生慈济文化节（2007年）

第三届保生慈济文化节（2008年）

第四届海峡两岸（厦门海沧）保生慈济文化节（2009年）

第五届海峡两岸（厦门海沧）保生慈济文化旅游节（2012年）

第六届海峡两岸（厦门海沧）保生慈济文化旅游节（2013年）

第七届保生慈济文化旅游节（2014年）

第八届保生慈济文化旅游节（2015年）　　　两岸颜氏宗亲共同种植树葡萄

第九届海峡两岸保生慈济文化旅游节（2016年）

宗亲交流品牌之二：海峡论坛

海峡论坛－全国政协主席俞正声来到院前社
出席两岸"同名村、心连心"交流活动

宗亲交流品牌之三：乐活节

陈云林、江丙坤共同种下两岸乐活种子

宗亲交流品牌之四："乡情乡约"系列活动

乐活节－领导共同点亮心愿灯

第三章 林姓、陈姓

第一节 林 姓

人口排行，中国第十六位，福建第二位，厦门第二位。海沧第一位，人口12500人左右。

表3-1 海沧区林姓人口分布表

所在街道	行政村	人口（人）	派系	所在自然村
嵩屿街道	鳌冠	754	祖地	
	石塘	576	鳌冠派下	刘山
	东屿	288	锦里派下	
	贞庵	310	困瑶派下	嵩屿
			锦里派下	澳头
	钟山	205		
海沧街道	渐美	116		
	温厝	953	困瑶派下	宁坑、宁店
	锦里	2428	祖地	
	后井	224		
	海沧	498	锦里派下	大路头
	困瑶	2203	祖地	后山尾为琼头派
	青礁	261		
	古楼	262		
新阳街道	霞阳	157		
	新垵	502		
	祥露	61		

	莲花	200		
东孚街道	东埔	87		
	山边	189		
	寨后	204		
	过坂	237		
	洪塘	260		
	凤山	70		
	贞岱	113		
	东瑶	240		
	芸美	41		
	鼎美	52		
	后柯	50		
第一农场		64		
海沧农场		270		

（数据来源：厦门市公安局海沧分局，截至时间：2009年12月，下同，不再赘注。）

图腾释义

"木"是建木，也就是天杆圭表，又名扶桑，扶木。二建木并立为林。"林"下为天齐坛台。商末比干之子避难长林山得姓。

得姓由来

出自子姓，形成于西周初年，是殷商王族比干的后裔。比干为殷少师，因见商纣王无道，国势衰危，屡谏忠言。纣王怒，遂杀比干，剖视其心。据《林氏正宗源流族谱·序》载："时正妃夫人陈氏有孕，即将婢女四人奔于牧野，避纣之难。逃于长林石室中而生男，名坚，字长思。至周武王伐纣，夫人乃将坚归周。武王以其居长林而生，遂因林而命氏，赐为林氏。"林坚为林氏始祖。

入闽入沧

林姓入闽主要分为四期：一是东晋明帝泰宁三年（325年），林禄奉敕守晋安，其后裔在八闽繁衍，是闽林的主流派；二是唐高宗时随陈政入漳的浦南林；三是唐末随王潮从河南光州入闽的固始林；四是宋初由房州辗转入闽聚居闽西的柴林。

闽林主流派的始祖林禄晋代开闽。林禄于东晋明帝泰宁三年（325年）奉敕镇守晋安郡，举家迁居晋安（今福州）。卒于永和十年（354年），墓葬温陵九龙岗(惠安县涂岭)，为闽林一世祖。传至闽林十五世，万宠生子有三，曰韬（攒）、披、昌，分为"阙下"、"九牧"、游洋"雾峰"三大支派。长子林韬（攒）为唐朝谏议大夫，他发展了阙下一脉的林姓，被尊为"阙下林家"始祖。次子林披为惠州刺史，派下称"唐九牧"。三子林昌为唐朝兵部司马，他的儿子林萍迁居漳浦，开发龙溪，林昌被尊为"游洋林家"始祖。迁台房支称为"雾峰林家"。

（一）阙下派，由林韬（攒）开基的阙下林氏，北宋末年，其八世孙林杞，生子九人，皆为知州，被称为"宋九牧"。林杞生九子：景渊、景韦占、景默、景辉、景大、景元、景贞、景亨、景瑞，皆为知州，史称"宋九牧"。

（二）九牧派，林披唐天宝十一年（752年）仅20岁，以明经擢第，授建州将乐县令。后任惠州刺史、临汀令、苏州别驾、太子詹事。他有九个儿子，先后擢升刺史,世称"唐九牧"。

长房林苇，唐建中初年（780年）明经及第，授朝议大夫。后迁西平太守、端州刺史。生三子：恕、应（前埭祖）、惠（出承林藻）。

次房林藻，唐贞元七年（791年）登尹枢榜进士，为闽中破天荒第一人。其嗣子林惠的后裔散居莆田、福州、泉州、厦门、漳州、龙岩和广东省潮州、梅县。

三房林著，唐贞元六年（790年）明经及第，授归州巴东令。后迁任邕州经略推官、横州刺史。其子林患，居横州。

四房林荐，唐贞元十二年（796年），登陆贽榜进士。初授衢州文学，守郊社令。后迁任北阳县令、韶州刺史。生二子：凭、总（为石亭始祖）。

五房林晔，由明经擢第，授沧州、景州司马，赐绯金鱼袋。后迁任通州刺史。有二子：憲（前街始祖）、志（双石、坑边始祖）。

六房林蕴，唐贞元四年（788年）明经及第，元和元年（806年），授予礼部员外郎，后又迁任邵州刺史。其子林愿为莆田、惠安、永春等地始祖。

七房林蒙，由林荐奏，授孟陵主簿，迁任金吾卫长史、桐州刺史，终于循州刺史。其子林孙为闽县始祖。

八房林迈，以经明擢第，授循州兴宁县主簿、同州长史。后迁任商州刺史、雷州刺史，累迁给事中。生子林愈，为福建长乐林氏始祖，闽县、龙溪都有分支。

九房林蔇，贞元年间（785—804年）明经及第，初授京兆参军、春秋博士，后升任福唐刺史。他有二子：长子林恩，次子林思（为仙游、长泰始祖）。

（三）游洋派，以林昌（披之弟）为始祖。主要分布平和、福安、漳浦。昌之子萍居漳浦，萍生廷玉，廷玉裔孙和忠、和孝、和义。

海沧区的林姓集中居住在海沧街道的锦里、困瑶，嵩屿街道鳌冠，为九牧派裔孙。而东瑶林姓，属阙下派。

困瑶村 困瑶林姓属"唐九牧"长房林苇系。明朝洪武年间，林子源从莆田北螺到困瑶落户。因时乱族谱散轶，子源以前世序失传。从家庙正厅楹联有："九州序溯端州长，考祖以闽漳并嫡；三瓯祥开石瓯中，分宗合溪浦同支"。可知属九牧派长房。其裔孙广布漳州龙文涂白（约1000人）、龙海海门、杏林蔡林（开基祖林其法，约380人）、海沧的温厝宁坑（约680人），贞庵嵩屿（约150人）、岭上和困瑶村的毛穴广、石困、北市等社。困瑶的裔孙分三大房，延蕃至28代，人口达2300人。林子源墓在困瑶风吹辇。

困瑶村后山尾社林氏也属九牧派长房，明朝期间，林考从同安琼头迁居到后山尾，今裔孙延续至20代，人口300人左右。琼头系昭穆为：君宗景庭，弘子良仕，朝文武乐，忠孝贻谋，仁义垂统，昭兹来喜，奕世其昌。

锦里村 锦里村林姓属"唐九牧"八房林迈系。林迈任雷州刺史，由莆田迁居广东雷州。其妻李氏，生子林愈，为福建长乐林氏始祖。林迈11世孙林迪卜居龙溪文山后，再传至15世林绍祖，徙居漳浦玳瑁山下藩岭，再至17世裔孙林琼宗，系南宋咸淳四年（1268年）进士，授谏议大夫。元初避乱，携全家迁到东孚街道山边村。林琼宗生四子：长子天牗居屿头，其后裔分别繁衍今白水镇山边村奇美等社及下田村下屿等社，建屿头林氏家庙。次子天用居浮宫溪头，为溪头"木本堂"始祖，其后裔分别传衍白水、龙文、港尾、海澄及东山县后林等地。四子天禄迁徙漳浦乌石（另一说迁徙云霄）。三子林天福先居同安嘉禾石湖，后居漳州，其孙兴智迁居金沙（今海沧后井），其玄孙仙童明朝初年再迁锦里，锦里林氏尊天福为始祖。林天福裔孙，主要分布在集美区锦园（始祖为六世林振盛，约3850多人）、双岭村辇宝仁、东辉村顶加墩、垄尾、欧厝垄、田洋等自然村；海沧区温厝长园、海沧大路头（锦里四房，约150人）、东屿（约150人）。锦里本村林氏至六世分派五大房，已繁衍至28代，约2700人。

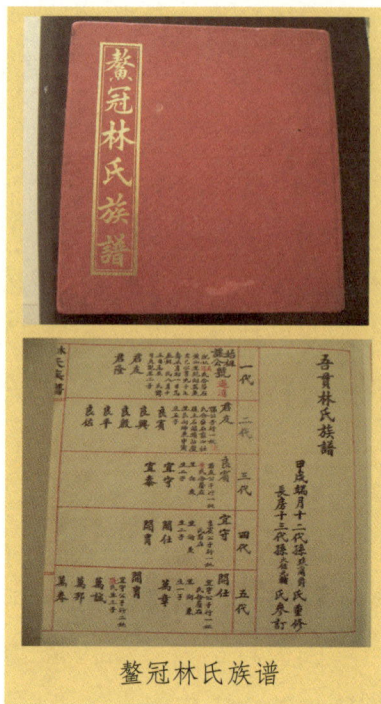

鳌冠林氏族谱

存有《锦里林澹斋公家谱》（长房谱），佚名（锦里人）编，清嘉庆稿本。时代从元代至清嘉庆初年，世序从1—16世。各世祖有简单介绍。林天福墓在困瑶村雍厝社边李森地。

鳌冠村 鳌冠村林姓始祖为莆田人林讓。因时乱，族谱散佚，林讓于元末明初迁居鳌冠，之前世系无可考。鳌冠林氏裔孙分五房，已延衍至30代，人口800人左右。林讓七世系孙德字辈，明末移居刘山（属石塘），约500人（含埭头、排头）。

现存有《鳌冠林氏族谱》，为清乾隆十九年（1754年）林琰编，光绪廿六年（1900年）林筹抄本。时代从元末至乾隆十九年（1755年），世序从1—16世。林公祖墓葬于鳌冠村蔡岭曾山。

东瑶村 东瑶村林姓属"阙下派"。明朝末年，长泰人林汝华三子林子用先居鼎美，后迁到灌口上塘。其一支裔孙居东瑶，分二大房，已传至23代，人口约60人。

霞阳村 霞阳村林姓人口110人左右，无族谱，始祖、何时何地迁来失考。据族人说，先祖坐船而来，建老厝70年后才建祠堂。从祠堂内碑记确定，祠堂建于雍正二年（1724年)，由此可推测，始祖可能最迟在清朝初年迁此。裔孙有移居新垵村许厝、东社。

新垵村林东社 据族人说，新垵村林东社林姓始祖是书塾先生，名失考，明洪熙元年（1425年）从今龙海东园迁来。裔孙约500人。明嘉靖年间，裔孙林丽彩自三都新垵林东社，移居于同安西五都四九圳（也称四口圳）。四口圳后裔，后由于兵荒马乱，难于安居，相继外移。至民国间，宗祠倒塌，部分族人移居同安新厝顶，合族而居。同时，林东社又一支迁同安瑶头村后巷角。新垵东社林公祖墓，原在乌山，后迁赤头山后。

贞庵村澳头社 贞庵村澳头社林姓有200多人，其始祖名失考，开基于钱屿，后再迁澳头。先祖是否属锦里林，待考。

郡望堂号

西河郡 林坚后封博陵公，食邑博陵（今河北蠡县）和清河（河北清河县）。这二郡地处古黄河之西（古冀州），故称"西河"。林氏以之为郡号（总灯号）。晋安郡为福建林禄裔孙堂号，福建分堂号还有"阙下"、"九牧"、"雾峰"等。

祠堂家庙

表3-2 海沧林氏家庙分布简表

何姓家庙	堂号	属何房支	详细地址
林氏家庙	馨德堂	锦里林总祠	锦里村南片 111 号
林氏家庙	懋德堂	长房长（十一份）	锦里村东片 88 号
林氏家庙	敬德堂	长房二（前厅）	锦里村东片 88 号
林氏家庙	昭德堂	四房	锦里村南片 33 号
林氏家庙	耀德堂	五房	锦里村东片 59 号
林氏家庙	追远堂	困瑶林总祠	困瑶村石岑 336 号
林氏小宗	追远堂		困瑶村毛穴广 18 号
林氏小宗	诒德堂	大房	困瑶村石岑 300 号
林氏家庙			困瑶村后山尾 72 号
林氏家庙	敦本堂	鳌冠林总祠	鳌冠村东片 252 号
林氏家庙	思远堂		温厝村宁坑社
林氏公厅		鳌冠林派下	石塘村刘山社
林氏家庙	雁塔堂		贞庵村澳头社
林氏家庙			霞阳村霞阳西路
林氏家庙	敬愉堂		新垵村东社 146 号

锦里馨德堂 址在锦里村南片111号,为锦里林氏大宗祠。始建于明嘉靖年间。清乾隆、民国十二年(1923年)、1980年及2015年重修。坐东南朝西北,为悬山顶砖木结构,两进三开间,建筑面积383平方米。宗祠有一块"台南一峰亭林氏立碑",记载台湾林氏后裔前来祭祖的情况。大门柱联:"挹四前青山以供俎豆;听重湾流水当作歌钟声"。神前龛楹联:"馨香不式春秋无忘祀典;德门可欣忠孝本是家风。"分祠有:昭德堂、懋德堂、耀德堂、敬德堂。

锦里林氏馨德堂

困瑶追远堂 址在困瑶村石困社336号,始建于南宋景定元年(1260年),历有修葺,民国中期重修,2003年12月再次重修。座东北朝西南,为二进三开间硬山顶建筑。家庙正厅楹联有:"鼻祖从河南司晋牧,十七世闽峤开先进士第;耳孙负葫公朝太姥,卅六叶漳江创造状元坊"、"九州序溯端州长,考祖以闽漳并嫡;三甀祥开石甀中,分宗合溪浦同支";"四面环来碧玉峰,前鼓后旗拥卫;两川夹出朱罗水,左狮右象排衙"等。分祠有:位于本村石岑300号的追远堂及本村毛穴广社18号的诒德堂。

困瑶林氏追远堂

鳌冠敦本堂 址在鳌冠村东片252号。始建于明代,康熙间重修,历有修葺,1996年2月重修。坐东朝西,为二进三开间硬山顶建筑。大门楹联为:"九龙世代源流远,双柱宗支德泽长"。殿内檐悬有一木匾,匾竖书"旨恩赏道御",左上书"光绪叁拾肆年叁月 日",右下落款为"臣林汝舟恭承"。祠前有拴马桩。

鳌冠林氏敦本堂　　　　　　　　　　敦本堂旨恩匾

后山尾林氏家庙　址在困瑶村后山尾72号,始建年份不详,建筑面积170平方米。家庙正厅楹联有:"华霞基业世泽永传芳,山青水秀环境更扬名"、"宗立华山万古衣冠开此地,派分颍头千秋俎豆建祠堂。"

新垵东社敬愉堂　址在新垵村东社146号,始建年份不详,1998年重建,建筑面积118平方米,大厅楹联"敬恭恪谨荐馨香勿定祖德,愉色婉容承俎豆如对先型",左柱刻"光绪十二年丁酉年穀旦",右柱刻"十七世裔孙锦傅敬立石。"大门对联:"天马文屏开庸光世德,仙旗高岭秀聿振书香。"

族贤

林天福（1249—1285）　锦里人,原名天福,后改名伯用、汝作,号东湖。早年为漳浦县庠生,援例为国子监生。南宋恭宗德祐二年（1276年）,因乡寇大作,从龙溪屿头（今龙海市白水镇屿头村）徙居同安县嘉禾里石湖（今厦门岛殿前寨上）,诰戒御侮,为漳城保障。后授龙溪县尹,居漳城。元世祖至元十六年（1279年）秋,钦授沿海招捕使职,令其镇守九龙江口岸,抗击沿海海盗。迁漳州路同知,十七年（1280年）升沿海招讨使,署漳州路总管。后因公差到莆田,中暑后,仙逝。荣袭武略将军,封上户侯。葬在石困李森地。锦里林氏尊他为始祖。

林仙童（1359—1419）　明初锦里人,字守道,号梅湖。洪武间,举秀才。永乐年间,赐归田里,迁居锦里。生五男,分为五房。

林景德（1509—1584）　锦里人,原名日休,号锦山。嘉靖七年（1528年）庠生,嘉靖四十五年（1566年）岁贡生,隆庆六年（1572年）授南安司训,万历六年（1578年）任新城教谕,十一年（1583年）迁台州府教授,转荆州府审理。

林树德（1512—1569）　锦里人,原名日伟,号锦原。嘉靖三十三年（1554年）驻扎安边馆,因其功绩,授兴化府通判。

林以静　锦里人,明嘉靖已未年（1559年）武进士,授漳州卫镇抚。嘉靖四十一年（1562年）春，寇犯漳州，御于沙州，战死。

林应酉（1562—1626） 锦里人，原名若鲁，字睿卿，号习台。万历十三年（1585年）举人，官海门县教谕。天启元年（1621年）升夷陵县令。

林凤仪 字朝阳，明代鼎尾人。崇祯六年（1633年）举人，十年（1637年）进士，授户部主事，升员外郎。因对上司虚报月饷不满，正想辞职之时，适逢青州发生蝗害，被派往青州任职。他到青州后，祷雨立得，并清理积案。因对手下官员较为严格，受到青州巡视的官员指责而辞职返乡。卒年86岁。

林翰文 字莲生。明崇祯年间入太学。明亡，游山泽间。清康熙年间，遂司铎宁化。著有《焦桐诗集》行世。

林启昌（1606—1678） 锦里人，明隆武二年（1645年）进士。初授都司，后为抗清廷，授都督同知。

林尧文 锦里人，贡生。为州同，加级中宪大夫衔。

林云衢 锦里人，岁贡士，授河南怀庆通判。

林庄雄 清代同安县积善里（今东孚）歧阳人。康熙十九年（1680年），随军攻克厦门。二十二年（1683年），又随军征台湾。皆有功，授副将。

林倪策 锦里人，岁贡士，授建府建安县司训。

林大侯 困瑶人，民国初国民党副主席，病逝于南京。遗体运回故乡，葬在石困凤冠山下。

林推迁（1864—1923） 困瑶人，字宝善。年长到南洋谋生，初时操舟为业，1903年创办瑞兴盛轮船局，开辟航线。1913年，与林文庆等合设联合火锯厂，任董事。第一次世界大战期间，在丁加奴开发钨矿，年获利叻币20万元，被称为"钨大王"。后与林和坂等人合办和丰银行，出任董事。历任新加坡中华总商会议员、副会长、会长，怡和轩俱乐部首任总理，保良局局员，华人参事局参事，及同济医院、同善医院、爱同学校、中华女校、南洋女校、丁加奴中华维新学校的赞助人、董事或总理等职。英

林推迁

殖民政府为表彰他为发展新加坡社会经济作出功绩，以一道路命名为推迁路，并将此路的尽头山地命名为推迁花园。

林文庆（1869—1957） 祖籍海澄鳌冠村，字梦琴。生于新加坡。1892 年获英国

爱丁堡大学医学内科学士和外科硕士学位后，回新加坡行医。1906 年加入中国同盟会，1912 年任中华民国临时大总统孙中山机要秘书兼医官。1921 年，应陈嘉庚之聘为厦门大学校长，1938 年卸任回新加坡。其临终前捐献新加坡币 30 万元给厦门大学。著有《从内部发生的中国危机》等。

林文庆

林玉奕（1875—1933） 锦里人，字德徽。辗转奔波于南洋，最终在印尼巨港坡定居。先充当小商贩，后来开"林锦德"号商店致富。曾被推选为印尼巨港坡中华总商会会长。其致富后乐善好施，每一两年必回乡一次，帮助乡亲解决一些困难。1919 年独资创办锦里小学，1930 年独资建"敬德堂"分祖祠。1933 年春季，海水冲垮堤岸，危及水田和村庄被淹，他出资抢修堤坝，后建筑石堤，加高加厚，并在堤坝上建造两个涵洞，此双抗涵工程至今还起着防洪和排水的作用。

林新民 生于越南，祖籍海澄三都石囷人。毕业于当地中华学校，孙中山前往越南宣传革命时，加入中国同盟会，参与革命活动。1911 年 6 月，返回海澄策动光复。于同年 11 月 13 日光复海澄。民国成立后，回越南。

林恩典 海沧街人，沧江小学第十二届毕业生。解放前夕曾掩护地下同志一百多人安全转移，后被国民党特务头子毛森逮捕绞杀，被确定为革命烈士。

林者仁（1881—1949） 字袖湖，海澄东屿人。留日时加入中国同盟会，参加漳州光复活动。中华民国建立后，曾任护法国会议员，内政部参事。1927 年参加北伐，曾任战地政务委员会司法委员。历任福建省高等法院院长、龙溪县县长等职。1949 年在台湾逝世。

林可胜（1897—1969） 祖籍鳌冠，生于新加坡。哲学博士和科学博士。著名生理学家，林文庆之子，回国后，任北京协和医学院生理学教授。抗战爆发后，在贵阳创办红十字会救护总队，任队长，先后派遣分队赴各战区服务。1942 至 1944 年受命随远征军事家赴缅甸，任军医总监。抗战胜利后，任南京国民政府卫生部长等职。1949 年，由台湾赴美。著作有《生理学概论》等。

林启文（1901—1973） 锦里人，中国致公党党员、广东省政协委员、广东省侨联委员。少小家贫，年长后赴印尼巨港做生意。后卖掉橡胶、咖啡园在巨港办公司。1953 年捐款扩建锦里小学。1955 年，重修海沧中心小学魁星阁，还捐资助建厦门华侨博物馆、陈嘉庚纪念馆、厦门华侨大厦等事业。

第二节 陈 姓

人口排行：中国第五位，福建第一位，厦门第一位。海沧第二位，人口11400人左右。

表3-3 海沧区陈姓人口分布表

所在街道	行政村	人口（人）	派系	所在自然村
嵩屿街道	鳌冠	399		
	石塘	884		
	东屿	131		
	贞庵	188	山仰派下	
	钟山	205		
海沧街道	渐美	108		
	温厝	187		
	锦里	86		
	后井	253	山仰派下	
	海沧	348	芦塘派下	
	囷瑶	802		
	青礁	192	芦塘派下	
	古楼	43		
新阳街道	霞阳	212		
	新垵	417		
	祥露	104		
东孚街道	莲花	1000		
	东埔	127		
	山边	263		
	寨后	180		

	过坂	492	莲花	
东孚街道	洪塘	670		
	凤山	77		
	贞岱	155		
	东瑶	1032	鼎美	
	芸美	1111		
	鼎美	224		
	后柯	107		
第一农场		214		
海沧农场		148		

图腾释义

陈由"东"和"太阳升降的阶梯"组成。"东"为日在木中,此木为扶桑、建木。建木天竿称为"重"。树立"扶桑"或"扶木"的地方为"陈"。古代有陈仓、陈留、陈等,它们都是天文观测中心。风陈以燧人氏裔锋氏为始祖。妫陈以胡公满为始祖。

得姓由来

周武王灭商朝以后,追封前代帝王的后人,把女儿太姬嫁给舜帝的后裔妫满,并封他为陈(今河南淮阳)侯,让他奉守舜帝的宗祀。妫满死后,谥号陈胡公,其子孙以国为姓氏。陈胡公之后有陈轸,封为颍川侯,是为颍川始祖。陈轸后裔有陈实,人丁兴旺,子孙多为朝廷重臣,满门显贵,成为望族。实公之后,有陈霸先,为南朝陈武帝,共传三世五帝。

入闽入沧

（一）**将军派** 唐总章二年（669年），陈政陈元光父子奉敕入闽平叛，率领固始五十八姓入闽，陈元光被誉为"开漳圣王"，其后代遍布漳泉，称为"北庙圣王派"，或称"将军派"、"龙湖派"。今裔孙广布漳州、厦门市等县区。将军派自五世起衍三支派，称为南江、北溪、东海支派。

（二）**太傅派** 唐开元二十四年（736年），太子太傅陈忠、陈邕父子从京兆万年县被谪举家入闽，始居兴化仙游县枫亭井上，迁惠安社稷坛，后移居漳州南厢山，为"南院派"之开基祖。陈邕子夷则、夷锡、夷实往嘉禾岛开基。此派又称"太傅派"，或称"南院派"。裔孙广布厦门市、泉州市各县区。

夷则（二世）裔孙繁衍主要地方如下：八世仲规，居灌口南溪。十四世宝，自浦园分族开基殿前，生继周、从周，其裔孙又开龙溪、内官（十八世才卿分同安内官）；颧之子从革，居江头；善之长子从政居西头，次子从高居桃林。十四世洪进，裔孙广布莆田、泉州、厦门；俊卿子十八世定居同安西门、守居广东化州、密居泉州北门、实居惠安东张。十七世寿，分龙溪草坂。十八世才卿，分同安内官。二十二世国辅，由厦门迁居同安官山，为"官山陈氏"始祖。二十一世英垓，分集美港口。二十二世文通，分海澄峻尾，仕鹏（熙绍长子）分族漳浦，作鉴分漳浦大坑马坪，细英分漳州六房寨。二十三世天成，分同安驿路，天定分同安溪边松柏林，天兴分集美岑头，甘泉移居感化里。二十五世用，分后浦、后塘、坑园，桂（天寿次子）分居西亭始祖，灌口草仔市市头。二十六世曾保，分杏林西亭，览分禾山后塘。二十七世斌，分禾山马垅，廉分禾山山竹坑下茂，熙分金门烈屿，玛分禾山坑园。二十八世肇分禾山陈塘、晃分禾山塘边。三十世熙礼，分同安城外，熙忠分同安溪边。

（三）**陈井派** 南宋末年，新店陈坂村陈氏从福清安庆社迁入，后衍至新圩诗坂等社。四世陈元达生四子：太良、太奇、太江、太源。明初，陈太源由新圩徙居现集美区马銮社，为马銮社陈氏一世祖。后因违禁贩洋、贩盐遭官祸，陈太源令四个儿子分开逃离，约定无论逃到何处定居，都要在新居点井栏上刻上"陈井"字样。陈太源带次子陈武和季子陈烈逃到灌口，隐居銮井村（陈井）。灌口镇上头亭陈氏，清中叶由陈井迁入，井城陈氏由邻村陈井迁入。

（四）**浯江派** 唐末五代，王审知入闽，又有大批陈姓族人随军入泉。中原固始人陈煜，避战乱迁居同安苧溪上芦村，儿子陈基娶嘉禾里禾山塔头村林氏为妻，定居于此，成了集美大社的开基祖。陈四翁随王审知入闽，居同安开基。陈达（898—993）原籍河南光州固始阳翟村，入闽投王审知麾下为承事郎，卜居金门的村社仍曰"阳翟"，开基浯阳繁衍。其长子陈洪济（五代末同安县令）始创同安儒学。其弟洪铦分居后行创"浯江"堂号。至七世金门陈氏人口居浯之半，乃分立"仁、义、礼、智、信"五房，于南宋乾道元年（1165年）建五恒堂。明正统间，金门浯阳智房十四世陈大益开基同安阳翟，"礼"房十六世陈廷魁、廷祚兄弟内迁同安城郊田洋松田村开基，今已繁衍田洋、五显、莲花澳溪等十余社。尚有明嘉靖间浯阳"信"房十九世陈沧江，由金门迁同安田洋前宅，继迁城内北街，开基浯阳轮北分堂。其兄陈伟，迁翔风里大宅。万历间，"信"房二十世陈基虞迁居同安西门内街。

（五）北宋嘉祐八年（1063年），江西义门家族奉旨分成291庄，分别迁往全国16个省市所辖125个县市。其中迁入今厦门者二：其一，陈彦光迁居同安城开基。其二，陈璋迁居泉州开基。陈璋带家口八十七人，从江西迁入泉州太兴庄即泉州府同安县义井乡（今翔安区新圩镇的姑井村），璋生子：操、振。陈振后裔在厦门、莆田、龙岩繁衍发展。

（六）唐德宗贞元年间，陈渊入闽居金门岛开基。

海沧陈姓多为"太傅派"，其次是"将军派"。

芸美村 芸美村陈姓属太傅派系，陈忠十四世裔孙陈洪进居莆田，至十八世陈宓分衍泉州北门外。宋末元初，陈宓之孙陈著（字梅隐）开庄江路墘（今东孚芸美）。梅隐生九官、七官，即分二大房。今已传至28代，人口千余人，灯号"蓝陈"。芸美陈姓存有《庄江路墘陈氏大宗次房族谱》一本，为清宣统二年（1910年）岁庚戌季春刻本。芸美的昭穆为"曰若稽古，重华协唐，睿哲文明，温恭允笃，潜德升闻，乃命以位，慎徽五典，克从纳千，百揆时叙"。梅隐公墓，葬在芸美宋宫。

莲花村 莲花村陈姓属太傅派系，分两次迁入。唐末，陈邕公之孙陈翱开辟了东孚的莲花、南山、大溪及灌口的新亭、洪茂、松山等六社陈姓家园。明末清初，角美石厝上店南院陈翱派下23世裔"雨钱堂"长房义名公、五房福逊公带领部分宗亲迁居东孚、灌口六社，至今难分伯仲。莲花陈氏分莲花、南山、大溪三大房。灯号皆为"颍川"。大溪始

陈氏莲山堂族谱

祖名白三，康熙年间到大溪落户。莲花一支裔孙到灌口三社新亭等自然村繁衍。莲花等三社的昭穆皆为"起孝兴宗祖，行仁及子孙，时常存敬德，万世有人伦"。现已行，到"有"字辈，推算已传十八代。裔孙分布为莲花社约370人，南山约800人，过坂大溪约300人。

东瑶村西园 东瑶村西园陈姓属太傅派系，北宋仁宗嘉祐年间，陈宝（14世）及其子继周、从周开基殿前。其裔孙某某（名失传，26世）于元朝时期迁居东孚东瑶西园，今传裔孙20代，人口约500人。

霞阳村 霞阳村陈姓属太傅派系，陈姓有人口130人。据说从厦门岛迁来，因无族谱，始祖无考，何时、何地到此落户不详，祠堂已毁。

困瑶村山仰 困瑶村山仰社陈姓属太傅派系，大约在明朝末年，始祖陈罗曹开基困瑶村山仰，何地迁来待考。先祖生三子，大房居困瑶村北市，二房居困瑶村山仰，三房居漳州海门。山仰裔孙分五大房，裔孙800人左右。

东埔村 属陈达、陈洪铦派下。明初禁海迁民，金门汶沙保东埔村"浯江"陈氏分迁同安新店和集美后溪，为纪念祖籍地，分居地仍名"东埔"。居后溪的族人清初迁东孚避战乱，也以"东埔"为村名。堂号"浯江"，以陈洪铦为始祖。

鼎美村 鼎美村陈姓属将军派系，陈政二十一世孙长泰人陈泰基为孝廉，官判州军事。南宋末年，元兵南下，隐居于陈墩（今鼎美）。他生初镕（居海澄巷口）、初钟、初铨（居浮宫）。陈泰基传四代分七房：桓达（居水头、石美）、桓适（居林埭、靖城）、桓突（居乌石埔）、桓忽（居鼎美窑后）、桓夜（居鼎美）、桓夏（居西厝、埭头）、桓骉（居水头、台南）。居鼎美（即窑后）的桓夜传25代，今裔孙人口100多人，连附近村庄总人口500人。居鼎美窑后的陈桓忽到东瑶发展，裔孙分4大房，传21代，人口370人左右。族人陈枢龙藏有《鼎美陈氏族谱》，为乾隆抄本。鼎美陈姓的昭穆自十五世起为"炳垣锡浩枢，煜培铉洪树，焕典巨泽永，晃熏钊汝禹"，后续编为"炜墩铭淇梳，炼城钧河桂，熺地稞湖梓，炫坤钦海樊"。鼎美陈公祖墓，葬在天竺山，具体位置待考。

后井村衙里 后井村衙里社有陈姓100多人，属将军派系，据老人介绍系从漳浦迁来，始祖何人失考，有说与山仰同支，与角尾沙坂同宗。祖墓在衙后献天狮亭仔，墓已毁。原有陈氏祠堂，亦毁。

贞庵村 贞庵村寨前陈姓家庭人口200人左右，属将军派系，据说在清康熙年间从后井迁来，始祖失考。

青礁村芦塘 属金门陈达派系。明中期金门浯阳信房十八世陈国贤迁入海澄。清道光年间其后裔迁入侯堂（今青礁村芦塘社）。裔孙除居芦塘外，散居在海沧村莲花洲、洪厝和角尾石美。今裔孙已传10代，人口130人（含莲塘、洪厝）。现存有《芦塘陈氏族谱》，为颜雪卿编纂，2008年5月印刷，记载了自陈国贤由同安松田来侯堂，至今已繁衍10代，谱支清楚。昭穆为"国光再炳，其先全昭"。裔孙在清末建有"棣萼楼"、"莲塘别墅"。芦塘炳猷墓，在文圃山。

郡望堂号

颖川郡，秦时置郡。以颖水得名，治今河南禹县。始祖为齐王建三子陈轸。

祠堂家庙

表3-4 海沧陈氏家庙分布简表

何姓家庙	堂号	属何房支	地址
陈氏家庙	光裕堂	芦塘总祠	青礁村芦塘 6 号
陈氏家庙	宛在堂	再嘉房	海沧新街 46-48 号
陈氏家庙	曰肯堂	再安房	海沧旧街
陈氏家庙	薇荫堂	再安房	海沧村洪厝社
陈氏家庙	追远堂		困瑶村山仰 79 号
陈氏小宗	崇孝堂		困瑶村
陈氏家庙	莲山堂	总祠	莲花村莲花社
陈氏家庙	明德堂		芸美村
陈氏家庙	莲山堂		过坂社区大溪社
陈氏家庙	孝思堂		莲花村南山社
陈氏家庙	墩山堂		鼎美村东区167号旁
陈氏宗祠	墩睦堂		东瑶村

芦塘光裕堂　址在青礁村芦塘6号，1850年建，1994年维修。光裕堂底下设分祠宛在堂、曰肯堂和薇荫堂，灯号均为"浯阳"。

芸美明德堂　始建于胡元乱宋时期，1992年翻修，面积800平方米，祠堂内高挂"尚书"两字，两侧写有"明大学士王赐爵""七世裔孙陈道基立"，另有进士匾额，已损毁。

民国明信片中宛在堂旧影

东瑶墩睦堂　始建年份不详，2000年重修，建筑面积180平方米。祠堂龛上高挂"墩睦堂"堂匾，两侧楹联："墩山高峰渊源泽沛长流，睦邻永聚清平世系铭传。"

山仰追远堂　址在山仰社79号，始建年代不详，2003年翻修，建筑面积400平方米，家庙有一"奖劝碑"，劝诫族人戒骄戒躁，严于律己，另有一碑"鱼利还公记"。大厅悬挂"追远堂"，厅上楹联为："要好子孙须从尊宗敬祖起，欲光门第还是积德行善来"，门口楹联"颍川衍派家声远，山仰开基世泽长。"

莲花莲山堂　址在东孚莲花村，始建年代不详，1930年有修，2012年重修，建筑面积263平方米，大门前有一大池塘。大门楹联为"内阁经纶扬四表，鳌头鼎峙耀千秋"，为东孚的莲花、南山、大溪及灌口的新亭、洪茂、松山等六社陈姓的大祖厝。

莲花陈氏莲山堂

族贤

陈道基（1519—1593）　字以中，号我度，明代同安县芸美人。嘉靖二十九年（1550年）进士，任职嘉善知县，命令属下"诸告密、株连者勿问，谬持人短长、快崖比者必罪"，使告讦之风自此顿息。后历官太常少卿、南京鸿胪寺卿、四川按察副使、广西参政、南京右佥都御史。万历元年（1573年）为顺天巡抚，后迁南京工部尚书。因与阁臣申时行意见相左，辞官归里。

陈以教　鼎美人，万历参将。

陈伯虎　鼎美人，康熙的州司马。

陈寿星　国瑶山仰人，清光绪年间同安县令。

陈炳猷（1855—1917）　海沧莲花洲人，承父再安在越南西贡经营米业致富。清朝末年，陈炳猷回乡建莲塘别墅，办莲塘学堂。

陈炳猷

陈炳煌（1861—1925）　芦塘人，举人。任大清银行广东分行行长，创建漳嵩铁路，参与创办海沧三都联络局。

陈瑞麟（1867—1960）　芸美村人，青年时代旅居新加坡。辛亥革命后，回到故里定居。他体恤乡亲疾苦，经常慷慨解囊，救危济贫，不时出面主持调解乡邻宗族争斗及重大民事纠纷，民众尊称他为"瑞麟长"。同时还致力于兴办教育等公益事业，20世纪20年代初，他创办鼎山育婴堂，收养邻近村落的孤儿及弃婴。又倡办鼎山积善小学（即鼎美中心小学前身）。1923年，白礁慈济宫重修，陈瑞麟被推举为首席董事，与陈炳煌等主持重修工程。抗时期当选为漳州华侨公会委员，积极投入抗日救亡工作。新中国成立后，当选为同安县第一届人民代表大会代表。1952年，返新加坡。

陈粹芬（1873—1960）　又名香菱，祖籍海沧新垵，清同治十二年（1873年）出生于香港。父行医。她排行第四，人称"四姑"，是孙中山的革命伴侣。

光绪十八年（1892年），她经陈少白介绍，结识孙中山。出于对孙中山的崇拜，自愿追随孙中山奔走革命，照顾孙中山的起居饮食，无怨无悔地与孙中山共同生活了近十五年，过着流离转徙、担惊受怕的日子。

辛亥武昌起义前，孙中山蛰居日本，她以妻子的名誉掩护孙中山的革命活动。在横滨，她们的家就是民主革命活动的据点，凡前来与孙中山商谈革命工作的人，包括胡汉民、廖仲恺、蒋介石等，都由她接待、安排。惠州起义（1900年）前秘密运输军火武器，联络接洽，传递情报，也几乎由她经办。光绪三十三年（1907年）孙中山先后策划四次武装起义，她都伴随左右。

民国建立后，她功成而退，民国三年（1914年）单身赴马来西亚庇能定居，抱养一位苏姓华侨的女孩，欢度余年。"九一八"事变后，应孙科之请，回香港定居，后又迁住广州。民国廿五年（1936年），蒋介石南下广州时，修书慰问，并馈赠10万元供其养老。抗战爆发，她参加广州的抗日救亡宣传。民国卅八年（1949年），偕女儿一家重返香港。孙氏族人尊她为"二妈"，并载入孙姓族谱。

陈其旭　青礁芦塘人，民国期间建瓯县县长。抗日初期，举家赴新加坡。任中国银行吉隆坡分行副行长。后被日寇杀害于新加坡。

陈剑垣（1896—1976）　原名杨章奕，民国十年（1921年）加入国民党。同年，进上海惠灵英文补习学校学习。民国十四年（1925年）夏，经中山大学学生许世中、厦门总工会委员长罗扬才介绍，在厦门加入中国共产党。同年秋，赴广州参加由恽代英主持的政治特别训练班，并受中共党组织指派，在中山大学开展学生工作。民国十五年（1926年）秋，在广州参加由周恩来主持的福建军事情况汇报座谈会。会后回到家乡，于11月与集美学校学生钟盛道创建中共海澄县支部(隶属中共厦门特别支部)，以县城南院小学和月溪商店为活动中心，先后发展了一批党员。与此同时，还参与组建国民党海澄县党部，任临时执行委员会常委兼组织部长。同年12月，负责组建海澄县农民协会，通过举办农民运动讲习所，发动"二五"减租，掀起了农民运动的高潮。会员发展到数千之众。民国十六年（1927年）4月初，他获悉国民党右派即将发动政变的消息，迅即将这一重要情况向中共闽南特委报告。4月9日，闽南的国民党右派公开撕下革命伪装，开始大规模"清党"，解散原国民党海澄县党部，通缉共产党员和国民党左派人士。他被迫逃往新加坡。9月，闻知贺龙、叶挺发动南昌起义后，正向闽粤交界的潮汕地区进军。他从新加坡回国，往汕头寻找党组织。10月，贺、叶部队在国民党军队围攻下损失惨重，被迫转移。他取道潮州回到故乡。1949年9月，海澄县解放。他出任新垵乡支前委员会主任，协助解放军征集粮草、船只，发动民众抢修道路，被评为"支前功臣"。12月，以华侨代表身份出席海澄县首届各界人民代表会议。1956年被推举为海澄县政协委员。1976年8月病逝。

陈其镰（1894—1988）　芦塘人，诗人。追随孙中山革命，营救孙中山出狱，广州起义幸存者。历任广东空军司令、国民政府国事顾问。晚年居香港。

陈其彬（1913—1998）　芦塘人，上海商学院毕业，1931年加入中国共产党，长期从事党的地下工作。1938年赴越南创办《越南日报》，宣传抗日。1940年回香港继续从事党的工作。1955年回北京，在周恩来总理办公室任职。

第四章 李姓、周姓

第一节 李 姓

人口排名,中国第一位，福建第六位，厦门第五位。海沧第三位，人口6320人左右。

表4-1 海沧区李姓人口分布表

所在街道	行政村	人口（人）	派系	所在自然村
嵩屿街道	鳌冠	75		
	石塘	309	兑山派下	居水头社
	东屿	1200	祖地	
	贞庵	322	南山派下	居岭上社
	钟山	70		
海沧街道	渐美	109		
	温厝	608	南山派下	居龙潜、石仓社
	锦里	73		
	后井	85		
	海沧	175		
	困瑶	88		
	青礁	62		
	古楼	19		
新阳街道	霞阳	41		
	新垵	92		
	祥露	44		
东孚街道	莲花	54		
	东埔	68		
	山边	930	祖地	仙店五山李祖地

东孚街道	寨后	455		
	过坂	35		
	洪塘	112		
	凤山	72		
	贞岱	32		
	东瑶	158		
	芸美	57		
	鼎美	48		
第一农场		77		
海沧农场		63		

图腾释义

　　李姓是九黎民族之一的族称。黎就是虎，又可写作"理"，通假谐音作"李"。李姓图腾由"虎"、"木"、"子"三部分组成，"虎"代表皋陶的祖先少昊，"木"是皋陶玄鸟族的图腾，"子"是鸟卵，象征后代子孙。图腾象征白虎少昊的后代。史载皋陶为大理，又传皋陶裔理征因谏商纣王被追杀，食李果充饥得救，因得"李"姓。皋陶为得姓始祖。

得姓由来

　　李姓出自嬴姓，其鼻祖皋陶为黄帝孙颛顼的后裔。《唐书·宰相世系表》记载："出自嬴姓，皋陶之后，世为大理，以官命族为理氏。"皋陶任理官，即掌管司法的长官，故称皋陶及其后裔为"理"氏。传至理正，任商纣王的理官。时纣王昏庸无道，理征执法不阿，为纣王所不容而罹难，理氏家族面临灭族之灾，其妻带幼子利贞逃至伊侯之墟(今河南)避难，饥饿不堪，只见树上结有"木子"，便采来吃，母子得以活命。其后，利贞为防追捕，不敢姓理，感念"木子"救命之恩，就改"理"为"李"，利贞成为李姓始祖。

入闽入沧

入闽主要分五大支。

（一）唐朝皇裔李元祥。李元祥，李渊第二十子，贞观五年（631年）封许王，十一年（637年）封闽越江王，分派入闽，时年十岁。龙朔二年（662年）35岁时，到永安县大湖乡开基，现存有"江王祠"。

（二）唐末皇裔李煦照。唐末908年，哀帝被朱全忠杀害，幼子煦照才岁余，堂叔李开来把他救出来，逃到福建邵武。宋代著名的主战派李纲，属此派系。

（三）唐代李伯瑶。有两说，一说唐总章二年（669年）随陈元光开漳州；一说唐末随王潮入闽。李伯瑶的子孙散居福建龙溪（今已撤并）、漳浦各县。

（四）另据《燕楼派家谱》载，其先世唐时居燕京东角楼，元代有李善浦到福建泉州做官，把家安在同安。

（五）南宋时，迁闽西李珠之子李火德。淳熙八年（1181年），时年六岁的李珠随父从石城迁居宁化县石壁村，生五子：金德、木德、水德、火德、土德，后居上杭县城东门。其中李火德之后裔，人数最多，远播于海内外，被尊为南方陇西李氏的一大始祖。闽南李君怀的"五山李"，属此派系。

李火德之孙千三郎（又名庆三郎）迁永定县菖溪，玄孙三五郎再迁永定县湖岭（今湖坑）。三五郎传三代，至孝梓（万八郎），从湖坑迁平和县散坑，再迁南胜郑坑，平和侯山建有"李氏祖庙"，也称"孝梓公庙"。孝梓生有四子：诠、诚、谊、谕。诠居上杭（四世孙仲良居南靖县书洋枫林村油坑开基），诚居平和琯溪，谊居移安溪湖头，谕（字至晓，火德九世孙）定居同安县南山（今属厦门市海沧区东孚街道山边村）。

李谕移居同安南山后，生君安、君怀、君博、君通、君迭。君安居吴店，君博居吴店内坑，君迭居南安浮桥。君怀生于宋绍兴十一年（1141年），传有五子：汝谆（居南安大盈雄山）、汝谨（居同安仙店南山）、汝海（居同安兑山，今属集美区）、汝谟（居海澄已山）、汝谦（居南靖水头金山），后人尊为"五山李"。李君怀墓葬于南安大盈东岭头西南坑。

"五山李"分衍祖国各地的裔孙众多，就厦门市而言，集美区兑山裔孙人口约有3800人；同安区五显、汀溪、大同（小东山）裔孙约有3000多人；翔安区马巷镇后滨村的裔孙近3000人。

南安雄山的汝谆，裔孙繁衍南安、安溪、同安县五显等地，省外有广东南澳、浙江台州和港澳台及海外。

兑山开基祖是李仲文（三十三郎）。仲文为汝海之孙，于南宋理宗时由仙店迁至兑山。其弟仲进移居同安小东山，分堂号为"奇山"，散布于今大同镇的大学、埔地、下松脚等村，另一支派分往英埭头。

居海澄己山（又称渐山）的汝谟，传二子：永福、永祐。永祐居厦门后埔。

居金山（南靖金山）的汝谦传三子：致钦、致仰、致叔。

南山的汝谨（号恪庐）生致敏、致政、致敦。次子致政生四子仲仁（讳德祖，号依山）、仲礼（讳成祖，号基山，开基山边仙店）、仲义（又名仲起，号义斋）、仲祥。长仲仁传二子：天与、人与。天与的后裔分衍同安后滨，南安院前、莲边。莲边一支承溪东，一支承菊江桑宅寨内，一支传同安肖垄。次子仲礼的七世孙赋方、赋员从山边移居马巷后边村（今称后滨）。三子仲义移居晋江仙店，传三子宣义、希靖、希泰。宣义居晋江新店（即雁山），希靖迁惠安东下坑，希泰迁永春东平。四子仲祥居晋江乌洋，后裔迁南安。

山边村、寨后村 属"五山李"派。留居仙店的李仲礼（号基山）为南宋时人，生四子：经与（字于络）、光与（外出他乡，不知所在）、巽与（字于风）、学与（字于文），分为三大房，裔孙蕃衍仙店附近的十八社，今仅剩十二社，现分别归属东孚街道的山边、寨后及龙海市角美镇后坑社。现存有《重修仙店李氏族谱》，康熙八年（1669年）复印本，为清李其蔚编。又有《重修仙店李氏族谱》，为巽与房谱，李绍专编，清光绪十八年（1892年）台湾嘉义月津本。1976年台湾远东出版社出版的，发行人江廷远的《陇西渊源志》，内多南山大宗世序。

仙店（包括山边、寨后）基山裔孙今传约26代，人口约2000人。仙店李氏自2世起，昭穆为"君汝致仲，与世宗光，仕国志时，卿启彦君，偕元亨利贞"

温厝村、贞庵村、海沧村 仙店李氏裔孙在海沧分布区还有：温厝石仓社李姓始祖李万石，明万历年间由大路头移居于此，人口250人左右。温厝宁店社李姓始祖李开元，元代从东孚山边分支到此分4房头，裔孙达27代，人口260余人，其祖墓在大岩山腰。温厝长园社李姓也属山边派，人口约120人。贞庵村岭上社李姓属山边二房，清末迁来，人口约320人；海沧大路头房，约在宋末元初从山边迁大路头，今人口约150人。

东屿村 东屿村李姓主流属漳州东屿派，始祖名失考。明朝中期，漳州东屿（步文区）李某（名讳失传）到此开基，裔孙分三大房，已传至13代，人口900左右人。

东屿村亦有部分李姓为山边派，人口约 300 人。

石塘村 属"五山李"派。石塘村水头社的李姓，始祖李水度于清光绪三十一年（1905 年）从集美兑山迁此，已传七代，人口 350 人左右。

郡望堂号

陇西郡 战国时置郡，大抵为今甘肃省东乡以东至临洮县一带陇西地区。李利贞十世孙名李乾，为周上大夫，于公元前 571 年生李耳，李耳担任周朝守藏室史官，著有《道德经》。后成为中国道家的始祖，史称"老子"。李耳的八代孙李昙生四子：崇、辨、昭、玑。李崇后裔居陇西，李玑后裔居赵郡，皆成为名门望族。故李氏宗支有陇西李和赵郡李之分。

祠堂家庙

表4-2 海沧李氏家庙分布简表

祠堂名称	堂号	业主	地址
李氏大宗	五山堂	闽南总祠	山边社区东坂
李氏家庙	孝思堂	七房	山边社区东坂
李氏家庙			山边社区下土楼（新村）
李氏宗祠		西岐房	山边社区西岐头
李氏家庙	树德堂		温厝社区宁店社 6 号
李氏家庙	怀恩堂		温厝社区石仓社
李氏宗祠	追远堂		贞庵村岭上社
李氏祖祠			石塘村水头社
李氏家庙	世德堂		东屿社区村南路 95 号旁
李氏家庙	积庆堂		东屿社区村南路 95 号旁

李氏南山大宗 又名"五山堂"，为闽南各邑李氏裔孙总祠堂。位于东孚街道山边村南部，始建于南宋淳熙元年（1174年），历有兴废。文化大革命时拆除，1994年，台北"世界李氏宗亲总会"发起在原址重建，1995年农历十月落成。宗祠座北朝南，三开间。大门上书"李氏南山大宗"，两侧楹联："五世分岐，由周仙祖派；山灵毓秀，自唐帝王家"。正堂内楹联原书"端五子肇基，分支五山世泽渊长；本山边东坂，派衍闽粤源流深远"。门口两尊石狮和刻有凤纹的须弥座，以及部分建筑石构件，乃宋代文物。

山边李氏南山大宗

岭上追远堂 原址嵩屿白屿山，宣统二年（1910年）因建铁路、油库，拆迁至寨前庵后山脚，1999年重修，占地面积500平方米。祠堂高挂"追远堂"匾额，中庭旁立"乐捐芳名重修李氏家庙追远堂立碑记"，一方大堂两对石柱刻楹联为"祖自陇西派至光州固始县，渊裔入闽宗衍开拓嵩溪兴"、"宗功铭其德入庙为咸仰，祖德功衍派中原振佳声"。

岭上李氏追远堂

东屿积庆堂 址在东屿村村南路95号旁，明朝就已存在，1990、1998年重修，各落交界处横梁悬挂清康熙年间和乾隆年间的"进士"匾额，祠堂龛上高挂"积庆堂"堂匾，宗祠内一侧立有两方"积庆堂碑文"碑，字迹略有磨损。正厅楹联为："漳云荣盖五福齐临地，州水玉绅三都是福田"、"陇西渊源传宗荣万年，祖德积善流芳耀世裔"、"山灵毓秀自唐帝王家，五世分歧由周仙祖派"。

东屿李氏积庆堂　　　　　　　　　　　　积庆堂碑记

东屿世德堂 为东屿李氏二房家庙，址在东屿村村南路95号旁，始建于清康熙三十六年（1697年），光绪十二年（1886年）因被火灾焚毁重建。为二进建筑，硬山顶，燕尾脊。门厅面阔三间，凹寿门，大门联曰"春祀秋尝圭海家声克振，左昭右穆长江世泽弥隆"。正厅为敞厅形式，进深三间，中为神主龛，堂中前后分别悬有"进士"、"世德堂"匾。堂内有清光绪十二年《重修世德堂碑文》石碑一方。

东屿李氏世德堂　　　　　　　　　　　　世德堂碑记

族贤

李　谕　山边李氏始祖，字至晓，号肇南，南宋初从平和郑坑移居同安积善里南山仙店。墓在南山。

李君怀（1141—1207）　仙店人，字贞孚，号忆园，又号念三郎，李谕之子。宋乾道二年（1166年）举孝廉，被录为泉州路万户府参事。七年（1171年），奉召入江西汝州府集贤馆修撰。淳熙元年（1174年），左丞相王淮出巡汝州，对其才干颇为倚重，擢为翰林院承旨，掌管诰、诏、令等文书起草。八年（1181年），调为濠州（今安徽凤阳）节度使。后得韩侂胄、赵汝愚赏识，提为五洲节度使。其理财、战备屡建奇功。因积劳成疾，请准回闽诊治。尚抱病上书三千言《施政疏》，宁宗曰："贞乎奇才，心迹赤诚，栋梁之器"，于是令御医耿怀璧日夜兼程赴闽为其诊治。奈药石无效，于开禧三年（1207年）正月十六日谢世。宁宗痛惜叹曰："朕失贞乎，如失半壁"，诰封南靖王，按郡王礼钦赐御葬，于南安大盈东岭头西南坑。李君怀传五子汝淳、汝谨、汝海、汝谟、汝谦，繁衍于漳泉五座名山，故号"五山李"。

五山始祖李君怀像

李成祖　字仲礼，号基山，谥敏德，为仙店始祖。元代时人，生经与、光与（外出他乡）、巽与、学与，是为今仙店三大房。与姚合葬在西崎头山大墩里，明崇祯七年（1634年）重修。

李 单　字志行，号倡义，元末明初山边人。洪武五年（1372年）从军朱元璋，在南京留守司右屯卫军。后回仙店，住水门街，聚族而居。万历三十五年（1607年），其裔孙李善曾到仙店寻祖。

李文简　字志可，号质所，明代同安县山边人。嘉靖三十七年（1557年）举人，隆庆二年（1568年）进士，授无为州知州。后升肇庆府同知，再升南户部山西司郎中，卒于任上。

李良钦（1490—1580）　明代同安县积善里山边人，名三，讳天赐。相貌魁梧，文韬武略，勇猛过人。得异僧齐眉棍法，后乃加为丈二，称丈二棍法。时闽、浙沿海倭寇猖獗，他率地方百姓及族中弟子，组织武会，设教四方，传习棍法，并传授俞大猷拳法，官拜义勇将军。天启二年（1622年），加封"名世干城"。在东孚诗山后寨后村的陡强山，其当年所建抗倭山寨"龙安寨"遗址至今犹存。

李其蔚　字寄庵，又字启文，号熏沐，明末清初积善里山边人。崇祯十五年（1642年）举人，顺治九年（1652年）进士，任汾州府推官。工诗文，著有《秋怀磊园纪》、《既至见录》、《重修仙店李氏族谱》等书。

李若骥 山边人，清康熙元年（1662年）在清军水师任职，镇守厦门水域。时郑成功据厦门、金门抗清，若骥是郑成功的好友，两军对峙两相安。后郑成功率水师北上攻南京，失败后南回，挥师收复台湾。后清廷追查厦门水师之责。若骥以"勾结海匪，阴谋叛逆"抄家灭族。李家数以千计连夜出逃，或赴南洋，或渡台投郑。

李擎辉 字角英，号琼斋，清代同安县积善里金墩人。由国学生捐职州司马。魏彝玉遗留二千金在其处，无人知晓，擎辉还金其妇，人皆义之。创建华圃书院，辉前后捐八百金，用以置产及聘师。

李五福 东屿人，字皆之。康熙五十一年（1712年）进士。雍正元年（1723年）选授刑部主事，时四年。著《家训广义》十卷。

李五达 东屿人，字幼兼，雍正元年（1723年），举孝廉。

李五淳 东屿人，永川知县。

李妈赛 温厝龙潜社（宁店）人，清同治年间印尼吧城大腰总理。光绪十年重修龙山宫时总合收捐英银四千八百一十二圆，李妈赛就捐金二千五百大圆。并协建宁店（龙潜）李氏宗祠。

李振殿（1873—1965） 字延芳，福建海澄县三都人。廿三岁赴南婆罗洲诗巫埠，任长发号职员，后开创古晋长成号，经营树胶土产杂货布匹。1912年，抵星创长成栈，成巨贾。1937年全面抗战，参与组织"筹赈总会"，任常务委员兼财务主任。为中华总商会历届董事。

第二节 周 姓

人口排名，中国第九位，福建第十七位，厦门第十七位。海沧第四位，人口5100人左右。

表4-3 海沧区周姓分布表

所在街道	行政村	人口（人）	派系	所在自然村
嵩屿街道	东屿	43		
	贞庵	111	后井派下	
海沧街道	后井	2823	祖地	
	海沧	225	后井派下	
	青礁	109		
新阳街道	新垵	75		
东孚街道	莲花	42		
	山边	42		
	寨后	37		
	洪塘	345	周瑶派下	
	贞岱	37		
	东瑶	302	祖地	在周瑶社
第一农场		46		

图腾释义

周本是周族人的族称。"周"是"鸟"和"田粟"的合文。

这个族称图腾记载了周族始祖后稷诞生的传说。周人的始祖弃刚出生时，他的母亲以为不吉祥，把他丢在冰上，被一只大鸟所救才得以不死。他的母亲深感怪异，又把他抱了回来。后来，弃成为周人的农业始祖后稷。"周"是大鸟救弃的图腾记述。

得姓由来

出自姬姓，以国为姓。姬发（周武王）灭商，建立周朝。周平王东迁以后，传至第 24 园世赧王时，被秦国灭。以赧王为首的王族，都被废为庶人，迁到惮孤，称其为周家，他们就以"周"作为自己的姓氏。

入闽入沧

（一）西汉元封元年（前 110 年），周公宫奉诏从河南光州入闽，居于福州南台。其后裔播迁今长乐文岭镇凤庄、金峰凤港等村，福州琅岐、闽侯、鼓山上岐、马尾、连江、霞浦、莆田岩头等地。堂号"敦本"。

（二）唐光启二年（886 年），随王潮、王审知等南下入闽。其中，周维岳，又名周颐，字宗雅，号梅林，携眷入闽追随闽王。先居仙游东乡折桂里，后于唐景福二年（893 年）进驻福州，居东街石井巷。其后裔支系分布福州下渡藤、山上街，闽侯青口、南屿、南通、长乐、连江、平潭、福清、莆田、泉州、永春桃溪、德化、安溪、惠安、同安、南安、永泰、大田及浙江温州、瑞安等地。堂号"爱莲"。南宋景炎元年（1276 年），周起振，字绍基（系莆阳一世周石麟的三世孙），同从弟周绍芳等至泉州勤王，隐居泉州浮桥笋江之滨。其后裔迁安溪县，惠安、同安、晋江、南安等地。后子孙分五江，即笋江、碧江、鳌江、井江、浯江。

（三）景福元年（892 年），周举元（字及三）携子孙离固始县阴德乡魏侯里，入福州，与长子周庚于此定居，为福州、宁德周氏一世始祖。唐末，周氏入闽肇基祖的还有，周枢（880—957 年），字仲机，从固始县东隅桂贤坊入闽择地居建州西路马伏（今建阳市马伏）。其后裔多住建阳，也有迁崇安等地。

周匡物（漳州人）、周朴（福州人）开基龙溪县榜山。周匡物裔孙周广德的三世荣达，居龙岩双第社岐山村（原名高山村）。

（四）宋末（1279 年前后），周宗贵由河南汝南（有说石城）南迁入闽，居汀州宁化。后分迁长汀、上杭、连城、永定，生十一子，分居晋江、广东大埔、饶平等地。

（五）明永乐年间，周敏斋由金陵入闽，居住在南安崎口村，建祖厝，开古井。历居数代后分居到溪美、庄顶、露江一带。其中庄顶村人口较多，现在庄顶村又有分居到莆田、晋江、泉州、三明、永安、厦门、漳洲，海外的印尼、新加坡及香港、台湾。等地。

海沧周氏源自二派，后井周氏属周匡物派，周窑周氏属梅林派系。

后井村 后井村周姓属周匡物派系。唐初，随陈元光入闽开漳，周姓族人有加入者，周广德为周姓最初入闽者，居漳浦。裔孙周匡物开基龙溪县（今撤并，归龙海）榜山。元初，裔孙周景清迁到龙溪县鹿石大井边社（今属龙海市莲花镇芦坑村新渡六口碑），而周景清的弟弟则迁浒水（今龙海许茂东瀛社）开基。景清生子淑泽，淑泽生素庵（字若晦），素庵生元朗、草庭、彦修、元鼎（居汕头）。草庭于元朝末叶迁金沙（今海沧后井），是后井周氏开基祖。

依后井《金沙周氏族谱家乘》载，周草庭的后裔分衍后井四社，大房（柏亭）居衙里路南，二房（兰亭）裔孙居衙里路北、后井，三房（桂亭）裔孙分居内坑、石甲头。海沧俗称其为"后井四社周"。后井周姓昭穆为："景淑庵庭，亭轩等名，双第世泽，鹿石家声，文圃秀毓，金沙瑞呈，科登甲发，忠举义旌，昭代良臣，子继孙承，芳扬永凯，蕃衍万千"。其祖婆祖墓在后井羊角石。

海沧"四社周"因族贤在明朝受到皇帝三次褒扬，故分堂号为"三旌堂"，取御匾"忠义世家"为灯号。后井今存有《金沙周氏族谱家乘》，为清光绪年间编纂的木刻本，但已是残本，看不出原貌。该残本为第三房世序图谱，自一世祖周景清至20世，其世序清晰，蕃衍裔孙完整，并详注生卒年月、埋葬地，凡迁徙外地皆有注明。

金沙周氏，在明朝初期分衍杏林、广东合甲两地，据说五世祖克良迁广东合甲（裔孙近万人）；六世点轩（讳滨，字仪九），于明永乐二年（1404年）迁居同安杏林，现已传至25世，人口有4000多人。明万历年间，周万衷迁居金门。还有迁灌口李林、中仑。

金沙周氏族谱

海沧村 海沧村龙庙社周姓，是清朝中期迁来的，始祖名字失考。裔孙已传七代，人口100人左右（含大路头、洪厝、芦塘），先祖从何地迁来不明，有说是属后井衙里周氏二房。

东瑶村 东瑶村周瑶周氏为梅林（周维岳）派系。唐朝末年，周维岳（号梅林）携眷入闽，追随闽王王审知，人称总管公。据周瑶族老介绍，周彦琛之父与王审知为表兄弟（一说为王的小舅子），周彦琛曾给王审知当养子，更名为王延禀，王审知对其疼爱有加，十分倚重。915 年，王延禀（周彦琛）被委任为建州刺史，后累官至中书令，后人尊其为"总管公"、"开闽总帅"。931 年，闽王延钧斩延禀于市，复其姓名曰周彦琛。后裔逸散泉州一带。

明朝初年，总管公其一支裔孙移居周山窑（今东瑶村周瑶）。裔孙散居东孚的周瑶、龙井、芸头、过芸，称为东孚"四社周"。开基祖周仁西，从周允援算起，今已传至 15 代，人口总数有 500 余人。周瑶周姓自佑起昭穆为：世为光卿，昭兹来许，绳其祖武，于万斯年，受天之佑。现已行至"武"字辈。仁西公墓葬在周瑶石灼墓。

周允援的二子周六，其子苍历迁苏营（今属后溪）。苍历子周佑，在清康熙五十九年（1720 年）往台湾台北八犁张垦殖，称"开台大祖"。民国年间裔孙多往东南亚垦殖。

东瑶开闽堂柴脚联

郡望堂号

汝南郡 周得姓后，在当地继续发展繁衍，在汉唐间形成了著名的汝南郡望，并进一步分衍出沛国、陈留、临川、秦山、寻阳、庐江、太山、淮南、永安、河内、临汝、华阴、河东、河南、清河、江陵、长安、昭州等分郡望。

祠堂家庙

表4-4 海沧周氏家庙分布简表

祠堂名称	堂号	业主	地址
周氏家庙	忠义堂	祖祠	后井村衙里社
周氏家庙		三房	后井村内坑社
周氏家庙	缵绪堂		海沧村龙庙社
周氏家庙	开闽堂		东瑶村周瑶社

后井周氏家庙　址在后井村衙里社，始建于明代，1991年8月重修。内供"万历庚子（1600年）解元，应天巡抚、兵部侍郎，加赠兵部尚书绵贞"、"隆庆六年（1572年）乡进士、文林郎第一学使，府县尹周令恕"等神位。占地面积200平方米，坐西南朝东北，穿斗抬梁混合

后井忠义堂碑记

式砖木结构，硬山顶。前、后堂中隔天井，天井两旁建廊庑。通面阔计10.8米，进深计20.03米，前堂进深二间，后堂进深三间。堂内尚存碑刻二方，其一为《待御绵贞周氏颂德碑》，字迹已磨损漫漶。花岗岩石质，倭首。另一为《周氏大宗重修碑记》，花岗岩石质，倭首，字迹已磨损莫辨。此外，前院之西侧立有一碑（已裂为左右两半），正面楷书"旌义民周世纲"，右题"大明天顺二年（1458年）岁次戊寅冬十二月吉日"，右题"中宪大夫漳州知府口口口立"，花岗岩石质，高1.7米，宽0.72米，厚0.17米。平首。

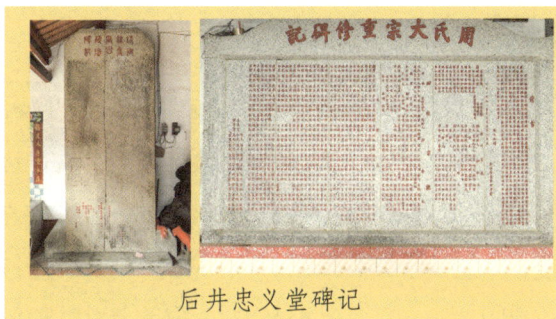

后井周氏忠义堂

周瑶周氏家庙　位于东瑶村周瑶社，堂上挂"开闽堂"堂匾，堂上从外向内依次悬挂"恩元"、"开闽统帅""开闽堂"三块牌匾，有楹联一副："天禹美人共相照，瑶山共水永长流"，（存有祖公、祖妈绢布肖像两幅）。

东瑶周氏开闽堂

东瑶周氏开基祖绢质画像

族贤

周景清（1222—1295） 宋末元初人，宋淳祐五年（1245年）解元，乱世隐居龙溪鹿石大井边，为后井周氏上祖。

周草庭（1320—1371） 系周景清的玄孙，讳元绍，字中复。元至正元年（1341年）到沙坂（又名金沙，即今后井）养鸭为生，在当地娶林氏，成为后井周氏的开基祖。据历代相传，草庭种的禾苗双穗，所养的鸭子也生双蛋。明洪武四年（1371年）因回鹿石得病不治而亡，葬在鹿石常春院。

周世纲 明代海澄县三都（今属海沧区）人。轻财慕义，乡里人得其惠甚众。正统年间，邓茂七围攻漳州府，他捐出1400石私米，助官府。官诏旌其门，并立石碑。

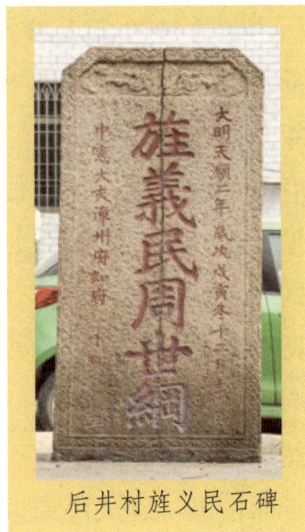
后井村旌义民石碑

周起龙 字仲昌，号绵熙，明代三都沙坂（今海沧后井村）人。天启应天府恩贡，任南昌知府。

周起元（1571—1626） 字仲先，号绵贞，明代三都沙坂（今海沧后井村）人。万历二十九年（1601年）进士，授浮梁知县、南昌知县、湖广道御史、通州兵备道，皆有政声。晋升太仆卿时，出巡三吴，发现织监李寀贪财多达十余万，他据实上疏。时朝中魏忠贤当道，他不依附，魏的党徒朱童在三吴横行霸道，他又上疏揭发，被削职归里。后魏党李鲁生上疏诬告他借讲学为名，与高攀龙、周顺昌等人攻击朝廷，又言他在三吴时阻止上贡朝廷物品，贪赃十万。

周起元

他与高、周等7人被冤下狱，并被害于狱中。此冤案直至崇祯年间才平反，朝廷赠他兵部侍郎衔，并在漳州府城等处立祠祭之。周起元生前为家乡做了许多好事。万历间，漳州一批士大夫组织"佹云诗社"，主张开放海禁，促进海上贸易。此社主要人物张燮撰《东西洋考》，周起元为之作序。万历二十八年（1600年）中进士时，海匪为患，建圭屿塔，筑城月港，兴建文昌祠，即金沙书院。

周一阳 字养初，三都人。隆庆二年（1568年）岁贡，为海澄县学岁贡之始。授南城司训，迁惠安教谕，再迁儋州学正。卒年七十九。

第五章 邱姓、张姓

第一节 邱 姓

人口排行，全国第七十七名，福建第二十四位，厦门第二十七位，海沧第五位，人口4980人左右。

表5-1 海沧区邱姓人口分布表

所在街道	行政村	人口（人）	派系	所在自然村
新阳街道	霞阳	115		
	新垵	3979	祖地	
	祥露	52		
东孚街道	贞岱	32		
	东瑶	129	新垵派下	居后头社
	芸美	45		
	鼎美	75		
	后柯	57		

图腾释义

邱姓是以魁隗氏齐博山（丘）为图腾，是大山纪历的标志。其人居地（邑）为邱。

得姓由来

（一）出自姜姓，为姜太公的后裔。西周初年，太师吕尚因辅佐武王灭商有功，被封于齐，建齐国，都营丘（今山东淄博境内），号称"齐太公"，"姜太公"。其子孙中后有以地为氏的，称为丘氏，史称丘姓正宗。

（二）出自姒姓。夏帝少康时，封其小儿子曲烈于鄫（今河南省柘城县北）。至周灵王时，为莒国所灭，其子孙去邑为曾氏，其后分支中就有以丘为氏。此为曾、丘联宗之说。

（三）出自妫姓，以地为氏。春秋时，陈国（开国君主是胡公满）有宛丘，邾国（传为颛顼后裔挟所建，曹姓）有弱丘，居者皆以"丘"为氏。

"丘"、"邱"系一姓，因避孔子的名讳，清朝雍正皇帝曾下令把"丘"一律改为"邱"，后来有的恢复"丘"姓。雍正皇帝圣谕原文如下：

古有讳名礼，所以昭诚敬致等荣也。朕临御以来，巩臣过于拘谨，屡降论旨，凡与御名声音相同字样，不必回避。近见各省地名以音而改易者颇多，朕为天下主而四海臣民诚尽敬如此。况孔子德高于古，道冠百王，以正彝伦，以端风化，为往圣继绝学，为万世开太平，自天子至于庶人，皆受师资之益，而直省郡邑之名，如商丘等，古今相延未改，联心深为不安。尔等会议，直省地名有同圣讳者，或改读其音，或另易他字，其于常用之际于此字如何回避，一并会议复准，嗣后惟奏天子，于圆丘字不用回避外，若府州县地名，有同至圣之讳者，交与内阁撰拟字样，报部堂。至姓氏相同者，按通考太公望之后，食采于营丘，因得姓"丘"，今拟添加"阝"旁，作"邱"姓。至常用之际，宣后古体，写作业字。又奏上谕，朕于先师孔于至圣，理应回避，前降旨令九卿会其奏，终九卿议复，凡系丘字俱"阝"为邱氏，凡系地名，皆更易他名。至于需用之时书写则古体业字。朕细想文出古今，若作改用业字，则系未尝堂回避地业太有期音庶乎允协，足副朕等荣先师至圣之意也。

入闽入沧

新坡村的邱氏从曾姓而来。

据《新江邱曾氏族谱》载，居住在厦门岛曾厝垵的曾光绰第五代裔孙曾明，在元朝末年，避乱从鹭岛曾厝垵迁同安十八都山平洪（今东孚山边洪）入赘邱家。后再娶苏氏，生晚成。夫妻承邱氏业，抚邱子新祐如己出。二世晚成（号本固）移居龙溪县三都新坡郑墩社，生大发（字元亨，号立德，为邱姓）、正发（为曾姓）。三世正发（字元忠，号述德）先以曾姓，为里役正式改为邱姓。

三世大发虽被乱党杀害，有一子名胜宗，胜宗生广良、广温、广忠。广良裔孙居柿宅，分派宅房；广温裔孙居海墩，分派海房；广忠裔孙居墩后，为今墩后房。

三世正发生进宗、玄宗。进宗裔孙后分派田房，玄宗裔孙后分派岑房。海房传到六世分为六房：海长、海二、海三、海四、海五、海六，海六房传到12世时就终止了。墩后房传到七世时分出三房：井房（文容公派）、梧房（文富公派）和松房（文渊公派、文绰公派、文翰公派）；传到八世时，又分出门房（世敏、世毓、世科公派）和舆房（世畴公派）。新垵邱姓有"五派、九房、四角头"之说，"五派"即宅派、海派、墩后派、田派、岑派；"九房"即宅派、海派、门房、屿房、井房、梧房、松房、田派、岑派；"四角头"分别为其一岑、田、松房，其二为门、屿房，其三为梧、宅、井房，其四为包括海长、海二、海三、海四、海五的海埭角。

新垵村邱姓裔孙已传至27代，人口约有7000人。自八世始，　昭穆为"圭璧呈云瑞，人文焕国华，台衡思继武，鼎甲励承家，一贯书绅永，千秋赐福遐，贻谋资燕翼，世业仰清嘉"。今已到"家"字辈。

新垵邱氏裔孙外迁主要集中在东南亚一带，即马来西亚、新加坡、印度尼西亚、菲律宾。

分衍在本厦门市的裔孙为数不多，族谱中仅有下列几支，明正德年间，九世应燔携子于佐迁居同安下仓，九世元福迁从顺里（今同安新民镇）西塘社；十一世君华移居赵山，十一世怀贵明万历年间到前庵江右泉，十二世尚祖与尚复一起迁灌口。

东孚街道东瑶村后头社邱姓属新垵分支，人口百余人。

郡望堂号

河南郡　汉高帝二年（公元前205年）改秦三川郡置郡，治所在雒阳（今洛阳市东北）。相当今河南省黄河以南洛水、伊水下游，双洎河、贾鲁河上游地区及黄河以北原阳县。此支邱氏，是以丘穆为其开基始祖。

祖墓

迁荣公夫妇墓，原葬在新垵村石碑前，为新垵邱氏开基祖。墓碑镌有"宋昭文殿大学士，谥太师，鲁国公宣靖曾公亮十四世孙迁荣公、妣苏氏孺人之佳城"。20世纪90年代，新阳辟为工业区，新垵、霞阳所有农田、坡地被国家征用。原坡地、低丘、荒埔上的墓葬尽悉迁葬。为纪念先祖，新江华侨诒穀堂董事会决定建造新江陵，将八代以上列祖列宗迁葬于此。九代以下先祖，各房各家自行改葬。

新江陵地处文圃山东坡、龙文巷口南侧，建于壬申年（1992年）阳月十二日。该陵园占地亩余，为"鲤鱼撒网"形，中央各自独立按昭穆安置开基祖迁荣公至五世先祖墓碑，六至八世先祖于墓两侧立石碑，皆坐艮向坤兼巳丑分金，出水口丁未。风水为：坐斗宿五度，若合宝照主好冠冕，器宇轩昂，文章辈然，神童智高并文职，又主远洋商贾，大获家产丰盈。

《新江陵碑记》：新江邱氏祖墓始建于本山石牌前、白匏林、金梳园等地，凡族亲清明祭拜念祖思根。兹逢国家开发建设，今移葬在石井内山，筑此陵园，备供世代子孙祭敬，立碑垂念。

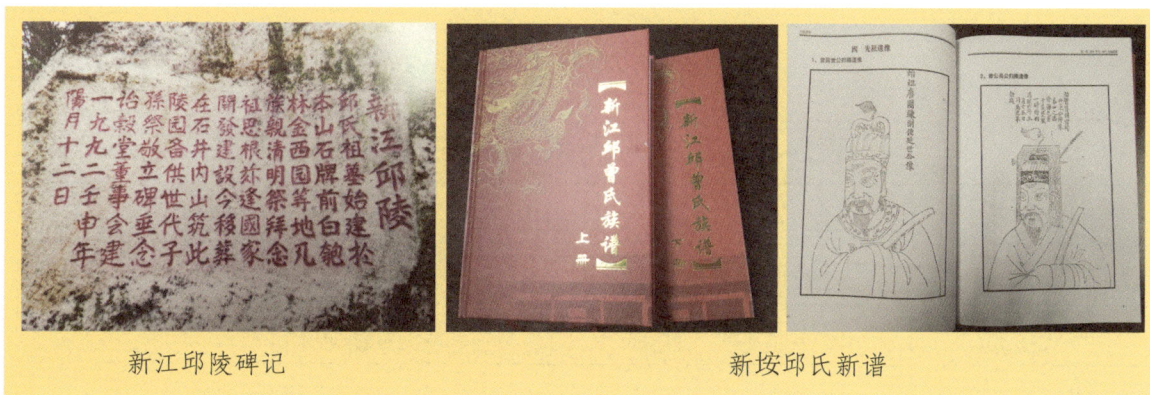

新江邱陵碑记　　　　　　　　　　　　　　　新垵邱氏新谱

谱牒

（一）《新江邱曾氏族谱》，诒穀堂重编，总理：邱柳幼。修于清同治二年（1863年）癸亥梅月，完成于同治丁卯（1867年）腊月，前后达四年之久，耗英银6740大圆，为刻本，由谱首（1本）、谱图（5本）、谱传（21本，原本20本，另加本补遗）构成，内有姓氏源流、先祖像赞、墓图、族产、祠堂、谱例、祭祀、科第、衣冠盛事、艺文、家法族规等内容。族谱详细记录了邱氏宗族的演变过程，其宗族结构十分完整，宗族组织之影响力则一直延续至今。

（二）《新江邱曾氏族谱》（续编）新江邱曾氏族谱（续编）编委会编，主编邱仙助，顾问江林宣，2014年6月出版。续编本以"同治版本"为依据，主要内容以十三个房支谱系为基础，同时增添邱氏溯源、新江概况、祠堂、祖墓、迁徙、文化教育、信仰习俗、名胜、人物、槟城邱氏与槟城龙山堂邱公司等章节，内容丰富，图文并茂，分二册出版。

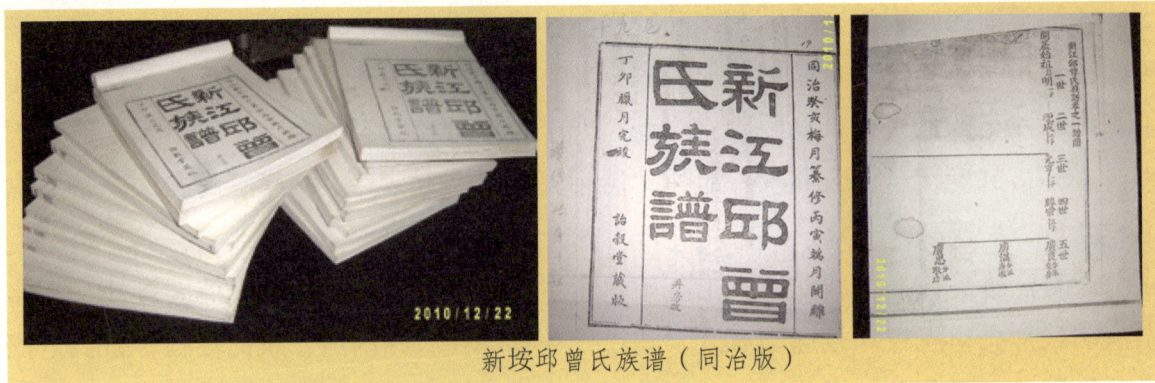

新垵邱曾氏族谱（同治版）

祠堂家庙

表5-2 海沧邱氏家庙分布简表

祠堂名称	堂号	业主	地址
邱氏家庙	诒穀堂	大祖祠	新垵北片 223 号
邱氏家庙	澍德堂	宅派	新垵村
邱氏家庙	仰文堂	海房	新垵北片 575 号
邱氏小宗	思文堂	海长房	新垵北片 297 号
邱氏小宗	裕文堂	海二房	新垵北片 665 号
邱氏家庙	追远堂	海五房	新垵北片 579 号
邱氏祖祠	敦敬堂	墩后	新垵北片 228 号
邱氏小宗	垂德堂	门房	新垵北片 126 号
邱氏小宗		门房向东小宗	新垵北片 81 号
邱氏小宗	垂统堂	屿房	新垵北片 340 号
邱氏祖厝	裕德堂	梧房	新垵北片 72 号
邱氏祖厝	榕墩堂	榕房	新垵北片 109 号
邱氏祖祠	丕振堂	田房	新垵北片 323 号
邱氏祖祠	金山堂	岑房	新垵北片 253 号
邱氏家庙			东瑶村后头

总祠诒穀堂 新垵邱氏总祠,位于新垵北片 223 号,据考,祠堂内有乾隆举人邱起佐题联,可证在乾隆年间曾进行重修。光绪十四年(1888 年)邱正忠回乡主持重修祖祠。后因墙屋损坏,先后于 1941 年和 1957 年两次翻修,所需款额均由槟城龙山堂邱公司汇款支付。1998 年初重建兴修,当年夏季告成,计共花费马币壹拾贰万元,折合人民币叁拾贰万陆仟肆佰元。

祖祠坐辛向乙,兼戌辰,即坐西向东。额曰:诒穀堂。占地面积 1600 平方米,分前殿、天井、后殿。其中主厝面宽 24.3 米,进深 26.5 米,面积 650 平方米;大埕 767 平方米;龙船间(四间)189 平方米。大祖祠外埕南侧有空地一块,于 1965 年兴建侨办中学教室二间。主厅内有祖宗神主牌位,既可祭祀,又可接待客人和议事。前殿为假叠顶双燕尾脊悬山顶,大门两侧墙体全用花岗岩条石与石板砌筑。堂前有较宽的庭前广场(即埕)。

新垵邱氏诒穀堂　　　　　　　　　　　诒穀堂碑匾

诒穀堂有分祠 13 座,分述如下。

澍德堂 为宅派祠堂。坐申向寅兼庚甲。位于文武庙,今新江小学旧址西北侧,过新江溪小桥顶榕北侧。因年久失修,倒塌已久,今被他人占为已有,盖建房屋。2012 年五月经查原始地图核实,修文入册。

仰文堂 为海坱派祠堂。号开嘴厅。位于鼎感林西侧,坐甲向庚兼寅申。总占地面积 287.5 平方米,祠堂拥有一厅四间,东西面宽 15 米,南北进深 18.5 米,面积 227.5 平方米;大埕面积 60 平方米。大门联词:"仰止拜龙头特派新江发起 文明昭海角本支诒穀分来。"

思文堂 为海长房文明公祠堂,即向北祖祠。位于海坱埔,坐丙向壬兼午子。总面积360.36平方米,主厝东西面宽11.7米,南北进深23.4米,面积273.78平方米;大埕面积86.58平方米。大门联词: "脉本文山遥接龙山诒谷,派分滨海仍宗圭海新垵。"

裕文堂 为海二房祠堂。俗称向南祖祠。位于新垵三角池河西北侧。座北向南,分前后两进,并有左右护厝。总占地面积513.6平方米,其中祠堂面宽12米,进深23.2米,面积278.4平方米;大埕面积235.2平方米。前殿为假益顶双燕尾脊,主殿单条燕尾脊,两者均悬山顶。护厝均硬山顶，平脊，马鞍形山墙。前殿明间正立面用花岗岩"泉州白"条石板砌筑，并镶砌青斗石浮雕人物风景、人物故事的圆形、长方形石板与细云纹的长方形透雕石窗，大门两侧有门联："天柱仙旗屏帐团圆罗庙后，塔峰圭海山川灵秀捐堂前。"除了精美的石雕外，它的梁枋、雀替、柱头等都有精细的木雕装饰。

追远堂 为海五房祠堂。俗称下间仔。地处仰文堂前面左侧，座东向西，主厝含埕长 12 米，宽 7 米，面积 84 平方米。

敦敬堂 为墩后派下门、屿、井、梧、榕五房共有的祠堂，俗称五角祖堂。位于新坡社中部。始建年代不详，现存建筑是清光绪年间复建。坐西向东，即坐辛向乙兼戊辰。总面积 1007.4 平方米，建筑分前中后三部分，即门楼、前殿、后殿，而从结构看从东到西分别为门楼、庭院、庭院左右侧厢房、前殿、天井及左右廊道、后殿，其中主厝东西面宽 36.9 平方米，南北进深 19.6 米，面积 723.24 平方米；大埕面积 384.16 米。为硬山顶，单条燕尾脊，左右厢房均硬山顶、平脊、马鞍形山墙，而主体建筑即前后殿均悬山顶，叠顶双燕尾脊。大门联词："敦本存诚念先世艰难创业 敬宗睦族启后人存义传芳。"

垂德堂 为门房祠堂，俗称大门前祖厝。位于厝仔，坐丙向壬兼巳亥，两护向东。总面积 403.44 平方米，其中两进主厝面宽 12.3 米，进深 24.2 米，面积 297.66 平方米；大埕面积 105.78 平方米。堂内楹联："垂露贲鸾封鸟革翚飞高屿上 德星临燕集锦衣驷马大门前。"

垂统堂 为屿房祠堂，俗称屿仔顶祖厝。坐丁向癸兼未丑。总面积 527.5 平方米，其中主厝面宽 12.5 米，进深 26 米，面积 325 平方米；大埕面积 202.5 平方米。堂内楹联："光前裕后本支百世不易 尊祖敬宗蒸尝万古维新。"

裕德堂 为梧房道传公祠堂，俗称梧堂祖厝。位于田店仔，坐壬向丙兼巳亥。总面积 439.4 平方米，其中主厝面宽 13 米，进深 25 米，面积 325 平方米；大埕面积 114.4 平方米。堂内楹联："裕后诗书光前竹帛 德门容驷仁里翔庆。"

榕墩堂 为榕房（即同治谱松房）祠堂，又曰围仔内祖厝。地处榕仔下围仔内，坐辛向乙兼戊辰，此座祠堂只有厅面，总面积 266.8 平方米，其中主厝东西面宽 11.6 米，南北进深 11.3 米，面积 131.8 平方米；大埕面积 135 平方米。又在松仔下围仔带祠地一所，尚未起盖。

丕振堂 为田派祠堂，俗称田仔祖厝。1964 年槟城裔孙思邀独资重修。坐巳向亥兼巽乾，总面积 451.4 平方米，其中主厝东西长 18.5 米，南北宽 12 米，面积 222 平方米；大埕面积 229.4 平方米。立有碑记，碑记文："旅居槟榔屿本堂裔孙思邈先生乐捐本宗祠全部修建费人民币三千六百七十元泐此留纪念。丕振堂重修委员会。公元一九六四年岁次甲辰仲冬谷旦。"

金山堂 为岑房祠堂，俗称大岑祖厝。地处覆鼎金北侧，坐酉向卯兼庚甲。总面积 1308.7 平方米，其中主厝东西宽 27.9 米，南北长 23 米，面积 641.7 米；大埕面积 667 平方米。祠堂楹联："沂水溯渊源家风宛在 新江绵俎并世泽长存。又私祖祠一所在上丘，被风雨倒坏。"

向东小宗 为门房道羽公祖祠。总面积 514.72 平方米，其中主厝面宽 12.4 米，进深 23 米，面积 331.2 米；大埕面积 183.52 平方米。堂内楹联："佳气平分魁岭上，祥光长发大门前。"

族贤

邱晚成 新江开基祖邱永在（字迁荣）的儿子，元朝末年，永在为了躲避战乱，从厦门曾厝安移居同安县十八都三平洪（今海沧山边洪），后其子邱晚成迁居龙溪县三都郑墩村盐墩社（今新江），买了房屋居住下来。在郑墩村，邱晚成替刘均和管催租谷。刘均和因为私人恩怨，想把同乡人全部剿杀，邱晚成得知后马上赶到刘均和家，劝说不要这样做，刘均和却说：除了你一家人之外，其余的人一个都不饶。邱晚成婉言再劝，说：你把村里人都杀光了，留下我一家又有什么用！刘均和说：已经下决心了。邱晚成再次婉言相劝，说：你这样滥杀无辜，人都死光了，这里的田地谁来种？刘均和想想也是，就说：罢了，罢了，就饶了这帮人吧。邱晚成因此拯救了全村人的性命。后明朝统一天下，均和田地被官府全部没收。洪武十三年（1380）丈量土地的时候，邱晚成"报作邱，添姓立户"，把均和的田地改为己有，"将米收入户内"，并代当承恩里的里长。

邱世科（1475—1526） 明朝新江 8 世门房人，讳三才，号英烈，武举人，刚直庄严，人所畏惮，好义果烈，难干以私，兄弟无宿怨，遇事不吝财，却百金而擒贼首，家族赖之，公亦人杰哉！

邱一封（1521—1581） 明朝新江 9 世门房人，讳七政，号柏山，武魁，幼孤事嫡母，轻财好施，赈人于厄里咸德之，貌魁伟，兼晓孙吴。值兵燹乡人，迎为大觉堂寨主，一方赖以虞。好贤乐士，所交游皆一时名俊，文战不遂乃弃文就武，登隆庆丁卯武科举人。

邱一缜（1499—1547） 明朝新江 9 世门房人，号松墩，状貌威严，知文学，沉毅多谋略，承役于公，受知眷顾，以捕寇有功，屡蒙录赏。盗贼敛迹，雄长一方，亦族中之英豪。

邱元光（1515—1589） 明朝新江 9 世田房人，讳耀，号卓峰，廪膳生员。隆庆四年（1570）由岁贡生选儒学。天资夙慧而好学，博极群籍，历试屡蒙首荐，府县主皆以大器期之。龙溪县主蔡尝欲毁四禅僧房为书院，赖公望重止之。生平九战，棘闱不捷，由岁贡生出身历任侯官、南安儒学。所著书有代徐布政《解释小学》，代胡宗师《贺枭宪中秋启》，俱深蒙奖赏脍炙人口。又作《石室重修记》，刻大本院碑中。最要者《策要》一部，一时同志皆珍之。其他著作难以镂刻，大都成一家名手，虽不获大就，而学术无愧儒名。

邱尔辅（1621—1684） 明末清初新江 12 世田房人，讳毓明，字翼庶，际明末清初迁界之间，而知倡修旧谱，是亦族中之谙大义而不可少者。

邱辟雍（1677—1738） 清朝新江 13 世门房人，读经籍，庠生，屡试不第。善书法，往三宝垅经商致富，回乡建辛堂，筑许埭，构书田，造福乡梓。

邱煌荣（1734—1790） 清朝新江 15 世榕房人，字惠时，号松亭，官名君用，太学生出身。援例候补知县委署江苏镇江府丹徒县知县，下车而敷善政，教民耕种，螟螣不生，禾苗无害，邑人咸颂祷之送万人伞，有古单父之遗风焉。

邱埈礼（1757—1832） 清朝新江 16 世榕房人，字仪三，官名威，号爱溪，澄邑廪膳生，嘉庆庚辰年（1820） 中式岁贡生，品学兼优，性情和平，忠厚待人，乐育英才，鼓舞后生，开文教于一族，著硕望于三都。

邱光唱（1781—1847） 清朝新江 18 世岑房人，官名振清，字台随，一字徽村，号澄轩，幼颖异有至，性读书，明大义，未弱冠家累不殚，年长遂泛舟海外，始则槟屿经营，广州创立，遂成巨富。助军饷于国家，援例按察使司照磨，诰赠奉直大夫，敕授登仕郎。至道光年间，本族与霞阳械斗，冤结数不能和解，他目击心伤，自发私囊，赔补完明，因得冰释。族中贤之，经耆老公议，谕令祠祔主中龛以彰贤。好行善事，建惠佐之祖祠，修宝溪之书庙，布恩膏于贫寡，盖天性使然。

邱光断（1781—1856） 清朝新江 17 世榕房人，字以明，官名传果，号绮园，海澄县邑庠生，为人公平正直，维持族中风气，设立祖祠条规，诗文品行，圭海流芳，鼓舞生徒，佩服其教，而游泮者十有余人，诚堪嘉尚。

邱朝阳（1807—1854） 清朝新江 18 世门房人。字升旭，号建丰，年壮时往印尼井里汶经商致富。为番官，断事公平。筑义祠，建义坟。

邱华缆（1805—1868） 清朝新江 17 世海长房人，讳柳幼，华缆为其字，号迎熏，官名楫，太学生。少孤家贫，祖父年老，母氏躬亲操作，给奉饔飧，怃然曰：男子不能谋朝夕以养高堂，日使母氏勤劳家计，不特无以为人，其何以为子乎？于是，辞母远行，径至槟榔屿营谋生业，稍有余积，轧寄家乡以供甘旨。越数年，祖父终，奔赴治事丧葬，成礼服阕，仍复诣屿，营创年逾，弱冠如归。以中馈有托，无内顾忧，遂专心往外，服贾栉风沐雨，涉浪冲涛，经营四十载余，虽往复不常，从此而家获少康，继念母氏，春秋高思，急流勇退，遂舍贡贾而皈养焉。生九男二女皆已成立，蹈矩循规，箕裘克绍，诸孙绕膝，雍熙一堂，洵可谓天眷有德。在屿尝募建龙山堂，在乡招筑小宗，倡修族谱，凡系义举，无不乐为，至其秉性刚直，待人忠厚，尤为远近所推崇。诗曰：诒厥孙谋，以燕翼子。

邱天德（1818—1890） 清朝新江 19 世海长房人。父亲邱月照为龙山堂邱公司及文山堂邱公司创办人之一。字志达，初为商人，在槟榔屿经营坤和、振美两间公司，后投资威省蔗、椰种植。十九世纪后期，与霹雳甲必丹郑景贵合作，承包该州多项响码，他亦参于锡矿开采业。约1860年，邱天德续邱肇邦为"建德堂"盟主。1867年大伯公会（建德堂）与义兴党械斗，他是参加械斗的一方领袖，为此一度被捕并判死刑，不过后来被减刑放逐到新加坡七年。1880年后与"海山党"党魁郑景贵（甲必丹）联手，垄断大小吡叻烟、酒、赌、当和烟叶和亚答的饷码承包权，拥有大吡及香港鸦片承包权，参与吡叻锡矿业的开采。晚年投入社会公益活动，担任许多重要华团要职。如峇都兰樟、峇都眼东福建公冢董事，平章会馆（现槟州华人大会堂）大总理，广福宫董事和信理员等。槟城天德园主要交通要道命名为邱天德路。是1850年兴建龙山堂邱公司的董事之一，他续其父为文山堂邱公司董事。

邱忠波（1830—1892） 清朝新江 19 世榕房人。字如松。咸丰二年（1852 年）南渡新加坡谋生，先后与人合伙开设长和商号、万兴号。他的商务范围很大，涉及霹雳州的锡矿、西贡仰光的舂米机器，1875 年集资 150 万元自创万兴轮船公司，航行于香港、槟榔屿、上海、宁波、厦门等地。1876 年，与林永庆等合伙经营安美轮船公司。1879 年，万兴轮船公司成为新加坡最具实力的华人商行。1880 年，他的"漳福建号"在厦门被英国驻厦领事翟理思扣押罚款。他向上海最高法院提出控告，坚决维护自身正当权益。其商务范围含霹雳州锡矿，西贡、仰光舂米机器。曾给中国的海防、水灾等捐款，获清廷授候选道加三品衔。

邱泗方（1813—1894）清朝新江 18 世田房人。即四方，号裕发，是十九世纪著名响码承包商和大地主之一，除槟城市区的房地之外，在靠近白云山路 (Mount Erskine Road) 也拥有个四方园。1850 年创办龙山堂邱公司时，他是在家长之一。他生前住所一带巷子，被英政府命名为四方巷。

邱正忠（1821—1896）清朝新江惠佐18世岑房人，邱菽园的父亲。号勤植、号华峰，字笃信。第一次鸦片战争后，他漂洋过海到达新加坡。初到新加坡，在码头替人家驳搬食米和其他土产过活。1850 年 30 岁时，他用自己好几年辛苦赚来的血汗钱开设了一家米行，通过自己的苦心经营，慢慢由一家米行发展到两家，再到四家，生意越做越红火。20 多年后把米行开到了越南一带，自己由一个穷小子变成米业大王，拥有家产百万。其时，与联合创办同济医社，救死扶伤。还广置动产。捐军需，援例直隶州衔。1888 年曾回新江建宗祠，设义学，献义冢。

邱得魏（1850—1914）清末民初新江惠佐 20 世岑房人。原姓魏，居漳州一带，太平天国时期逃到惠佐入赘邱氏，改名"得魏"。后随泽排公到越南西贡，先做杂役，吃苦耐劳，手脚勤快，很快得到老板的器重，有了积蓄后，自己开办碾米厂，经营大米生意，发财致富后，就携巨款回到惠佐，建造庆寿堂。他还捐了一个二品大官资政大夫，受赏一支大玉如意，现成为镇家之宝。1914 年去世于越南，终年 64 岁。特制了一具锡棺，运回惠佐安葬。

邱宽谅　清末民初新江 18 世海长房人，昆仑次子，字振祥。鸦片战争以前，到安南（今越南）打工，经营橡胶发了财，回乡建大院，安置妻小，并建一所"快云小学"，收读邱氏家族子弟。

邱仁心（1889—1916）　清末民初新江20世门房人。辛亥革命期间，与厦门王振邦，新江丘廑兢等一起参加光复的斗争。1915年初，参加中华革命党，进行反袁护国斗争。曾到同安寨仔湖参与组织福建护国军第二支队，担任军需官，参加攻打同安。后不幸染疫病逝。1916年革命党福建支部将其列为反袁护国福建殉国烈士。

邱朝仲（1840—1916.9.1）　清末民初生于荷属印尼，祖籍为新江 19 世松房人。字昭忠，初在霹雳州学徒，不久转赴吡叻经商，后来到苏门答腊阿沙汉经商，后业务遍布印尼、马来亚，由于服务社会有功，1878 年获荷兰政府封予甲必丹头衔，以后承包日里、阿沙汉等处饷码。1904 年年老时，辞去甲必丹职位，回槟榔屿豪宅"日光厅"(Sunbeam Hall) 享度晚年，拥有多处地产，捐巨款建阿沙汉教堂。他阔略轻财，常捐献慈善和教育机构，被英政府封为槟榔屿太平局绅。最为人乐道的是，邱朝仲与另一名太平局绅颜五美，在第一次世界大战期间赠送一架侦察机给英国，机名为"马来亚第十五号。邱朝仲一颜五美"。乔治市靠近买鱼巷，有条短巷以他名字命名，称为"邱朝仲巷"（Khoo CheowTeong Court）。

邱汉阳（1860—1917） 清末民初新江海长房人，早年承父业管理威省椰园，后自创振利公司，从事锡矿与其他贸易。曾任平章会馆协理，极乐寺、清云岩（蛇庙）等董事。后来往东马古晋发展，从事建筑业以及承包响码行业。古晋市交通要道被命名为邱汉阳街。

邱春江（1866—1928） 清末民初新江19世海长房人，麟儿公嗣子，讳衡滔，字春江，举人。1917年，槟城"龙山堂"寄回一笔款项，资助家乡修缮"正顺宫"，主张把这笔钱花在修缮和扩建村里的小学。最后，南洋的汇款还是用作修建"正顺宫"。他一怒之下就写了一首诗，来嘲讽修庙之举。诗曰："昔日甘棠祠，今天即焕然，本村新学校，由此换香烟！"还和另一位前清举人陈炳煌倡议，将始建于明代的沧江书院改为沧江小学。

举人邱春江

邱菽园（1874—1941） 清末民初新江惠佐20世岑房人。原名原名炜萎、德馨，字溪娱，号菽园，别号绣原、啸虹生，晚年自号星洲寓公。为学者、诗人、楹联家，有"星洲大才子"之称。其父亲邱正中早在1840年已往新加坡当劳工，后经商致富。六岁赴新加坡。在新加坡由家庭教师讲授中文典籍，后回中国深造，同治六年（1867年）20岁时考中第五十九名举人。1895年，他赴京会试（国家考试）不第，返回新加坡，1897年继承其父百万遗产成巨富。他身处清末民初大变动时代，起初满腔要追求维新救国，捐廿万巨资支持维新党人唐才常举义。当识破保皇派的堕落时，毅然与康有为等断绝关系。上述资助导致他被清廷缉查，后表悔改过，并捐银一万两，获赏加四品官衔。他是海外

邱菽园和他的名片

新江邱氏获清朝官衔最高的一位，官至二品。1904年，他已晋升为花翎二品顶戴。后无意仕途和经商，以诗会友，创设"丽泽"、"会吟"文社，成为东南亚华侨文坛领袖。先后创办《天南新报》、《振南日报》，鼓吹维新。并与林文庆、陈合成合办新加坡第一所华侨女学。1906年后，潜心著作写诗，被尊为"南侨诗宗"。由于慷慨支持革命

和公益事业及投资不当，1907 年投资土地业亏损甚巨，致一贫如洗，以卖文为生。1918 年被选为英属华侨教育总会议员，1923 年受聘为福建劝业会议员，1926 年任新加坡中华总商会秘书。晚年皈依佛教。1941 年日本侵略者占领新加坡时，郁愤交加，逝世于加东因容街。著有《新小说百品》《客云庐小说话》《菽园诗集》《菽园赘谈》《啸虹生诗集》等。

邱扬阵（1857 — 1943） 清末民初新江 18 世海二房人。19 世纪末移居海峡殖民地，在新加坡创立"邱益昌"（译音）商号，经营米粮生意。除了身为米商，邱扬阵曾在 1915-1926 年担任新加坡华侨银行主要股东兼董事，他投资房地产及种植业，范围远达西贡等区域，在厦门置有数百间房屋。他是个慈善家，为乡里及新加坡的慈善和教育机构捐输无数。子孙满堂，育有 13 子及 9 个女儿。

邱明昶（1873—1945） 清末民初 21 世新江海长房人。讳馃坞。清末，跟随村民搭乘大帆船来到新加坡，在一家商号当记账工作。几年后学会商贸经营，转到槟城，开办吉昌号油索行。后又开设分店于印尼和新加坡。在槟城购地开辟种植树胶数百亩。又与族人合股开办"米绞"（碾米厂）、"橡胶绞"（橡胶加工厂）。继而参与创办新加坡和丰银行，新加坡大华银行，被推选为董事、主席，又担任槟城"中华总商会"财政董事。成为新加坡、马来西亚华侨华人金融业的先驱之一。

邱明昶

1906 年孙中山先生来到槟城组织槟城同盟会，他成为槟城同盟会的最早会员之一，参加孙中山在槟城召开历史上著名的"庇能会议"，策动了 1911 年惊天动地的"广州三·二九黄花岗之役"。1910 年由陈新政、邱明昶等人创办《光华日报》，是槟城华侨最早的革命报。自 1906 年至 1912 年 10 次革命中，他都捐献巨资，支持革命军筹饷。他热爱祖国，1932 年"一二·八"事变，日军入侵淞沪，加上国家多处遭受到严重水灾、旱灾，内忧外患，人民财产毁于战火，急待救济。他立即和槟城革命机关阅书报社同志成立募捐团，被推举任"华侨筹赈伤兵难民委员会"主席，积极发动华侨支援祖国抗灾抗日。他组织阅书报社同志和爱国华侨华人上街游行，演讲抗日，并通过《光华日报》等革命报刊，谴责日军暴行。到处奔跑呼号，大力筹款，募集战费，支援祖国抗日贡献至巨。他关心公益事业。1904 年参与创办马来西亚"槟城中华学堂"。1917 年又创办"钟灵学校"。捐资鼓浪屿中山图书馆，被推选任董事。投资厦门中山医院、中山公园和码头的建设。和友人在厦门创办"万记行"做进出口贸易。以自己和家属的名义，在厦门开办"明昶公司"，经营欧美货品及家具。厦门沦陷后，返槟城。抗战胜利后，参加纪念孙中山大会后跌伤，不久与世长辞，享年73岁。

邱炯夫（1879—1950） 民国时期新江海五房19世裔孙，清末秀才，有着一手好文笔，众称他"秀才泽"。深受海外社会影响，与有识之士倡导开办新式教育，推行传统的私塾教育和近代新学并重模式，把教育扩大到家庭以外的房头和角头。逐渐脱离传统私塾教育参于组建和显示现代教育的形态的新江小学，出任当校长后调任漳浦县当县长。

邱新样（1881—1955） 民国时期新江18世海五房人，少时家境贫苦。青年时赴缅甸打工谋生，后经营大米、盐业致富，成为仰光市邱姓诒谷堂主和邱曾氏龙山堂主，是仰光华人中颇有影响的人物，他还是陈嘉庚先生的好朋友。致富后，热心家乡的发展，修桥铺路，慷慨社会公益。于1933年携款回新垵，在马銮湾边建起一座颇为豪华的三合院红砖宅第，称"锦庆堂"。邱新样建成新厝后，仍往缅甸经营事业。抗日战争期间，中缅边境不靖，他应老朋友陈嘉庚先生之邀，全家迁往新加坡定居，1955年逝世，终年74岁。

邱玉堆（1889—1959） 新江18世海二房人。又名慎如，1910年南渡吕宋（今菲律宾），1914年回乡结婚，1915年再度到吕宋，在朋友开设的杂货店当经理，1934年才独自开办杂货店。热爱华侨社团工作，历任菲律宾老白示镇中华商会主席和华侨小学董事长。1942年日本侵占菲律宾，携眷逃入山区躲避，参加菲律宾抗日复兴委员会，鼓励儿子参加当地抗日队伍。1946年第二次世界大战结束后，才回国定居。

新中国成立后，带领归侨和侨眷参加侨乡建设，争取缅甸、马来亚夜孙的资助，在新江创建小学、图书馆，铺桥造路。1952年联系侨户办起海澄县第一个华侨信用合作社；联系华侨捐资，兴建新侨水库。1954—1957年间，配合海澄县侨联同仁，辅导华侨纸板厂和八坑农场。1950年以来，先后为新垵乡华侨联谊会主席、新江诒谷堂董事兼管财政、海澄华侨三魁堂主任、海澄三都联络局董事兼财政股长。1953—1957年任海澄县华侨联谊会副主席。曾为海澄县人大代表、海澄县政协委员。

邱善佑（1886--1964） 出生于马六甲，祖籍新江20世松房人。1886年他毕业于槟城大英义学。他对推动社会公益，服务人民不遗余力。大华戏院边的条街，为纪念他的功绩而被命名邱善佑路。由於品德高尚，被委任为槟榔屿市政委员会委员，并连续服务廿一年。1920 年，他荣膺太平局绅，1939 年，获颁赐"英帝国勋章"。1954 年，受封赐"英帝国勋爵"。曾任龙山堂邱公司信理员兼主席。在外曾担任许多华团组织，包括华人谘询局、保良局、中华公会、中华中学、广福宫等要职。历任平章会馆协信理、中华总商会会长、华人参事局参事、保良局主席、工部局议员、中华体育会副会长、敦敬堂邱公司主席等职。育有八男五女，长子邱吉种，曾任 1978-1991 年龙山堂邱公司主席。在他任期中，邱公司与房屋开发商联合发展新江园（天德园）。五子拿督邱吉寿，槟城执业律师，现任龙山堂邱公司主席。

邱韵香（1888—1977） 女，新江人，出生于台湾嘉义。甲午战争之后，日本占据台湾，父亲邱缉臣举家内渡回到海沧新江。邱缉臣是清朝的贡生，是一位爱国诗人，留有《丙寅存稿》诗集。韵香在父亲的影响下，博览群书，能诗善赋，诗词有李清照之气，书法亦自成一格。嫁入霞阳杨文升家后，邱韵香将住所命名为绣英阁，从未停止过对诗歌的追求，著有《绣英阁诗钞》等。年近而立的韵香曾因陈嘉庚礼请，为其妹教学。邱韵香还精研医理，曾用诗记录了对医学的理解，如诗作《论医五首》，不惑以后，"寓厦行医"。

邱韵香画像

邱有益（1893—1978） 出生于槟城，祖籍新江 21世榕房人。父亲邱万盛曾在苏门答腊经营土产生意。他早年毕业于大英义学。廿世纪中期，经营"万成发公司"，是槟城最大的建筑公司之一，曾承建多项政府大型工程。曾任龙山堂信理员兼主席，也担任许多重要华人团体要职，对华人社会公益处理华社许多棘手问题。为人谦虚，深受华社敬仰。1978 年卒于槟城。

邱思温（1928—1978） 新江海二房 20 世裔孙。1948 年参加新垵地下工作，接受共产党教育，参加共产党的宣传活动，树立进步思想。1950 年加入中国共产组织，后担任海澄县委秘书。1957 年调任海澄县政府副县长。1964 年调任龙海县县长，县委副书记，直至 1978 年病逝。他长期担负政府工作要职，发扬共产党员终身为党，廉洁奉公精神。

邱思串（1912—1988）新江 20 世海长房人，系清举人春江第十四子。1932—1940 年，先后惠安县二区、三区区长；德化县赤水区区长。1941—1949 年期间，先后任宁洋县、明溪县、南安县、安溪县等县长。1949 年往台湾。病逝后的 2000 年，其灵枢运回新江大祠堂安放。

邱汉平（1904—1990） 新江 20 世海长房人，生于缅甸。年青时回国求学，就读上海暨南大学商科、吴淞中国公学商学院、上海东吴大学法学院。后赴美国留学，获华盛顿乔治大学法学博士学位。曾职律师。回国后 1931 年在上海创办华侨中学、华海中学等，曾任暨南大学外交领事系主任等职，并兼任交通大学等校教授。1939 年回闽，先后担任福建省政府委员兼银行总经理、福建省财政厅长等职，创办省立福建大学。1947 年返沪重操律师行业，当选国民政府立法委员。1949 年去台湾后，任台湾华侨人寿保险公司董事长、东吴补习学校校长等职。著有《历代刑法制》、《罗马法》、《华侨问题》、《法学通论》、《国际汇总贸易》、《历代律例丛书》、《票据法新论》等书。

邱廑兢（1888—1997） 原系漳浦杜浔人，为邱春江螟蛉子，属新江20世海长房。即瑾竞，小名二舍，1907年加入中国同盟会，在厦门一带进行秘密活动，宣传反清思想。1909年赴缅甸，任《缅甸公报》经理，经常撰文抨击清朝政府。后回厦继续从事革命活动。辛亥革命后，在新江小学代理校长，大力宣传孙中山的民主革命思想。时值袁世凯称帝，1915年任中华革命党闽南支部总务主任，在闽南掀起讨袁斗争。1927年"四.一二"反革命政变，因"共产党员"嫌疑被捕。出狱后，先后任厦门《民国日报》副经理、海沧沧江小学校长。抗战期间，执教于缅

邱廑兢

甸仰光中学，任缅华"六联团"主席，领导救亡宣传工作。抗战后回国，建国后历任福建省第二、三届政协委员，厦门市第一、二、三届政协常委，市侨联副主席，民革厦门副主委等职。撰有《辛亥革命在厦门》和《闽南倒袁运动记》等文章。

邱德拔（1915—2004） 马来西亚华人，祖籍新江 19 世海二房。扬阵十一子。1933 年毕业于新加坡圣约瑟书院后在当地华侨银行任职。1960 年到吉隆坡与朋友设立马来西亚银行总行。1965 年购买文莱国民银行 70% 股权。1970 年加入新加坡良木园控股，为最大股东。1976 年从银行家变为酒店业大亨和产业发展商，在新加坡、马来西亚柔佛州拥有近十万地皮。后成为旅馆业、产业巨子，他的资产总值在 10 亿美元左右。1981 年以 105 亿澳元购买南太平洋酒店后，取得澳大利亚公民权。他是新加坡赫赫有名的大银行家，2003 年美国福布斯发布的全球富豪榜上，排在 137 位。其幼子埃里温市新加坡著名电影导演。2002 年捐献一笔款项给龙山堂邱公司作为文物

馆经费。

邱继明 马来西亚华人，祖籍新江 21 世门房。长期荣荣威南新邦文明小学校长。退休后的 1972 年荣膺槟榔屿州元首 PJK 勋衔。1985 年为马来西亚旅游发展局主席。同时，马来西亚表彰大马"十大企业家"中有七名华裔，产业大王就是其中之一。

邱荣章（1922—2004） 又名邱文敏，新江海二房十九世裔孙。青年时期在菲律宾投身于抗日运动，1942 年 1 月至 1947 年 12 月任华侨抗日反奸大同盟青年负责人，罗申那华侨义务小学校长。1949 年 6 月起先后在香港华润公司、香港广大华行、香港合众公司供职。1951 年 6 月起在广西参加土改运动。1952 年 6 月起在中国驻印度大使馆工作。1960 年起在外贸部先后担任副处长、处长、副局长。1978 年至 1982 年受中国政府委派，在联合国贸易发展会议（UNCTAD）秘书长办公室担任首席官员、高级顾问。1980 年代初，代表中国政府以关贸总协定（GATT）观察员身份多次参加有关国际会议，为中国恢复贸易缔约国地位，加入多边贸易体制做出贡献。1985 年 12 月离休后，先后担任中国国际经济技术交流中心副理事长，原中国 * 欧洲合作组织顾问。从 1995 年起当选对外经济贸易部第三届、第四届侨联主席，菲律宾侨中学院校友会北京分会理事长，与五位归侨合著《菲律宾华侨与抗日战争》一书，此书被载入菲律宾华侨博物馆展厅。2004 年 1 月 26 日，逝世于北京。

邱荣专（1927—2004） 新江海二房十九世裔孙。1941—1946 年在马尼拉参加地下抗日组织，担任岷多洛省彬那马拉鄢华侨小学教师。1949 年回国后，先后在中央统战部、中央华南分局侨委、广东省侨委、广东省外事办任职。1988 年任广东省外事办公室副主任，广东省人民政府对外友好协会副会长。曾参与菲归侨刊物《雁来红》及《菲律宾华侨与抗日战争》编委工作，此书被载入菲律宾华侨博物馆展厅。

邱万里（1939—2009） 新江 21 世海二房人，1965 年大连海运大学毕业后留校工作。后调上海，先后在上海文化公司、民福贸易商行担任经理。1991 年调闸北区委工作，任闸北区社会主义学院副教务长、办公室主任，获得政工师职称。有摄影、绘画的天赋，其摄制的《试航》、《海港革新工具》等教学电影在交通部系统发行。摄影获奖作品有《有志者》、《巍然部动》、《傲雪凌霜》等 70 余幅，并分别选送海外展览或入选《回眸—文汇作品精选》等书中。他还擅长国画，其《南山圣鹤图》《山河情》《妙笔神游》等作品《当代书画收藏精品荐览》书中，《山河情》获得国际精品剂。其生平事迹被编入《中国专家大辞典》、《世界名人录》中。

邱思定（1929—2010） 新江海五房 20 世裔孙。1948 年 7 月加入闽西南后溪杨永泉地下团组织，热心参加共产党的各面宣传活动。解放后，在角美粮库任会计、认真做好业务工作，后提任副局长。1988 年 10 月调龙海县粮食局任副局长。长期从事粮食管理工作，任劳任怨，克苦钻石业务，保护好国家粮食。他教子有方，三位子女都成为国家的优秀领导者，离休后享受正处级待遇。

邱继炳 马来西亚华人，祖籍海澄县新垵村。1938 年出生于马来西亚柔佛州的合株巴辖。1955 年中学毕业后入华侨银行当书记。1960 年加入马来亚银行，后升任总行经理。1966 年任土著银行总经理。1971 年成为马联工业的董事，1976 年出任董事经理及行政总裁，在 7 年中把马联工业发展为马来西亚最大的企业集团之一。现任马联集团主席。1980 年马政府委任他为马来亚银行副主席。1985 年为马来西亚旅游发展局主席。

邱继炳

邱继圃 马来西亚华人，祖籍海澄县新垵村（今属海沧）。现任槟城龙山堂邱公司主席。任职于槟州政府近 30 年，因政绩显著受国王封为丹斯里，还任过槟州首席部长兼高级行政议员及国会上议员。1992 年从政界退下，从事银行业的经营，经济实力颇丰，对家乡的公益事业极为关心。

邱宏达 台湾人，祖籍海澄新垵村。曾获台湾大学法学士，美国长岛大学政治学硕士，哈佛大学法律硕士。曾任台大学副教授、兼任教授，政治大学教授，台湾国际关系研究所研究员，《大学杂志》名誉校长。美国哈佛大学法律学院研究员，美国国际法学会中国与世界秩序研究组委员，提名委员会委员。现任美国马里兰大学法律学院教授兼研究委员会主席，《国际贸易法学报》顾问，《现代亚洲研究专刊》主编。著有《现代国际法》、《关于中国领土的国际法问题论集》、《现代国际法问题》等。

第二节 张 姓

人口排行：中国第三位，福建第四位，厦门第六位。海沧第六位，人口4300人左右。

表5-3 海沧区张姓分布表

所在街道	行政村	人口（人）	派系	所在自然村
嵩屿街道	东屿	254	大嶝派	
	贞庵	69		
海沧街道	温厝	62	柯井派下	
	锦里	43		
	海沧	439		柯井社
	困瑶	71		
	青礁	53		
	古楼	64		
新阳街道	霞阳	122		
	新垵	135		
东孚街道	莲花	56		
	东埔	1038	祖地	
	山边	66		
	寨后	49		
	洪塘	68		
	东瑶	110		
	芸美	47		
	鼎美	50	东埔派下	

图腾释义

张姓图腾为一个人手持盖天图。由"弓"和"长"组成的。他手中所握的"弓"表示日升汤谷经中高天落入禺谷的形象符号。"弦"为地平线。代表日夜的分界线。日夜两个盖天图合起来就是浑天图，代表一整天。因为炎帝族是魁隗氏的一个分支，其族人身材高大，头上用三根羽毛代表三青鸟，象征着博山天齐。把头戴"三毛"的三苗人方称作"长翟"。少昊裔张挥为张姓祖先。

得姓由来

张姓为共工氏后裔。据《新唐书·宰相世系表》载："以职官为姓，出自姬氏，为黄帝后人。黄帝子少昊青阳氏第五子挥为弓正，始制弓矢，子孙赐姓张氏。"在远古时代，相传黄帝之孙挥献出其发明的弓箭，黄帝得于击败蚩尤。于是黄帝就以长弓为姓，赐挥姓"张"，张挥为张氏得姓始祖。

入闽入沧

（一）唐总章二年（669年)，河南光州固始人陈政任岭南行军总管，带兵入闽。后其子陈元光（后人尊为"开漳圣王"）开辟漳州，随陈政父子开漳的张姓多人，如云霄西林先祖张凌，另有分营将张虎（伯纪）、张龙，医士张光达，队正张来（采）、张本仪等。

（二）唐末光启二年（886年）随王绪、王审知入闽的固始张姓多人，他们分居福建各地。

1.其影响最大的是张延鲁，张延鲁其祖父张震隐居于越州，父亲张宜在越闽间经商迁入泉州。唐乾宁三年（896年)，张延鲁请命于晋江南岸屯垦，遂于湖澄（今湖中）定居，为闽南"鉴湖派"入闽始祖。五代宋初，张延鲁裔孙张镜斋生九子，后裔分为九大派，称"儒林派"。长子仁郎（莲池房）居张林下库，分居五陵嘉福、东山，内坑镇后厝等；次子义郎（上仓房）居德化，再分居晋江砌田，泉州树兜、上塘，南安佃坑；三子礼郎（上库房）居张林上库，分居南浔、安海尚贤里、田厝，湖南长沙、金门、台湾等地；四子智郎（厅上房）居张林，传徙居北京；五子信郎（楼下房）居赤西，分居大嶝阳塘、泽沟、双沟，南安洪濑、江西上饶等地；六子恭郎（上方房）居上方，分居潘径、路厦、洪塘、清透、柯坑、伍堡、后洋、上厝、同安板桥，以及金门沙美、台湾；七子敬郎（同安房）居同安东园、西洪塘、下张，惠安石任、洛阳，以及金门青屿、澎湖、台湾；八子逊郎（安溪房）居安溪大坪、东市等地；九子让郎（漳浦房）居漳浦、云霄等地。

2. 随王审知兄弟入闽的还有固始人张清溪，肇基漳州。其后裔有一支分派泉州笋江。

3. 是时入闽的张氏还有张岩，张岩原籍河南光州固始县魏陵乡。岩生张谨、张攻、张睦、张灏。张睦的官邸建在福城凤池坊，他的子孙后裔就以"凤池"为堂号。

4. 泉州贤阪的张氏，"始祖张天觉，河南光州人，唐乾符五年（878年）以参谋削王仙芝之乱，授南剑刺史。及朱温篡唐，便弃官避乱入闽"。

5.《台湾通志·氏族篇》引台北县《张氏族谱》云："世居光州固始，唐末有张延乔兄弟三人，随王潮入闽，居泉州之惠安、安溪等地，支派甚盛。"

（三）宋端拱元年（988年），张孔阳自建昌府南城县入闽，任兴化府通判。

（四）北宋重和年间（1118—1119年），张端由陕西眉县迁至宁化石壁都葛藤凹开基，尊为张氏入闽西始祖。

（五）南宋时，名相张浚因与岳飞锐意抗金，被贬泉州。其四世孙张济、张憬（灏）移居德化县半林乡猴墓坑，元泰定元年（1324年），张浚的裔孙张七十迁居漳平县高兴乡林口店，肇基创业。

（六）南宋末，还有几支分衍闽南各地，如晋江梅岭派张姓，奉张尔皋为开基祖。又如张明谦居石壁堡，生八子，长棣、次极、三校、四松、五杜、六束、七梁、八棠。

儒林派在厦门有以下几系。

1. 板桥系。晋江张镜斋六子恭郎（上方房）居上方，南宋时期，裔孙张负先到晋江，在晋江生活一段时间后，又举家往今厦门方向搬迁。张负快到现在的集美的时候，面前有一条小沟渠阻挡了去路，他就用木板搭起了一座桥。后来这个地方就被他称为"板桥"。张负一家在板桥安定下来，并世世代代在此繁衍生活。"板派桥"包括现居集美区侨英街道的后坂、东莲、四堡尾、曾厝、过田、浒井、村仔、后郑、叶厝、磁窑、田垵、祖厝边、前占、东内、下吴、东山等村。长房迁移到东安，二房迁移到浒井一带，如今叶厝居住的是三房的后人。

2. 崎巷系。裔孙启紫到龙溪张埭（今属龙海市角美镇崎巷社）建业定居，南宋时期，启紫裔孙一支迁孚中央（今厦门市第一农场）居住。绍兴十二年（1142 年），八世孙张应凤从今厦门第一农场孚中央移居东到东埔，为东埔张氏的开基祖。

3. 同安系。晋江张镜斋七子敬郎（同安房）迁金门青屿开基。其孙张吉月，南宋末迁居同安西洪塘。七世孙张必宜携子张乐所，于明嘉靖间避倭内迁同安翔风李厝埔东畔，搭寮养鸭，繁衍成族，故名东园。青屿张姓还内迁，分衍于东埔、马巷同美及大同镇朝元村张厝。

据东埔《张氏族谱》载，儒林七房一支启紫到龙溪张埭（今属龙海市角美镇崎巷社）建业定居，为东埔、柯井社共祖。

东埔村 居张埭（今属龙海市角美镇崎巷社）的张应凤迁居东埔。世系如下：开闽始祖延鲁公—儒林始祖镜斋公—敬公—启紫—继琢—尚禄—思睿—伯盛—长华—吉庆—应凤（东埔始祖，入闽十一世），裔孙共分五大房头，二、三房早已失嗣，仅剩长、四、五房（水獭房）。清朝中叶，人口鼎盛。后因瘟疫、战乱、匪患之故，致人丁锐减，裔孙大量前往菲律宾、印尼、新加坡、泰国等东南亚各国谋生，时至 20 世纪 50 年代初，人口仅有 750 余人。东埔张氏裔孙已传至 28 代，人口 1300 人左右。

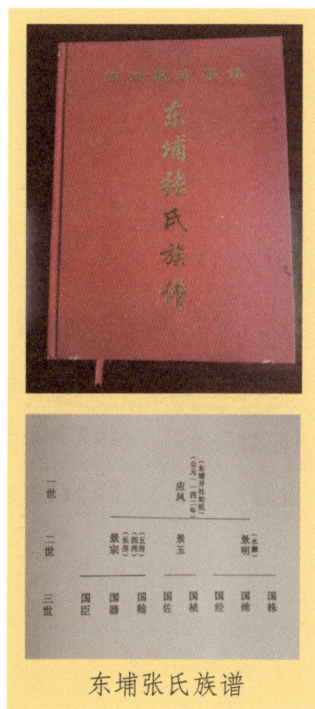

东埔张氏族谱

其 1—9 世昭穆为"应景国振，汝宰传朝志"，17—28 世昭穆为"昌拔植德，维招世宗，文克永恭"。10—16 世昭穆缺。

存有《东埔张氏族谱》，2010 年 10 月，张水根、张德意主编。

海沧村柯井社 南宋末年，张埭（今角美镇崎巷社）张宝庵迁居海沧柯井。世系如下：开闽始祖延鲁公—儒林始祖镜斋公—敬公—启紫—继琢—尚禄—思睿—伯盛—长华—吉昭—宝庵（柯井始祖，入闽十一世）。裔孙分二大房，已续至 24 代，人口 650 人。

古楼村 张氏裔孙仅 50 人左右，始祖及迁入时间失考。

霞阳村 也属儒林派，元朝至正年间（1341—1368 年）从晋江张林迁此。人口

140 人。裔孙有迁后溪前进村洪坑。在田边社原有祠堂忍和堂，改革开放后，因修建高尔夫球场，已拆毁。

东屿村 清朝末年，儒林派大嶝阳塘张某（名失考）迁居东屿，至今传至六代，人口 270 人。

郡望堂号

清河郡 汉时置郡，治所在清阳（今河北省清河东南）。清河郡是张氏祖居之地，历来人多势众。此支张氏，世居武城，海沧张姓灯号均为"儒林"。

祠堂家庙

表5-4 海沧张氏家庙分布简表

祠堂名称	堂号	始建年代	地址
张氏家庙	树德堂		东埔村
张氏家庙	诒德堂	乾隆三十八年	海沧村柯社 88 号
张氏宗祠	裕宁堂	1711 年	古楼村古楼社 302 号
张氏家庙	忍和堂	已废	霞阳村田边社

1. 东埔树德堂 在东埔村中，建于明代。屡有兴废，最后重修于 1944 年。文化大革命期间的 1975 年拆除，改建为村部和电影院。2010 年冬重建。祠堂前门之上高

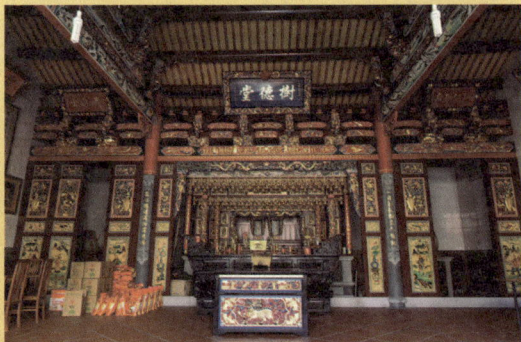

东埔张氏树德堂

挂"张氏家庙"牌匾,正门为"中宪大夫"牌匾,祠堂龛上高挂"树德堂"堂匾,有历代先贤"铜仁知府"、"建安知县"、"岁进士"、"父子选魁"、"贡生"、"文魁"等匾额,另有研究会、宗亲、理事会等赠送的"祖泽绵长"、"儒林传芳"、"燕翼云腾"、"笃谊千秋"、"祖德宗功"等牌匾,厅上有楹联"堂势尊严昭奕代祖功宗德,孙文衍派承万年春祀秋尝"。三大房头各建有分祠。

2. 柯井诒德堂 位于柯井88号,乾隆三十八年癸巳(1773年)建,光绪十六年(1890年)重修,最后一次重修于2009年。由二进闽南传统建筑和右护厝组成,坐南朝北,建筑面积215平方。木构梁架,硬山顶,双燕尾脊,门前保留有一对清代花岗岩抱鼓石。

柯井张氏诒德堂

族贤

张应星 字子翼,号菊水,明代同安县人。嘉靖三十七年(1558年)岁贡授会昌县训导,后转清江县教谕。著有《四书大略》、《易经管窥》等。

张可传 东埔人,明万历进士,任光禄寺监事、湖广临武知县。

张 锡 东埔人,明万历元年(1573年)举人,任南京词部郎中,贵州铜仁府知府。

张 泌 东埔人,明天启元年(1621年)举人,任建安(今建瓯)知县。

张仲旻 字彦三,号仁轩,清代同安县积善里庄坂尾人,康熙二十九年(1690年)举人。乾隆二年(1737年)为南平县教谕时,给上司平定台湾献策,被采用,升为增城县知县。后归家卒。

张志高 东埔人,清贡生,任将乐县训导,赠征仕郎。

海沧家庙的门神

第六章 颜姓、黄姓

第一节 颜 姓

人口排位，中国第一一零位，福建省第四十六位，厦门市第二十五位。海沧区第七位，人口3950人左右。

表6-1 海沧区颜姓人口分布表

所在街道	行政村	人口（人）	派系	所在自然村
海沧街道	锦里	59		
	后井	97	青礁派下	
	海沧	381	青礁派下	
	青礁	2820	祖地	
东孚街道	东瑶	60	青礁派下	水头社

图腾释义

颜是以职司为图腾命名的族称。颜姓图腾由"彦"和观测者两部分组成。"彦"代表红色的危屋华盖，上"立"为危屋华盖和表木，测天气、地气交接的时间，古代称"天地交午"；下面的"彡"是彤的省文，彤就是红色，所以"彦"代表文彩彦（彦火），表示太阳普照天下红彤彤；看着表木的人由阳光映红了面颊，因此称"红颜"，此为姓氏的颜。

得姓由来

源自姬姓，周武王分封诸侯时，将陆终第五子安的后裔扶封于邾（今山东邹县东南）。邾国最初为鲁国的附庸，当传至夷父之时，因夷父的字叫伯颜，《公凌羊传》便称他为颜公。封其子友于郳，立郳国。友之子爽始称颜姓。世世仕鲁，时为春秋时期。而颛顼帝世系派的所有颜氏族谱中，其一世祖皆为颜回（爽17世孙）。颜回后被历代封建统治者尊为"复圣"。

入闽入沧

据《青礁颜氏族谱》载，颜回为一世祖，至四十世，颜真卿之孙弘式，生三子：诩、翊、翔。颜诩于后唐庄宗同光年间（923—926年）任江西永新县令，诩有子五：泊（谌之）、普（谟之）、潾（谳之）、煊（诚之）、煨（谪之）。五代时颜泊由永新入闽，居永春。青礁颜氏入闽始祖为颜泊。颜泊任泉州归德场（今德化县）长官，兄弟普、潾随泊入闽，共同开基石碌（今德化三班乡泗滨村）。颜普之裔孙后分衍于大田、仙游、尤溪一带，颜潾移住永春县十九都清白里东山乡（今东平镇东村一带）。颜泊生三子，长仁郁，次仁贵，三仁贤。仁郁后裔迁到永春卓埔（即今达埔），其裔孙分居闽南各地。仁贤任安溪主簿。闽南各地的颜氏裔孙尊泊公为开基祖。

颜泊由永新入闽居永春，生三子：仁郁、仁贵、仁贤。仁郁居归德场，传五世即慥公。依《青礁颜氏族谱》，颜仁郁生周（三世，有的谱曰蕃），迁到永春卓埔（即今达埔）。周生乐三兄弟（四世），乐生林（五世），林生慥（六世）。颜慥在北宋庆历年间（1042—1048年），被蔡襄荐为泉州教授，后改教漳州，遂居住（龙溪）青礁，成为青礁颜氏的开基祖。

表6-2 颜氏族谱入青礁前世序

1世	普 裔孙 在大田、仙游、尤溪一带。	泊					潾 居永春东山
2世		仁郁	仁贤 迁安溪乌涂	仁贵			
3世		周（蕃）		必敬 居仙游	必正 居蓬壶江田孔里	必闻 居泉城	必和 迁浯洲(今金门)，为开浯始祖。分衍同安。
4世		乐					
5世		林					
6世		慥 开基青礁					

颜慥肇基青礁后，开青礁文化之先，倡学海滨，教授生徒，为颜氏家族的兴起奠定了牢固的文化基础，宋代青礁颜家，较有声望的历史人物就有颜慥、颜师鲁、颜彻、颜振仲、颜唐臣、颜敏德、颜耆仲、颜颐仲、颜公衮等。据《海澄县志》卷八记载，从北宋徽宗政和五年（1115年）起到南宋理宗淳佑元年（1241年）这126年间，青礁颜氏考中进士者就有8位：颜希孔、颜希哲、颜唐臣、颜敏德、颜质、颜戴、颜纯、颜夏之。列特奏者有5位：颜大猷、颜敏若、颜敏则、颜赟、颜贡。元朝时代，青礁颜贵来也中了进士，科举之盛为时人所赞颂。至今，青礁村尚留有颜贵来题名刻镌的"三川井"和"四川井"古迹。

颜思齐，为颜慥二十世孙，属"崇恩堂"二房派下，其父颜清，住后沟角落。他怒杀何海，平户避难，义为盟主，肆机举事，事泄后携众往台，拓垦笨港，建十寨、垦九庄，成为开拓台湾的"第一人"。

海沧区颜姓均为青礁衍派。青礁村的颜慥裔孙今分七房，已传至34代，人口约4200人。裔孙分衍海沧村后垵、龙庙、洪厝三自然村，人口约500人。十一世颜观聚元代开基东瑶村水头社，裔孙有600人左右（含孚中央等）。

青礁慥公十六世裔孙，分派广东潮州，裔孙人口达五六千。据载："人丁复渐繁衍，更事播迁，自在意中，因之，粤东揭阳、惠来……诸县，咸有颜姓落籍焉"。

青礁颜姓的昭穆部分遗失，古代曾用"天嘉宜周子，廷可仲世钦，淑崇彰显德，绍懿衍宏基"，现代自31世起，昭穆为"胎厥孙谋，以燕翼子，垂裕厚昆，兴诸衍庄，丕振宇宙，树民建国，德扬光宗，亿世绪昌"。

开基祖慥公的陵墓，坐落在新建开漳堂后左侧。陵寝后面有一棵枝繁叶茂的榕树，树下的墓墙上镶嵌着1999年3月的修墓碑记，碑记上写着墓主的生卒年代和生平事迹。

颜思齐

清道光二十一年（1841年），颜酂根据万历丁未年（1607年）《青礁颜氏族谱》编成，分十四卷。1998年，由青礁崇恩堂理事会根据青礁衍派莲浦、凤塘清光绪六年（1880年）颜天性所编《颜氏族谱》整理而成现存的《重修颜氏族谱》。

颜氏家族为建造慈济宫，保护慈济宫所做出的贡献。南宋绍兴二十一年（1151年）颜师鲁首先奏请立庙，颜发让地建庙。淳熙十二年（1185年），颜唐臣"率乡大夫与其耆老，彻旧而新之……"（见宋·杨志《慈济宫碑》）。淳佑六年（1241年）由颜唐臣之子再度修葺一新。颜氏历代人士对青礁慈济宫之修葺，对保生大帝信仰的发轫与弘扬，有着重大的推动作用。

青礁颜氏族谱

郡望堂号

鲁国 即鲁郡，西汉初年置鲁国，三国时魏晋改为鲁郡。治所在鲁县（今山东省曲阜）；西汉时改治薛（今山东省滕州市），相当于现在山东省曲阜、泗水一带。

琅琊郡 秦始皇时置郡，治所在琅琊（今山东省胶南市琅琊台西北）。西汉时移治东武（今山东省诸城），相当于现在山东省诸城、临沂、胶南一带。

祠堂家庙

表6-3 海沧颜氏家庙分布简表

祠堂名称	堂号	业主	始建年代	地址
颜氏大宗	开漳堂	总祠	宋绍兴二十年	青礁村过田13号
颜氏家庙	崇恩堂	青礁房祠	元至正年间	青礁村大路
颜氏宗祠	缵恩堂	青礁长房	清光绪二年	青礁村大路216号
颜氏小宗	思恩堂	青礁三房	清光绪年间	青礁村鸿江49号
颜氏小宗	联恩堂	青礁五房	清光绪十三年	青礁村大路22号
颜氏小宗	承恩堂	青礁六房	清光绪年间	青礁村埭里126号

颜氏小宗	继恩堂	青礁七房	清光绪年间	青礁村后松
颜氏家庙	崇泽堂	院前房祠	元至正年间	青礁村院前社
颜氏小宗		红砖仔角 房		青礁村院前社 67 号
颜氏小宗		中宣第 房		青礁村院前社 85 号
颜氏宗祠	敬爱堂			东瑶村

总祠青礁开漳堂 为青礁颜氏肇基祖庙。原址位于青礁村村口"铁店"自然村（已废），始建于南宋初年，明朝万历年间重建，历朝屡有修茸。1958 年大跃进时被拆掉。2010 年按原规制修复，新址位于过田 13 号。新建"开漳堂"坐北朝南，占地面积 840 平方米，整体布局为两堂一天井，两厢房，抬梁穿门混合式的砖木结构；斗拱雕画，悬山布瓦顶。三门三开，面宽 31.48 米，总进深 26.68 米，高约 8 米，依次是前堂、廊间、后堂。庙前悬挂"颜氏大宗"匾额。石刻楹联"岐山高隐五经儒，海上尽宗正学；甲第须同三敏世，日边载锡恩光。"有明朝花岗岩制残碑和"芝兰书院"额匾各一方，出土时缺"芝"字一角。

查考芝兰书院残碑

青礁颜氏开漳堂

青礁崇恩堂 在青礁村大路，又称"奉先祠"，为颜氏家庙。始建于元至正年间（1341—1368 年），明万历五年（1577 年）重建。明、清、民国及 1987 年多次重修。崇恩堂内供颜氏入漳始祖颜慥神位，庙堂占地面积 307 平方米，坐北朝南，整体布局为两堂一天井式，抬梁穿斗混合式，砖木石结构，悬山布瓦顶，面阔三间计 12.3 米，总进深四间计 26.47 米，高约 12 米。前堂进深一间，正堂进深四间，内存较多清代以前艺术价值较高的木雕、石雕构件。

堂内存有明至近代记事碑五通，均嵌砌上墙。其一为《皇明颜氏家庙从祀碑记》，碑额篆书，花岗岩石质，高2.76米、宽1米，年款为明崇祯十年（1637年），记颜氏祭祀之事；其二为《颜氏家庙从祀碑记》，花岗岩石质，高2.36米，宽0.98米，年款为清乾隆三十年（1765年），内容同上；其三为《颜氏家庙重修碑记》，花岗岩石质，长方形，高0.6米，宽1.25米，记述捐资修建情况，年款为"嘉庆二十年乙亥阳月吉旦"；其四、五均为捐款碑，辉绿岩质，长方形，其四高0.66米，宽1.30米，年款为"光绪元年乙亥"；其五高0.59米，宽1.1米，年款为"中华民国甲子年腊月"。

青礁颜氏崇恩堂

崇恩堂重修碑记

族贤

颜 慥（1009—1077） 字汝实，号朴庵。海澄青礁之开基祖。少时，与蔡襄同窗友谊，读书白莲书院，不求仕进，以文章德行自励。北宋庆历年间（1041—1048 年），蔡襄为泉州太守，荐其为漳州路教授。及襄擢为京端明学士，遂纳履，卜居于岐山青礁，倡学海滨，自号"八遁老翁"。现在的慈济东宫旁的文昌庙还保留一间"宋颜教授书室"纪念慥公。另祀于漳州府名宦祠、三贤祠。

颜 几 北宋大夫，葬于云狱岭。

颜 发 字开振。好善乐施，南宋绍兴年间，从侄颜师鲁奏请建慈济东宫，并献地建宫。

颜晞哲 号云岩，南宋龙溪县青礁人。绍兴二年（1132 年）进士，历同安县丞、古田县丞、福清知县。

颜师鲁 字几圣，宋代龙溪县青礁人，绍兴十二年（1142 年）进士。先后官做福清知县、监察御史、礼部侍郎、吏部尚书兼侍读。后年老乞归不允，回福建任泉州府知府。绍熙二年（1191 年），修葺洛阳桥。卒于任职上，时年 75 岁。

颜唐臣（1129—1211） 字旋纲，号理庵，南宋龙溪县青礁人，绍兴十八年（1148 年）进士。所居地有绿石渡，潮涨可行舟，潮退泥泞不堪，他出资造堤，便民行走。堤长 927 米，堤上筑态度亭。其子敏若复筑南堤，长 634 米。其孙戴见堤又淤积，再增高堤，并筑庵于上。

颜敏德 字克和，南宋龙溪县青礁人，乾道五年（1169 年）进士。授循州知州，因治政有方，峒民不敢犯。官至朝散大夫。

颜 癸 字子治，南宋龙溪县青礁（今属海沧）人。屡有战功，任昌化军、南宁府长官，后升琼管安抚使、广西转运使。

颜复之 字子开，南宋龙溪县青礁人，淳祐元年（1241 年）进士，补入太学，调惠阳教谕，再调湖南。卒于官。

颜公兖 字鼎卿，南宋龙溪县青礁人，因父颜戴之荫，补兴县知县，绍定年间，强盗陈三枪逼兴宁境，他与主簿进贼营，晓以理。被贼杀害，民为其立祠。

颜思齐（1589—1625）海澄青礁人，字振泉，颜慥二十世孙。年长精武艺，二十二岁时在家乡因遭宦家之辱，愤杀其仆，逃日本平户谋生，投在李旦旗下。天启元年（1621 年），由李旦出资主导，颜思齐领队，郑芝龙为副，率领十三艘船数百人，在笨港南岸（今云林县北港镇）登陆，伐木筑十寨，建屋辟田，《台湾府志》云："台湾有中国民，自思齐始。"颜思齐登台后，募闽南饥民入台垦殖，建十寨、垦九庄，成为开拓台湾的"第一人"。天启五年（1625年），颜思齐、李旦相继去世，郑芝龙接收了两人的事业、地盘和人马。天启七年（1627年），船队发展至千艘规模，成为台湾海峡中最大的海上势力。目前台湾嘉义县水林乡有个村子名叫"颜厝寮"因名之，就是当时颜思齐主寨的所在地，聚落全为颜姓一族。为纪念颜思齐开台功绩，在北港火车站前立有一座颜思齐拓台纪念碑。而在嘉义市水上区南乡里三界埔尖田山尚存思齐墓。

颜嘉谟 明代海澄青礁人，官濠门巡检司。

第二节 黄 姓

人口排名：中国第七位，福建第三位，厦门第三位，海沧第八位，人口3770人左右。

表6-4 海沧区黄姓人口分布表

所在街道	行政村	人口（人）	派系	所在自然村
嵩屿街道	石塘	200		在排头社
	东屿	132	排头派	
	贞庵	132		
海沧街道	温厝	87		
	锦里	61		
	后井	141		
	海沧	240	澳头派	在大路头社
	囷瑶	106		
	青礁	127		
新阳街道	霞阳	51		
	新垵	95		
	祥露	41		
东孚街道	莲花	92		
	东埔	56		
	山边	104		
	过坂	61		
	洪塘	123		
	凤山	70		
	贞岱	60		

	东瑶	122	芸美埭头迁居	在西园社
东孚街道	芸美	100		
	鼎美	43		
第一农场		152		
海沧农场		65		

图腾释义

  "黄"是轩辕黄帝的族称。是姬姓"姬"的别体。黄图腾是龟的正视图，"姬"右半部为龟，称玄武。已为蛇，龟蛇合文也称玄武，作"熙"。后裔随母系称"姬"，随父系下传姓黄。黄姓始于轩辕氏黄帝，后人以"黄"为龟"不雅训"，改为"黄鹂"，称为黄夷。

得姓由来

  黄姓是黄帝的后裔。

  元胡三省《资治通鉴·注》引《姓谱》载："陆终之后，受封于黄（今潢川），为楚所灭。其后以国为氏。"《江夏堂黄氏宗谱》称："粤稽余祖得姓，肇于颛顼曾孙陆终封黄，以国为氏，名黄陆终。"在夏朝初，伯益后裔（一说陆终）在今河南潢川地区建立了一个黄国，历经夏、商、周，直至公元前648年被楚国所灭，子孙以国为姓。

入闽入沧

  始于东晋永嘉末年，黄元方（字彦丰）任晋安（治所今福州）郡守。后居福州侯官黄家巷，为此支脉黄氏入闽始祖。隋唐时期，又有多支黄氏从光州固始入闽。

  今福建黄氏裔孙分七大系。

（一）**黄元方系** 广布于福州、莆田、泉州、厦门、诏安。唐肃宗时，莆田黄元方后裔黄岸由侯官徙居莆田涵江黄巷，为黄氏入莆之始祖。泉州紫云黄守恭派，在隋末，黄元方之裔孙黄崖自侯官（今福州）迁南安，卜居县治丰州东南郊（今属鲤城区），生守恭、守美。守恭生五子：经、纪、纲、纶、纬。长子黄经居县北芦溪（今属南安县），次子黄纪居县东黄田（今属惠安县），三子黄纲居县西葛磐（今属安溪县），四子黄纶居县南坑柄（今属同安县），五子黄纬居漳浦南诏（今属诏安县）。共以紫云为堂号，合称"五安黄"。

（二）**宁德黄鞠系** 隋朝谏议大夫黄鞠的父亲黄隆（固始县人）劝隋炀帝以农为本，结果被关进大牢。为避难，隋大业九年（613年）黄鞠从河南举家来到了宁德的霍童镇。比黄鞠早来这里落户的姑丈朱福，将自己的一片土地让给了黄鞠居住。

（三）**浦城黄鼎系** 黄鼎（716—786年），唐肃宗上元元年（760年）自固始县避刘展之乱入闽，卜居浦城县永兴乡永康里（今仙阳镇溪东村）之溪东，浦城黄氏自此开基发祥。其裔孙广布闽北、闽东诸县。

（四）**邵武黄峭系** 唐时黄膺自固始入闽，徙居邵武。因五经课显名于世，故号"五经先生"。三传（宋）黄锡，自平洒复移于邵武禾坪。锡之长子黄峭官至工部侍郎，其二十一子各自择地安居发展。晚年遗子十八，各携家谱出外自创家业，并作"遗子诗"以壮其行。十八子俱奔东西，繁衍繁盛，今裔孙遍及闽北、闽西南，广东诸省。

（五）**黄敦兄弟系** 唐光启元年（885年），黄敦携弟黄膺随王审知入闽。后辞官不受，隐居于闽清梅溪坪盖平里凤栖山（现闽清县塔庄镇），为闽清黄氏入闽始祖。传说黄敦去世后，有虎培墓丘的祥瑞，故得名"虎丘黄氏"。黄敦生有六子：宗、礼、凝、勃、启、余，世称"六叶传芳"。广布福州各县。其弟黄膺另在青山开基，为长乐青山黄氏入闽始祖。

（六）**浦西黄氏系** 南宋末期，黄天从、黄材父子护帝昰、帝昺从临安（今杭州）南下。祥兴二年（1279年），陆秀夫在崖山背帝昺跳海殉国时，侍从官黄材父子的船只返回到今厦门外海浯屿之时，辑具失掉，听凭船只随风漂泊，终于入内海，到鸿港（港尾）。于是在浦东银坑登岸，浦西开基。

（七）**燕山黄氏系** 元朝晋宗泰定间（1324—1327年），黄真在南安丰州开族。生子十人：沙裕、沙的、海达儿、安童、武贤、宾哥、荣显、璋童、富童、贵童。唯长子沙裕次子沙的，回归燕山（今北京）原籍，其余八子住南安。燕山黄氏据文史专家考证应属蒙古族。分居晋江陈埭高坑的黄姓属五子武贤裔。

海沧黄姓为黄元方系黄守恭派下。唐垂拱年间，守恭四子黄纶尊奉父命，居南安县南坑柄（今金柄，今属翔安区新圩镇）繁衍。今其苗裔广布厦门各区、龙海及台湾、南洋。

东瑶村西园社 属紫云金柄房。宋朝时有一支分衍到同安锦宅（今属龙海市角美镇）。元朝末年，黄振恩从锦宅迁居到今东孚芸美村埭头社。黄振恩生友亮、金源（居新圩林美）、金善（居文灶）。友亮生达（居长乐、曾厝垵），达生荣。黄荣，号毅轩，称俊仁，字庄江，生七子：缵武、缵龄、缵通、缵白、缵昌、缵和、缵德，时为明宣德、景泰年间。据《明俊仁黄公暨配王孺人墓志》称："并时孙曾五十余人，黄氏之大，自公始。"其裔孙又往东瑶村西园社发展。今裔孙有 200 多人。灯号"紫云"。原有祖墓在芸美村埭头鼎美帽仔石，今已毁。

石塘村排头社 属紫云金柄房。从海澄锦宅田边分衍而来，主要分布在石塘村排头社、水头社。因无族谱，开基祖、始迁时间、裔孙繁衍情况皆失考，有族人介绍，黄纶第 27 世孙振成公由同安迁居锦宅（今属龙海），建"著存堂"，亦称"紫云堂"。三世后，真材公支分锦宅尾头角，在田仔埏建"馀庆堂"。明朝后期，"馀庆堂"裔孙人丁兴旺，有裔孙迁至海沧排江（即排头社）。有口传明朝万历年间，38 世孙黄赞成来此开基。散居在石塘村的排头社、水头社和东屿村，现有人口 70 多户 220 多人。祖墓在石塘村排头社水流沟山坪顶。

贞庵村澳头社 澳头社有黄姓 130 人左右，无族谱，开基祖待考。据族人说，上祖是从塘洋（浮宫）迁来的。其一支裔孙黄敏，清末民初移居海沧大路头，今已传五代，人口 50 人左右。

郡望堂号

江夏郡 三国时，魏、吴各置江夏郡，魏江夏郡治上昶城（今湖北省安陆市西北），吴江夏郡初治沙羡（县治在今武汉市江夏区境内）。名列"二十四孝"的黄香为江夏人。黄香显仕发迹以后，其子孙接连三、四代，皆身居东汉朝廷显位，汉代江夏旺族。江夏(今湖北武汉一带）因一直是黄氏的发展繁衍中心，黄氏族人以"江夏"为堂号。

祠堂家庙

表6-5 海沧黄氏家庙分布简表

祠堂名称	堂号	始建年代	地址
黄氏家庙	锦云堂		芸美村塆头
黄氏宗祠			贞庵村澳头社
黄氏家庙	锦云堂	明朝中期	石塘村水头社
黄氏宗祠	敦叙堂	光绪十七年	石塘村排头社

排头敦叙堂 原址在石塘村排头社，光绪十七年（1891年）建，1997年因建厦门造船厂迁排头新村（东坑南侧）重建，2013年重修。大厅高挂"敦叙堂"堂匾，堂内有光绪十七年(1891年)立的"新建排江祖祠碑记"碑。另有同安金柄大宗送的"同根兴茂"，台湾金门黄氏"光耀邦族"等宗亲贺赠匾额。入口大门石刻"排头启宗祠躬承创造，江漳留绪业世绍箕裘。"

塆头锦云堂 址在芸美村塆头社，始建时间不详，2008年有过翻修。

族贤

黄 观 芸尾塆头人。明天顺元年(1457年)进士。

黄其晟 字芝仲，号元眉，原名仲奕，明末清初同安县鼎尾人。天启二年（1622年）进士。任东城御史，继出知抚州、南昌、桂林等府。转任吏部南宁道时，闻明廷亡，偕瞿式耜等在肇庆奉永历帝。后随帝，欲逃往缅甸，途中为清军所获。在狱中关押六年后，于康熙元年（1662年）释放回乡。性喜《楚辞》、《汉书》，曾题句云："熟读《离骚》痛饮酒，细看传注喜观书。"

黄 升 又名吴升，字泽源，清代海澄县三都(今海沧吴冠村)人。幼寄养母姨吴家，年壮从戎，由千总随征克陈州、金门等地。康熙二十二年（1683年）随水师提督施琅收复台湾，后升为浙江提督。在浙七年，整军严肃，赈灾恤民，康熙帝授"宽惠纠桓"匾。雍正四年（1726年）退休回籍颐养天年。72岁卒。府第位于今鳌冠村东片235号当地称其为的"提督府"，为三进建筑，名为"泽家楼"。

第七章 谢姓、杨姓

第一节 谢 姓

人口排行：中国第二十四位，福建第十四位，厦门第二十位，海沧第九位，人口3690人左右。

表7-1 海沧区谢姓人口分布表

所在街道	行政村	人口（人）	派系	所在自然村
嵩屿街道	石塘	2156	祖地	
	东屿	232		
海沧街道	渐美	380		
	温厝	51		
	锦里	53		
	困瑶	37		
新阳街道	新垵	52		
东孚街道	莲花	280		
	过坂	200		
	东瑶	57		

图腾释义

谢姓是以用弓射箭为图腾。"谢"由"言"和"射"组成。"言"为替天立言，义为传天数，历法就是天道的数术。古代设有"射正"，掌管射猎，并拥有祭祀上天权力的为"谢"。

得姓由来

谢氏为炎帝神农之后，炎帝第56代裔孙姜子牙曾经于公元前1122年辅助周武王伐纣灭商，出将入相。十代以后，申伯生于周朝，为周宣王之国舅，受封于谢，即河南陈留一带，今南阳宛城，以封地为姓，乃谢姓始祖。

入闽入沧

唐朝天宝十四载，安禄山起兵，唐玄宗逃离长安。真源县令张巡、睢阳太守许远二帅死守睢阳而身殉。"安史之乱"平定后，唐肃宗对张、许的忠烈死节事迹予以表彰，并加封为"福侯公"。被石塘村民奉为神明，与石塘社先祖"廣惠圣王"谢安同祭祀。

谢安（320年－385年），字安石，东晋文学家，乃谢始祖申伯第36代后裔。383年秦军大举南侵，谢安临危受命，淝水一战，大破秦军百万师。

申伯传至七十六世四五郎，讳澄源，世居河南光州固始县，从王潮、王审知入闽，居宁化石壁溪，澄源公为谢氏"开闽始祖"。谢澄源曾孙谢伯宜（字希圣）在北宋熙宁六年（1073年）登进士，卜居龙溪九都（海澄豆港），官至尚书都官郎。秩满乞归，筑海成田，疏通九十九坑之水（今称九龙江）以灌溉。邑人蒙麻，尊其为"海澄始祖"。

石塘村 南宋绍定二八年（1233年），谢伯宜四世孙谢铭欣，号东山，由海澄豆巷卜居石塘树林兜，为"石塘始祖"。铭钦生道明、道举，道明生六子：孝、友、睦、渊、任、恤；道举生四子：荣、华、富、贵。即一传衍二，再传衍十，分十房头。自第三世起就有迁徙海内外聚居、谋生。

石塘是海沧区谢姓的主要聚居地，自谢铭钦起，今已传26代。全村谢姓人口2150人左右，分布在石塘、东坑、水头、刘山自然村。其昭穆为"东山称重望，江左旧家声，世泽千年淼，崇阶一品荣，丕承惟祖烈，致恪在宗枋，百代源流远，芝兰次第生"。现行至"致"字辈。灯号为"宝树"。

书于堂壁的字辈诗

渐美村 渐美村芦坑社谢姓人口约 380 人，其开基祖为谢永瑞（字齐江），明朝初期到此定居，何处迁来失考。裔孙分三大房，已传至 23 代。芦坑三房的昭穆为"斋正广渊，明允笃诚，忠肃恭懿，宣慈惠和"。

莲花村、过坂村 莲花村汤岸社、过坂村的谢姓，属同一派系，依汤岸"皇明景泰元年，始祖考慎思谢公、妣四德叶氏，男邑庠生良立石"墓碑看，始祖可能是谢慎思。汤岸谢氏分七房头，约有 250 人，自 12 世起，昭穆为"全起克元，江佐仕唐，振我家声，谨守辅昭，常增荣昌奕世"，现行至"守"字辈。过坂谢氏开基祖失考，据老人说，始祖生八子，四个儿子留居郭坂（今东孚过坂），四子在龙岩适中。今过坂谢氏人口约 200 人。

东屿村 东屿村的谢姓，约有 230 人左右，据族人介绍，部分是在清乾隆年间从大嶝岛迁居到此的。部份为石塘派下，已传 10 代，人口 100 人左右。

石塘六世迁居集美区曾营吴仔尾社，裔孙约 300 多人。明末，石塘东坑社七世迁灌口镇浦林剌林，裔孙约 1000 余人。同安小西门也有石塘谢姓裔孙分布。九世友公迁星中央（今浮宫镇田中央），九世却公迁居东山县铜钵村，十一世谢某迁龙海市江东坂尾等。

石塘谢氏世谱

据《石塘谢氏世谱》载，石塘九世谢却，于明嘉靖年间（1522—1566 年）因避战难迁居漳浦县铜山铜砵村（今东山县康美镇铜砵村），却公七世裔孙谢光玉于清乾隆年间从东山铜钵迁居台湾。曾任台湾地区行政机构负责人谢长廷即此派系，世系如下：谢光玉（石塘十六世，渡台一世）—建雍—升源—庆瑞—五珠—泮水—长廷（石塘二十二世，渡台六世）。

谢道明、谢道举（石塘二世祖）墓，在大屏山九棵松树下，分别由嵩屿、楼山迁葬而来，两墓葬均为夫妻合葬墓，坐东北面西南，占地约 150 平方米。

存有《石塘谢氏家乘》，清谢云鸿、谢鸿猷编，同治元年（1862 年）刻本。共 31 卷，卷一有历代修谱序言、祠堂记、目录、凡例等，卷二至五为《谱图》，另卷一至二十六为《家乘》。此谱详细记载了从南宋绍定年间至清同治年间以来谢氏家族的发展脉络。

世谱中有关谢却的记载

郡望堂号

宝树堂 东晋时期是谢族的鼎盛时期，谢家在朝廷做官的很多，可谓满门称贵，显赫朝堂。那时每日五更，天还没亮，官员就要打着灯笼去早朝，到了金銮殿后将灯笼挂在门外的树上。一日，皇帝见树上挂满了写着"谢"字的灯笼，灿烂夺目，便称赞道："真宝树也。"以后谢姓族人就以"宝树"为堂号。

祠堂家庙

表7-2 海沧谢氏家庙分布简表

祠堂名称	堂号	业主	地址
谢氏家庙	世德堂	总祠	石塘村北片 255 号
谢氏家庙	孝德堂	石塘长派长房	石塘村北片 121 号
谢氏小宗	顺德堂	石塘长派五房河尾角	石塘村南片 200 号
谢氏小宗	延德堂	石塘长派五房前郊角	石塘村北片 226 号
谢氏家庙	树德堂	石塘长派六房东坑	石塘村委会旁
谢氏家庙	种德堂	石塘次派水头角	石塘村水头社 138 之 1
谢氏小宗	述德堂	石塘次派共四方	石塘村北片 188 号之 1
谢氏家庙	仁德堂	西山角	石塘村北片 466 号
谢氏小宗	世飨堂		渐美村芦坑社 91 号
谢氏小宗			渐美村北片 89 号
谢氏家庙	宝树堂		过坂村社区
谢氏家庙	宝树堂		过坂村汤岸社

石塘世德堂 在石塘村北片 255 号，为石塘谢姓总祠。始建于清康熙三十六年（1697 年），雍正七年（1729 年）、光绪七年（1881 年）及 2009 年三次重修。祠堂坐东北向西南，占地面积 500 多平方米。前埕宽 18.7 米，深 12.5 米。抬梁式悬山顶，砖石木结构。整体布局为二堂一天井式，面宽三间计 10.7 米，通进深 22.60 米。前堂进深一间，后堂进深二间。木雕建筑构件尤为精美。门厅正上方悬有"荣禄大夫"匾，正厅神龛上方悬"世德堂"匾，另有"文进士"、"武进士"匾二方。堂内保存清乾隆

二十六年(1761年)《建立祀田碑记》和光绪七年(1881年)《重修世德堂碑记》二块。

分祠有：孝德堂、顺德堂、延德堂、树德堂、种德堂、述德堂、仁德堂。

石塘谢氏世德堂　　　　　　　　　存于世德堂的碑记

族贤

谢 翛 青礁人，字升之，唐文德元年（888年）进士。他文藻过人，其居之山因名文圃。

谢 琏 石塘人，字重器。明宣德二年(1427年)，龙溪任侍讲。升南京户部右侍郎，署部事，奉诏兼掌兵部。著有《五堂藏集》。

谢 英 石塘人，明万历十七年（1589年）武进士。明末副将，管直隶宣府张家口参将事，特授骁骑将军，升贵州威灵镇总兵，授"荣禄大夫"。

谢宗泽 芦坑人，字丽卿，明万历三十七年（1609年）举人，万历四十四年（1616年）丙辰科进士。由户曹出守长沙，公平廉威，政声显赫。升江西参政。

1810年，**谢岁**、**谢房**与**谢藕水**等领导槟城石塘谢家族人以"二位福侯公"的名义，购置乔治市20区范围内土地的第一项族业。1828年，**谢清恩**、**谢寒掩**与**谢大房**联合以"谢家福侯公"信理员的名称，购置了以后建立宗庙的现址。1858年，**谢昭盼**、**谢绍科**和**谢伯夷**等，领导建造宗祠，供奉两位乡土保护神福侯公，称世德堂谢家庙。1891年，由**谢允协**领导正式注册为谢公司，并由石塘谢氏西山、水头、霞美、前郊、后郊、河尾、顶东坑、下东坑、涂埕和下厝十个角头组成信理委员会负责一切活动事务。1912年，**谢自友**领导的信理委员会成功申办石塘谢氏家冢。1917年，由**谢四端**等所筹设的石塘谢氏育才学校开课至1945年。过去曾有数位显著的信理员如**谢自友**、**谢昌霖**、**谢丕雀**、**谢德泰**及**谢德顺**，皆是著名企业界大亨与慈善家，**谢敦禄**医生为马华政党代总会长与参议员。为纪念谢姓族人对社会的贡献，槟城数条路街命名为谢自友路、谢昌霖路、谢丕雀路、谢成金路、德顺街等。在现任世德堂谢公司主席、准拿督**谢瑞发**先生的领导下，谢公司正进行着文化转型。

第二节　杨　姓

人口排名：中国第六位，福建第十位，厦门第十一位，在海沧第十一位，人口3660人左右。

表7-3 海沧区杨姓分布表

所在街道	行政村	人口（人）	派系	所在自然村
嵩屿街道	贞庵	137	祖地	
海沧街道	后井	88		
新阳街道	霞阳	1778	祖地	
	新垵	263		
	祥露	31		
东孚街道	过坂	50		
	洪塘	37		
	芸美	42		
	后柯	38		
第一农场		30		

图腾释义

"杨"是太阳的意思，由"木"和"易"组成。"木"在这里指扶桑，"易"是"日升汤谷"的形象描写。居住在汤谷的氏族古代传说采用扶桑纪历，即五阳五阴，也就是"十天干"。汤谷中有一种水中大蜥蜴，今称之为龙，因此汤谷就以"蜴"代表，读为"阳"，扶桑也就称为"杨"。扶桑树变成了龙凤合一体。其天文历书称作《易经》。

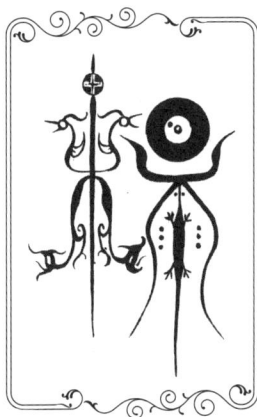

得姓由来

杨姓是蚩尤氏的后裔。

晋武公时，封次子伯侨于杨，称杨侯，是为杨姓的受姓始祖。伯侨之孙突食采于羊舌，是为羊舌氏。突之孙肸，字叔向，又称叔肸，因戴晋有功，被分封于杨氏邑（今山西洪洞东南）。其子伯石（字食我）以封邑作为自己的姓氏，人称"杨石"，又称杨食我。公元前514年，晋灭羊舌氏，伯石有子逃往华山仙谷，遂居华阴，称为杨氏，史称杨氏正宗。

入闽入沧

（一）隋开皇十五年（595年），杨翟缨后裔由华阴入闽，居福州南台。唐时分居永泰。隋末，杨秀避入闽，居浦城。唐末，裔孙杨齐宣为建安令，居浦城，为浦城始祖。

（二）唐贞观四年（630年），湖北江陵的杨胥马随舅舅荆州大将军廖轮领兵前往泰宁征剿，后胜利班师，留下杨胥与廖轮儿子廖董钊镇守葫芦二泽（今开善乡枫林和洋坑）。杨胥马落籍泰宁，为泰宁杨氏开基始祖。

唐贞观十九年（656年）浙江龙游杨绍官福州刺史，卒于任上，葬在福安飞銮峰下，其次子杨荣（文简）成为闽东始祖。

（三）唐总章二年（669年），杨统随陈政父子奉敕入闽平叛，杨统的十五世孙杨仕休系长泰陶塘洋杨姓始祖。境内现有上杨、下杨两大支脉，陶塘洋杨姓俗称"上杨"，县城后庵、坂前杨姓俗称"下杨"。

与此同时，江苏镇江杨君胄率军入闽，进屯云霄，子孙分居长泰、龙溪、南靖、平和。这一支，发展到元末明初的东坑开基祖杨丙三，已历27代，子孙较为集中地分布在福建的墨场和漳浦两大区域。而杨细秀以府兵校尉开屯漳水，为漳浦开基祖。裔孙集中居于漳浦、海澄。

（四）唐元和九年（814年），杨衡由固始入闽居福州，子孙散居莆田、仙游。

（五）唐光启二年（886年），固始王潮、王审知兄弟入闽，杨安（字安隐）在军中任军医。长子杨逸入泉，迁居晋江后洋，次子杨肃居南安朴里（又名高美村）。肃以医为职，医术高超，被封太乙真人，后裔除繁衍于南安水头、官桥外，还有一支分徙同安县。孙杨明珠任安溪县令，居安溪三洋。

唐文德元年（888年），杨海受朝廷委派，从河南弘农郡入闽，任武德场（长泰县前身）大使，是长泰县后庵杨氏宗族的开基始祖。

唐景福元年（892年），固始人杨华、杨盈父子入闽。初居福州，后迁入莆田，卜居壶公山之东。杨良入建州，五代时，长子绍大开基大田。

（六）五代后唐时，江州湖口人杨荣(字子江)，官任镛州（今将乐县）司户。杨荣任满后，在将乐县城北郊龙池团杉田里定居，成为将乐杨氏开基祖。

（七）南宋末年，江西吉水杨家庄人杨辂七子徙居外地。杨辂之孙杨安信兄弟五人，徙居福建汀州、上杭、漳州等地。杨安义、杨安信分别是上杭、漳州的开基之始祖。

（八）南宋末年，会稽杨亮节由杭州随宋幼主入闽，居漳州。后就居海澄、南安溪美、仙游郊尾。

（九）元朝末年，杨寺丞（名秩）全家从河南固始经浙江丽水入闽。先居长泰，为碧溪派开基祖。

海沧杨氏来源于碧溪派、杨亮节两派。

霞阳村　霞阳村杨姓为碧溪派，据《霞阳杨家使头公杨氏支谱》载：元朝末年，杨寺丞（名秩）全家从河南固始经浙江丽水入闽。居长泰，为碧溪派开基祖。不久，率全家定居后溪（今溪西村）。寺丞子生耕道、耕德。耕道有九子，长德宗住长房社，二子德清、四子德洞居晋江，三子、七子无嗣，五子德茂住坂山，六子德政住下庄、街路、后溪尾，八子德卿居霞阳，为霞阳杨氏开基祖。耕德住上厝社。

霞阳始祖德卿生有五子，即世家、世承、孟孙、仲孙、季孙（后三子皆无嗣）。世家、世承的儿子希礼、希易、希信、希泰，裔孙分派四房。裔孙大量分衍海内外各地，其中又以东南亚各国和台湾最为集中，所在地繁衍的杨氏裔孙有的多达万人，总人口以数千计地超过本村人数。还有迁下阳、孤单厝（属同安区西柯镇洪塘头村）人口710余人。今霞阳杨氏已蕃息25代，人口2700人。

霞阳杨姓自三世起，昭穆为"德世希永统，国邦朝道绍，文明肇应，一本昭章，允升元吉，丕振光昌，敦修孝友，秉守温良，顺时继志，长发其祥"。

杨德卿墓，为霞阳杨氏开基祖夫妻合葬祖墓，在新垵村南苏岭山顶处。

《霞阳社杨家使头公杨氏支谱》，已佚。现《同安碧溪族谱》、《弘农杨氏四知堂族谱世系图》1998年10月版、《续编碧溪杨氏族谱》1991年版，均有霞阳杨姓相关记载。

贞庵村 属杨亮节派。贞庵杨氏族谱已佚，开基祖无考，何时何地迁来不明。今已繁衍14代，人口140人左右。今依漳浦佛坛《杨氏世隆衍系族谱》记载，宋朝灭亡时，杨亮节隐居官澳（属金门）。亮节生三子，长世昌（佛细），次世耀（佛成），三世隆（佛昙）。后其幼子世隆漂泊到佛坛桥北芙蓉山麓定居。世隆生四子，即大成、大振、大秀、大诏。次子大振生子三：伯仁、伯鸿、伯常。伯常传三代至凯茂（一说凯述），凯茂裔孙加谊、加填和国秩父子（10世）带领全家人到皇亭（今贞庵）开基。时代大约在明朝末年。

郡望堂号

弘农郡 西汉时置郡，治所在弘农（今河南灵宝北）。杨震，东汉弘农华阴人，字伯起，少好学，时称"关西孔子"。历任荆州刺史，涿郡太守、司徒、太尉等职。为人"唯爱清白二字留人世，拒收黄金四知振家声"而盛传于世。"四知"因此成为杨姓的堂号之一。

祠堂家庙

表7-4 海沧杨氏家庙分布简表

何姓家庙	堂号	属何房支	地址
杨氏宗祠	植德堂	碧溪派	霞阳村村西路 189 号
杨氏宗祠	树德堂	杨亮节派	贞庵村
杨氏家庙			古楼村上瑶社

霞阳植德堂 址在霞阳社区村西路189号，为厦门市文物保护单位。始建于明代，清代及1987年重修。祠堂占地面积900平方米，坐东朝西，悬山顶，砖石木抬梁式结构。总面阔11.2米，总进深26米。

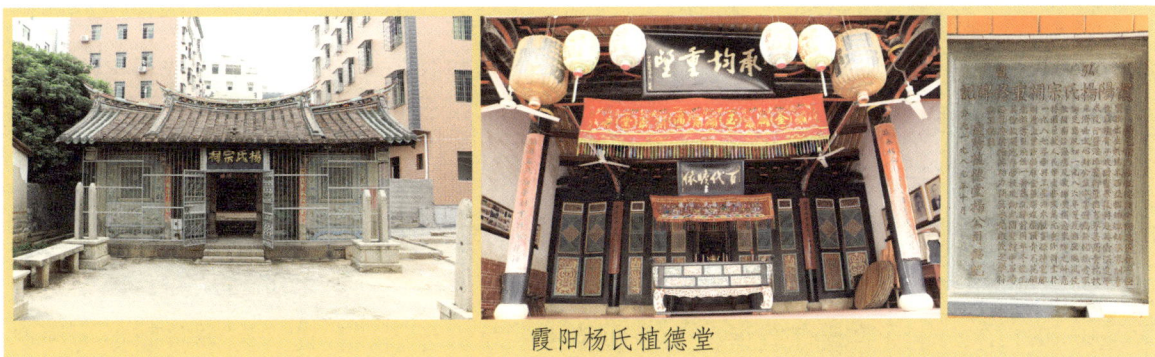

霞阳杨氏植德堂

贞庵树德堂 在贞庵村内，始建于明朝末年，1999年重修。宗祠建筑面积 800 平方米，坐东朝西，神龛上方悬有"树德堂"堂匾，堂上还悬有"兵部尚书"、"训练有方"、"慎终追远"等匾额，大厅柱有三副楹联，分别为"固始分支径数传大振宗风道脉遥承洛北，皇亭建族赖旧德宏敷化雨口碑同颂关西"、"福霑皇亭追旧德为善最乐济乡里，春绿杨厝修先业耕读传家望青云"、"碑颂芳卿功著安边靖宇扫霾云嘉锡南天一柱荡皇恩，提升宿将司福建海坛总兵兼闽浙广三省总巡明圣德。"

贞庵杨姓树德堂

古楼上瑶杨氏家庙 址在古楼村上瑶社中。建筑已部分坍塌，有精美青石门额、斗拱等，上有隶体"四知"字样。

🖋 族贤

杨 志 字崇甫，柟之子，南宋嘉定元年（1208 年）进士。知长溪县时，砌王头陀、杨梅二岭，建金波桥。秩满，升广州通判，治行卓然。词赋有声，撰《慈济宫碑记》。

杨寺丞 字懋修，号四十，河南光州固始县进士。于元末从河南固始入闽，居泉州同安县十四都下庄乡安仁里后溪保（今集美后溪镇）。寺丞生二子：长子耕道，次子耕德。

杨德卿（1313—1390） 讳有庆，号崖宾。据《杨氏谱汇》载："乡举人，任从化县教谕。"元末，随父母南下，居于后溪。后开基霞阳村，以养鸭为生。

杨国琦 霞阳人，明万历受封一品官，任大都督。

杨文科（1642—1723） 霞阳人，清顺治十八年（1661年）十月，随郑成功收复台湾。时任军士，开发台南佳里番仔寮。后杨氏宗亲陆续前往，共同经营番仔寮。今已成为番仔寮的旺族。

杨文魁（1642—1723） 霞阳人，清顺治十八年（1661年）10月，随郑成功收复台湾。时任军士，开发台南佳里番仔寮。后宗亲陆续前往，共同经营番仔寮。

杨汇溪（1852—1922） 霞阳人，字怡洪。17岁奉父命赴菲律宾从商，商余努力学经史和外语，对国学既有造诣，又精通英语、西班牙语。为此，陈谦善聘他为甲必丹公署秘书，专办文件外交。1888年创办《华报》，出版两年后停刊。1911年，在马尼拉加入同盟会后，倾家资饷孙中山革命。

杨升来 祖籍霞阳，1870年生于马来西亚槟榔屿。父兴吉，1890年创设吉远米铺。读书于大英义学，后继承父业。1922年选为华侨银行董事，1924年被封为太平局绅。历任平章会馆（槟城华侨社会最高领导组织）协理、植德堂公司财政兼信理员。

杨文升 海沧霞阳村人，邱韵香的丈夫。出生于侨商家庭，经济较为富足，是个画艺不凡的才子，师从闽南著名画家吴石仙。杨文升夫妇在文学艺术方面的成就，一时成为美谈。夫妇常与文人故友唱和诗句，"帝师"陈宝琛、近代台湾四大诗人之一的施耐公、东山著名画家马兆麟、厦门同盟会会员苏眇公等，都曾留墨题字，盛赞杨文升夫妇的才学。

邱韵香丈夫杨文升

杨昭固 霞阳人，字子贞。早年旅居仰光，商务十分发达。1904年倡办霞阳中西小学堂，从校舍至经费一概自己负责。1922年在仰光倡办杨府植德堂公司，并出任正大董。热心家乡的公益事业，在霞阳村设立高初两级小学校一所。

杨衢云（1861—1901） 原名飞鸿，字肇春，号衢云。祖居霞阳翁厝社。十岁赴香港，习英文，精技击。因受中法战争刺激，矢志革命。1892年，与谢缵泰等创设辅仁文社。1895年，创建兴中会总会，并担任第一届会长。为准备夺取广州的武装起义，杨衢云在香港筹措军饷、购运枪械、募捐会员，原因泄密而遭镇压。事败后，奔走南洋各地，遍设兴中会分会，为中国民主革命先驱。1901年1月20日，在香港寓所被清政府收买的暴徒刺杀身亡。

杨碧达 祖籍霞阳，1872年生于槟榔屿，16岁即任西商辖典目土库书记。十年

杨衢云　　霞阳村口的杨衢云铜像　　　部分宗亲在杨衢云纪念堂合影

后辞职，与林有道合作创建长利公司，经营洋货及土特产生意，开华人从事进出口批发生意的先河。20 年后，自创碧达公司，成巨富。第一次世界大战期间，受当局委为红十字会募捐员兼执行部委员，创平民工厂，筹款遣送华人回国等。先后被当局委任出口检查员、入息税顾问、平粜局义务查账，最后获封太平绅士。是马来亚总商会发起人之一，兼财政委员，是槟城植德堂公司主席。

杨元通（1894—1935）　霞阳人。读书有成后定居缅甸仰光，担任过《缅甸日报》社社长，仰光植德堂评议员。1929 年回国，在厦门创办《华侨日报》，并任社长。1935 年遇难身亡。

杨章奕（1896—1976）　又名陈剑垣1921年加入国民党。同年进上海惠灵英文补习学校学习。1926年加入中国共产党。同年秋，赴广州参加由恽代英主持的政治特别训练班，在广州参加由周恩来主持的福建军事情况汇报座谈会。会后回到家乡，11月与集美学校学生钟盛道创建中共海澄县支部（隶属中共厦门特别支部），12月，负责组建海澄县农民协会，通过举办农民运动讲习所，发动"二五"减租，掀起了农民运动的高潮。

1949年9月，海澄县解放。他出任新垵乡支前委员会主任，协助解放军征集粮草、船只，发动民众抢修道路，被评为"支前功臣"。1949年12月，以华侨代表身份出席海澄县首届各界人民代表会议。1956年被推举为海澄县政协委员，1976年病逝。

杨章熹（1909—1981）　生于霞阳村。又名纪庆、季庆，笔名宗装。幼年在家乡读私塾，1926年毕业于厦门同文学院后，进入上海劳动大学学习。1930—1936年，先后任海沧锦里小学、沧江小学、霞阳小学及崇德中学等学校董事、校长、教导主任和教员。1932年加入中国反帝大同盟，1936年侨居缅甸，在仰光峰寺小学、华侨中学任职，在渤生华侨中学任教导主任。1939年筹建面向穷苦华侨的缅甸仰华公学，自兼校长及语文教师，得到知名文化人士光未然（即张光年）、赵讽、李凌、张子明等热情支持，应聘执教。1940年加入中国共产党。1947年主持缅甸华侨中学、缅甸南洋中学、土瓦中山中学校务。1950年在缅甸南洋中学的基础上扩办南洋师范，自兼校长和政治教员。1953年回国，出任国务院华侨事务委员会海外教育编纂组组长。1956年当选全国侨联委员，1962年担任泉州华侨大学华侨史研究室顾问，并在福建医科大学教授中医古文。主要论著有《缅甸救亡教育实施纲领》、《战后缅甸教育底理论与实践》、《缅甸地理》等。

杨德元（1922—1989） 祖籍霞阳，出生香港。中学时就追求进步，在中共地下党领导下，从事学生抗日救亡工作。1937年加入中国共产党，生前先后任广东省常务副省长兼省政府秘书长、中共广东省顾问委员会副主任、广东发展银行董事长、第七届全国人大代表。

杨元荣 祖籍霞阳，香港伊丽沙白医院院长，曾受英国女王授爵。1986 年捐资12万元，在霞阳建幼儿园、修祠堂、筑村道。1990年，捐资23万元改建霞阳小学。1994年，再次捐资35万元为霞阳小学设立教育基金会。1994年病逝于马来西亚。

第八章 苏姓、蔡姓、刘姓

第一节 苏 姓

人口排行：中国第四十一位，福建第十五位，厦门第十五位，海沧第十二位，人口3630人左右。

表8-1 海沧区苏姓分布表

所在街道	行政村	人口（人）	派系	所在自然村
海沧街道	温厝	285	祖地	居山后社
	困瑶	32		
	青礁	44		
新阳街道	新垵	177		
	祥露	31		
东孚街道	莲花	57		
	山边	49		
	过坂	50		
	洪塘	155		
	凤山	370	贞岱派	
	贞岱	1504	祖地	
	东瑶	211	贞岱派	
第一农场		94		

🕉 **图腾释义**

苏姓是炎帝族彤鱼氏族称，祝融八姓之一，由"禾"、"苗"、"鱼"、"火"组成。神农氏半农半渔,因而从"鱼"、从"禾"、"苗"。炎帝以火和太阳为主图腾，传火种，观火星和龙心宿大火，所以苏又从"火"，为炎帝嫡传。

得姓由来

苏姓是黄帝氏族的后裔。

黄帝之孙帝颛顼高阳的后代昆吾之子樊，封于苏（今河北临漳县），夏代末年为诸侯伯，是苏国的始封君。西周时，有司寇忿生，受封于苏国，后迁于温邑（今河南省温县西南）。春秋时，苏国被狄（我国古代对北方少数民族的统称）人攻灭。苏国的后裔就以国为姓，其得姓始祖为苏忿生。

入闽入沧

（一）高宗总章二年(669年)，陈政父子奉敕入闽平叛，率领固始五十八姓入闽，随行有苏道将军。其裔孙分布待查。

（二）唐末光启二年（887年），固始人苏义（大郎）带二弟羡、益，随王潮经江西，由汀漳入泉州。苏氏兄弟驻温陵城隍庙。六年后，潮继而攻占福州，拨以前军将分镇四处。苏义戍守南安二十都涧埕关灵感里阜阳谷口（康美霞舒），传南安阜阳苏氏。分衍南安、惠安、永春、德化等县。苏羡居永春毗湖。苏益世居云台（槐市苏埦一带），三子光海五代后梁天福七年（942年）继承父职，为都统军使。后晋开运元年（944年）家居同安葫芦山下，传同安芦山苏氏。始祖仍尊苏益。后又分居于安溪、衡阳、永定等地。

海沧苏姓主要分布在海沧街道温厝村和东孚街道贞岱村，均属芦山派。

温厝村山后社　属芦山衍派，北宋宣和六年（1124年），芦山始祖苏益六世孙苏颐（字宋杰，号碧溪，苏颂第四子）开基青礁（今属海沧区），当时始祖母王氏，年仅21岁，有遗腹。后生圭，圭生竦，据说苏竦（青礁三世）开基温厝山后，竦生溥、沛（迁居格林，今属港尾镇）。溥传二子，长子椿，次子朴。其世系如下。

表8-2　芦山衍派世系表

1世	颐	开基青礁
2世	圭	开基田厝窟
3世	竦	开基温厝山后
4世	溥	**沛** 居港尾格林

5世	朴 开虎渡		椿				
6世	文焕	文发 衍 45 社	文灿		文育	文炜	文烨
7世			佛通	佛赐			

苏椿传四子（六世），长文灿、次文育、三文炜、四文烨，俱守祖。苏椿裔孙，今居温厝村山后自然村，已传至 35 代，人口 370 人左右。

温厝山后开基祖苏竦墓，原在第一农场覆鼎金，1990 年迁温厝村山后社大观山。

贞岱村 苏朴在南宋期间，由青礁避居虎渡（今属龙海市东泗乡），始为虎渡开基祖，承父择补承务郎。苏朴娶进士郑申舜之女，生文焕（八二宗簿）。郑氏亡后，再娶何氏，生文发（八三府君），繁衍四十五社。文焕生佛京、佛祖后，分居东孚街道贞岱村。其世系如下。

表8-3 苏朴裔孙世系表

1世	文焕 开基贞岱				
2世	佛京				佛祖
3世	八郎			九郎 迁大岭	
4世	正言		执言		
5世	秉五		立五		
6世	十一官	十六官			
7世		乾毓			
8世		启盛			
9世	国 顺 迁深青	国 靖 贞岱	国 祯	国 章 迁永定	

苏文焕开基贞岱后，传至四代秉五登进士，建追远堂。文焕公孙九郎迁大岭（属灌口），第八世启盛登进士，建小宗郁文堂。九世长房国，顺明弘治年间分居深青，国顺裔孙苏隐炉于清康熙年间分居凤山(传十代)。今文焕的裔孙集中在东孚街道贞岱、深青、凤山三村，另东瑶、山后也有后裔，已繁衍 26 代，人口约 4000 人，其中，贞

岱约 1600 人，凤山约 400 人，深青约 1100 人。苏文焕墓，葬在仙山。

贞岱苏姓昭穆为"文佛郎言五，十乾启国崇，潜龙恒允用，奕世振家风，孝友承宗志，诗书迪俊英，伯仲和叔季，科甲永联登。"现传至"书"字辈。

存有《贞岱苏氏录存》，为同治年间木刻本。另有《同安苏氏族谱》，不分卷。

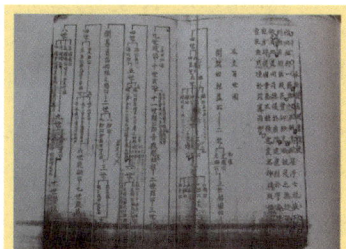
贞岱苏氏谱支书影

郡望堂号

武功郡 战国时期孝公置，治所在今陕西眉县东。

芦山堂 北宋时，苏芦山发明了世界上第一台天文钟水运气象台，集观测天体、演示图象与自动报时于一体，比欧洲人发明的时钟早了600年，被誉为中国时钟祖师。故苏姓以"芦山"为堂号。

祠堂家庙

表8-4 海沧苏氏家庙分布简表

何姓家庙	堂号	属何房支	地址
苏氏家庙	孝慈堂	苏竦派下	温厝村山后 107 号
苏氏家庙	绍珪堂	文焕派总祠	贞岱村中区 36 号
苏氏家庙	追远堂	文焕派下	贞岱村 3 组灯光篮球场旁
苏氏家庙	郁文堂	文焕派下	贞岱村 3 组灯光篮球场旁

贞岱昭珪堂 为贞岱苏氏祖祠。址在贞岱村中区 36 号，1664 年始建，咸丰七年（1857 年）、光绪己亥年（1899 年）重修，最近一次重修在 1994 年。建筑面积 416 平方米，占地面积 1416 平方米。其建筑风格独特，祠堂座北朝南，南面却没留门，改开二窗，大门开在西边。据说，因祠堂得虎之穴，大门不宜直冲神龛，以保其风水，造福裔孙。祠中楹联"绍馨翰苑诗书盛世祖德历千秋，珪碧辉煌科甲联登宗功传万代。"

孝慈堂 址在温厝村山后社107号，始建年代不详，现为二进建筑，硬山顶，燕尾脊。门厅面阔三间，凹寿门，大门上悬"苏氏宗祠"匾。前厅左右墙上嵌有"重建孝慈堂碑记"两方。正厅为敞厅形式，中为神主龛，上悬"孝慈堂"。左右稍间上各悬"芦山衍派"、"一门三科第"匾。

贞岱苏氏绍珪堂

山后苏氏孝慈堂

族贤

苏宗正 北宋宗正簿检校。

苏竦 字廷仪，南宋龙溪县青礁人。庆元五年（1199年）进士，授肇庆府推官。天性好学，通经史，对《易经》、《礼记》有深研，求教者络绎不绝。葬于木楼岭。

苏溥 字渊夫，一字节夫号良思，南宋龙溪县青礁人。嘉定十三年（1220年）进士，授柳州教官、光泽县知县。后转广西任职。葬于木楼岭。

苏民俊 海澄人，明万历二十年（1592年）进士。

苏未观 清代同安县积善里人。清康熙十九年（1680年），往永春贩布。夏天谷贵，斗米一金，他在永春将资本尽数散赈。又施棺百具，以殓饿殍。捐资修葺厦门新路渡头坏，又倡修深青桥，行人便之。

第二节 蔡 姓

人口排行：中国第四十四位，福建第十一位，厦门第十位，海沧第十三位，人口2770人左右。

表8-5 海沧区蔡姓分布表

所在街道	行政村	人口（人）	派系	所在自然村
嵩屿街道	东屿	59		
	钟山	1600	祖地	
海沧街道	渐美	194	钟山派下	
	温厝	51		
新阳街道	霞阳	57		
	新垵	36		
东孚街道	莲花	67		
	山边	90		
	过坂	122		
	洪塘	58		
	凤山	67		

图腾释义

蔡是炎帝氏中以长尾鸟为图腾的氏族。蔡图腾由两只鸟的图形组成，左边的鸟代表炎帝的丹凤，即山雉。右面的鸟是蔡的本字，是具有司天权的氏族。

得姓由来

蔡姓是炎帝后裔，周公封文王孙胡于蔡，称蔡钟，子孙以国为姓。

大多数蔡姓都尊叔度为远祖，郑樵《通志·氏族略》载："蔡氏，文王第五子蔡叔度之国也。自昭侯以下，春秋后相承二十六世，为楚所灭。子孙以国为氏。"蔡氏出自姬姓，叔度，周初"三监"之一，周文王第五子，周武王之弟。武王克商之后，叔度受封于蔡（今河南上蔡县），史称"蔡叔"。武王让蔡叔与管叔、霍叔三人共同监管武庚（商纣王之子），教治殷民，称为"三监"。武王去世，周成王年幼继位，由周公旦临朝摄政，蔡叔与管叔等不服，联合武庚一起叛乱。被周公平定后，蔡叔被放逐。以后，周成王又封蔡叔之子胡（仲）于蔡。蔡国立国约600年，公元前447年被楚国所灭，蔡国遗民仍以国为姓。

蔡勋，汉平帝时的郡令，王莽篡汉后，携带家眷逃到河南固始隐居，成为"济阳"蔡氏的南迁之祖。蔡谟，东晋时避乱渡江，卜居于丹阳。亦被尊为南迁上祖。

入闽入沧

蔡氏入闽始于唐朝，有多源之说。

（一）据清乾隆名臣蔡新（漳浦人）为莆田瀨溪蔡氏族谱写的序文中说：蔡于吾闽称著姓，宋明以来，在建阳者，多祖牧堂西山；在莆泉者，多祖忠惠。吾漳则祖蒙斋公讳元鼎者为多，由蒙斋而上，在漳郡为武德将军（右卫将军），在漳浦云霄为长眉公。皆自光（州）固（始）入闽，为开漳始祖，世次远不可稽。

（二）闽北的始祖为蔡炉，唐天复二年（902年）择居建阳麻沙，其裔孙蔡元定（四世）即西山，为南宋著名理学家。

（三）莆田、泉州一带的蔡氏多为蔡襄裔孙。它的上源一般取蔡君智之说。唐朝光启元年（886年），君智之子用元、用明，随王潮、王审知兄弟率众从河南固始入闽，举家迁居闽之泉州。初为同安人，后卜居仙游赤湖蕉溪（今仙游县枫亭东宅村）。长子用元为莆田一世祖，其四世孙蔡襄（赐谥"忠惠"）任泉州知府，建洛阳桥。次子用明(名辉，号一翁)，后迁居晋江青阳，为晋江蔡氏一世祖。

（四）开漳始祖"在漳郡为武德将军，在漳浦云霄为长眉公"，可能就是德轩、德明兄弟。唐高宗仪凤元年（676年），漳州一带"蛮獠啸乱"，陈元光带领家乡五十八姓，共万余人前去平乱。留下名字的军官中有府兵校尉蔡或（号长眉），字德轩，居云霄今火田镇，经五代至元鼎（蒙斋），由云霄迁漳浦。其弟一郎，字德明，在军中为武德将军（据说墓碑刻为右卫将军），先居龙溪县二十九都洪岱（今龙海市角美镇洪岱村）。其九世孙蔡文烈在宋朝初期迁徙龙溪县二十九都沧洲（今属龙海市角美镇洪岱蔡店）。

（五）开基闽南蔡氏还有蔡允恭之说。蔡允恭，字克让，唐初太宗时以参军兼文学馆大学士，官至太子洗马。后因与萧禹意见相左，年老被贬至福建，其子蔡铠随之入闽。始居仙游，寻迁泉州五店市（青阳），再迁新恩里屿头（今属海沧区贞庵村），并卒业此。至南宋末年，帝昺被元兵追赶到嵩屿时，"欲抽兵航海赴广，居民不从，兵尽屠之"，蔡氏裔孙仅存数人，被迫四散。今漳浦、石码、安海、灌口之蔡氏有采此说。

（六）闽西的客家各县尊南宋蔡福粤为始祖，其来源有河南南迁、蔡元定四世孙、蔡襄四世孙三说。

海沧蔡姓以钟山、渐美两村最多，钟山蔡氏元朝初入住，渐美蔡氏出自两源，部分属钟山派，部分为安溪派。

钟山村 有蔡德明、蔡允恭二说，目前仍尚未定论。今采用蔡德明说，蔡德明在唐高宗仪凤元年（676年）居龙溪县二十九都洪岱（今龙海市角美镇洪岱村），传九世至文烈公，在宋朝初期迁徙龙溪县沧洲（今属龙海市角美镇蔡店）。

钟山开基祖蔡介山（字景福）疑为文烈公裔孙，在龙海市角美镇洪岱乡蔡店蔡氏宗祠里的《重修崇本堂小引》（光绪四年，1878年立）中有"肇桂偕弟纯泰、阮生、光约、琴诗、维都、粒生、忠训、时仰、谨伦、九生、相官、钟林美房共捐银一白零二员。"修建崇本堂祖祠是裔孙应尽义务，钟林美（钟山村旧称）房捐银列在碑中，可证钟山蔡氏应属蔡店蔡氏裔孙。

元朝初期，蔡景福原居鳌冠蔡岭，因居在大屏山东

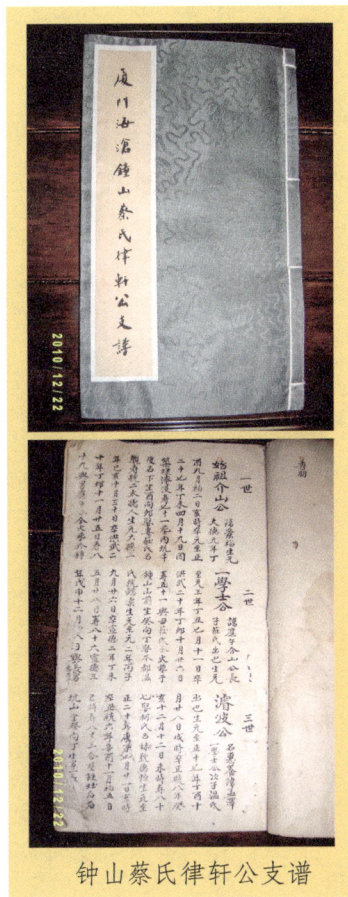
钟山蔡氏律轩公支谱

203

面的缘故，恐子孙早昏早息成惰性，便迁居大屏山西侧的钟山村，以养鸭为生，生应午、应申（外出）；应午（字学士）生子三：慈养、惠养（字潘波）、真养，分衍成今钟山三大房。钟山蔡氏（二房潘波之孙秉规后裔）分衍渐美、南安安海、龙溪水头、漳浦东门、南靖文时、北京观音胡同等地。裔孙已达24代，人口约1600人。

钟山蔡姓 1—15 世昭穆为"福（介）应（士）养（波）生（皓）本（庵），高（轩）威巨克荣，肇国秀特宜"。钟山蔡氏始祖景福公墓，墓葬在距今马青路西北侧的内坑牛皮石下。

今存有《钟山蔡氏谱》，律轩公支谱，手抄本。世序从一至十五世。

渐美村 渐美村的蔡姓有两支，其一是钟山派，钟山景福公次房四世孙秉规公分衍，人口约 100 人。其二为安溪派，清朝中期，安溪龙门蔡某（名失考）落户渐美，裔孙分景仔、雁仔、百仔三大房，今传八代，人口约 100 人。

郡望堂号

济阳郡 在今兰考、民权一带，魏晋南北朝时期，蔡氏在此形成望族。东汉大文学家蔡邕的家族是当时济阳有名的世家大户，在他之后，有三国时魏尚书蔡睦、晋朝大司徒蔡谟、南北朝刘宋史部尚书蔡兴宗等。一直到唐朝初年，蔡氏家族名人辈出，成为济阳望族。

祠堂家庙

表7-4 海沧蔡氏家庙分布简表

何姓家庙	堂号	属何房支	地址
蔡氏家庙	毂诒堂	祖地	钟山村 559 号
蔡氏家庙	济阳堂		渐美村
蔡氏家庙	隆诒堂		渐美村西片 172 号

钟山蔡氏縠诒堂　　　　　　　　　　　钟山縠诒堂碑记

钟山縠诒堂　址在钟山村 559 号，始建于清代，光绪八年（1882 年）、民国 28 年（1939 年）、2001 年重修。占地面积约 150 平方米，坐东北朝西南。祠前为月池，祠堂抬梁式砖木结构，悬山布瓦顶，高约 8 米，整体布局为二堂一天井式。通面宽三间计 10 米，总进深 15 米。大门两侧有日月台，开五门，大门上有葫芦体"鹤算龟年"四字，大门内石刻楹联："派分光州固始，家奠圭海钟山。"前堂进深一间，正堂进深三间。堂内梁枋、斗拱等皆施彩画或雕饰花卉。右壁中嵌清光绪八年 (1882 年) 孟冬重修《钟山蔡氏縠诒堂碑记》。

族贤

蔡景福（1297—1367）　字介山，元代人，为钟山蔡氏开基始祖。因筑埭堰而故，葬内坑牛皮石下。

第三节 刘 姓

人口排行：中国第四位，福建第九位，厦门第十六位，海沧第十四位，人口2240人左右。

表8-7 海沧区刘姓分布表

所在街道	行政村	人口（人）	派系	所在自然村
海沧街道	温厝	126		马垄
新阳街道	霞阳	115		
东孚街道	山边	30		
	寨后	99	后埔派	林后
	洪塘	74		
	凤山	232	祖地	后埔、乌石埔
	贞岱	25		
	东瑶	174	后埔派	下尾
第一农场		46		

图腾释义

刘姓图腾由"留"和"长者持刀契刻"构成，"留"由"卯"和"田"组成，"卯"为春天的天门，简作春门，"田"为立主表天竿的天象台叀（读惠），"留"后来演变为"刘"。图腾意为一位长者持刀契刻构成春天和秋天天气到达地球的运行规律。"卯"与天竿建木结合称作"柳"，其氏族称"相柳"。炎帝裔刘累为得姓始祖。

得姓由来

刘姓是炎帝时燧人氏的后裔。

（一）源于祁姓　上古尧帝的后裔祁氏被封于刘国（今河北唐县），其子孙以国名为姓氏。史称刘氏正宗，是为陕西刘氏。

（二）出自晋国士氏　西周初，武王崩，成王立（公元前1021年），周公辅政，唐国国君（尧帝裔孙刘累后裔）协同殷国武庚一起作乱，被周公诛。把唐国国君改封到杜原（今西安市南杜陵）建杜国，最后一任国君杜伯，于周宣王时无罪被杀，杜伯之子杜隰叔逃到晋国任士师之职。后以官职为氏，称士氏。战国时代，韩赵魏三家分晋，一支士氏裔孙奔走到秦国。秦朝时，复刘氏，汉高祖刘邦就是他的后代。

（三）源于姬姓　周定王将刘邑（今河南偃师）封给他的弟弟姬季子做领地，其后裔以封邑名称为氏。另说是，东周时期，周匡王姬班封其小儿子到刘邑建立刘国，号称刘康公。其后代也以国为氏，是为姬姓刘的又一来源。

入闽入沧

（一）三国时期，东吴孙权用武力征服了闽越。尔后，东吴人氏（含刘姓），从会稽（今浙江绍兴市）经浦城，就到闽北、闽东和闽中开发繁衍，唐高宗总章二年（669年），陈政、陈元光父子率领的五十八姓含有刘姓士众。战后在漳州、龙溪、云霄、漳浦定居繁衍。如府兵校尉刘举。

（二）唐天宝八载（749年），刘韶（字虞乐，号仪廷）贬为泉州别驾，殁于任所。副室为莆阳人氏，生育四子，分别开居莆田、仙游、惠安和永春县。其子刘友与家属舆榇北归，来到莆田涵江地界，时因安禄山之乱所波及，地方动荡，道路梗阻，刘友乃胥宇而家于涵江之西坂。后择吉，葬其父刘别驾于莆田兴教里梧仑西洋地，即今之瓦窑山，人称"刘墓"。而其后裔子孙分支莆田、仙游和秀屿等地，又分惠北之圭峰、峰尾和土坑等地，以及惠安之东岭一带。

（三）唐末光启元年(885年)，固始人王潮、王审知兄弟率众起义，举兵南下。刘在之子刘昌祖入闽后，居福州凤岗一带，后裔繁衍，形成著名的福州凤岗刘姓；唐天祐四年（907年），光州大都督刘楚奉诏，率三子（翱、翔、圙）入建州（今福建南平为官，为建州刘氏开基始祖，其裔孙刘錡居安溪祥芝大堡开基，九世嫡孙辰治公移居洛阳桥南，为洛阳派；闽西刘氏开创于宋末元初，居于虔州（现江西宁都县，北门外获护塘）的刘韶传至刘兴汉，名九郎，生六子，长子千十郎，为上杭官田开基始祖。

海沧刘氏有三支派：

凤山村后埔社 上源属莆田涵江派。刘韶后裔子孙一支移居海澄，明朝初年，刘四极从海澄南门外内楼迁居东孚后埔（时称玉塘，今属东孚街道凤山村）。刘四极裔孙世系列表如下。

表8-8 刘四极裔孙世系列表

1世	四极							
2世	灿塘		辉碧 居窑头、石兜	耀环				
3世	德瑞 居凤山，部分居石浔	仁瑞 居凤山，部分居漳浦	辅瑞		履义 居马埭	蹈义 居东瑶霞美	体义 居充龙	喻义 居锦宅

刘四极有三子，二子辉碧裔孙分衍窑头、石兜，三子耀环裔孙分居马埭、霞美、充龙、锦宅。而长子灿塘有子三：德瑞、仁瑞、辅瑞，即分三大房。灿塘的裔孙除外迁石浔、漳浦外，留在后埔的裔孙分布在凤山村的后埔、乌石埔，东瑶村的下尾溪和寨后村的林后。今已传至26代，人口约250人。明正德年间刘铁山，讳恭，字大受，从后埔携眷定居同安在坊里东桥五甲村。其子刘存德，为嘉靖十七年（1538年）进士，官浙江道御史。刘存德在东桥建府第称"结毵堂"（已拆）。子梦松、梦潮皆进士，弟存业贡生。分堂号"沂东"。其五房迁县口，昭穆只记得五字，即"佳光天地春。"

后埔刘姓自17世起，昭穆为"积善传家，文源衍派，迪德敦和，保世滋代"。存有《玉塘刘氏族谱》，清宣统二年（1910年）抄本，代数编到22代。

温厝村马垄社 属莆田派。元朝末年，始祖刘汝实从海澄内刘随军来到温厝村马垄开基。汝实生五子，裔孙分三大房。今已传至28代，人口250人。裔孙多往泰国贩洋，有后裔迁新垵村。

霞阳村 无族谱，始祖名失考。据族人口传，明朝时从南安东田迁来。裔孙人口150人左右。无祠堂。

郡望堂号

彭城郡 西汉时设立，当时将楚国改为彭城郡，后又改为彭城国，治所在彭城。

祠堂家庙

表8-9 海沧刘氏家庙分布简表

何姓家庙	堂号	属何房支	地址
刘氏家庙			温厝马垄社 277 号
刘氏家庙		莆田涵江派	凤山村后埔社
刘氏家庙			东埔社区东区

马垄刘氏家庙 地址在马垄 277 号。光绪二年（1876 年）重修，1991 年有过修葺，占地面积达 1100 平方米，庙内的匾额、楹联均于文革期间遗失。

温厝刘氏家庙

族贤

刘 雄 字逸圃，明代同安县积善里人。正统十三年（1448 年），尤寇从漳州攻同安县，他组织乡勇迎击，被杀。同安县令将他的尸骸葬于本里龙亭岭。

刘存德 字至仁，号沂东，明代同安县东孚后埔人，居城内东桥。嘉靖十六、十七年（1537—1538 年）联第进士，授官行人，掌管奉使、颁诏、册封等事。在江南任浙江道御史时，巡视两淮，上疏调储备粮赈济贫民。巡视应天府（今南京）时，其师潘少宰（时任南吏部侍郎）门下子弟犯杀人罪，依法逮捕处决，人称"铁面御史"。后任松江知府，大旱多年，他奏准松江分三年清纳欠赋。升浙江按察副使，统管嘉湖诸军，一举斩倭寇 130 名。不久，调任广东海道兼番市舶提举司，平息许朝光叛军。功绩显著，却遭到各方嫉恨，最终被迫返乡。71 岁卒。著有《结毲堂遗稿》十卷。

刘梦松 字国夏，号璘苍，存德长子。万历十六年（1588年）举人，二十三年（1595年）进士，历国子监助教、刑部主事、台州府太守、江西按察副使。任职未满，辞归。

刘梦潮 字国壮，号海若，存德次子。万历四十七年（1619 年）进士，先后任南昌县令、礼部仪制司主客司，广西副使等职。在广西时，分守苍梧，卒于任上。著有《易义画前稿》行世。

刘梦骀 字国成，号应南，明代同安县后埔人，居城内东桥。十四岁为诸生，善文词，许多达官贵人的序文多出其手。与洪朝选有姻亲，在洪朝选冤案中受牵连而逃难。待洪案平反后，杜门不出，著有《天马更生集》二卷。

刘梦龄 字尔三，同安县后埔人。顺治十五年（1658 年）进士，授开封府推官。以执法严明，升龙州州判，历官三十载一清贫如洗。后父逝世归乡。

刘宗魁 海澄三都温厝马垄人，天启二年（1622 年）武进士，浙江都司。

刘球瑛 字子玉，号惠庵，清代同安县积善里塘源人。康熙八年（1669 年），由优贡到华亭县做官。由县丞，升为知县。在华亭九年，勤政爱民，以俸代缴贫者田地粮。某年饥荒，赈灾入不敷出，他卖家产助资，救活百姓。卒于任所，当地为他立生祠。

第九章 庄姓、柯姓、胡姓、欧阳

第一节 庄 姓

人口排名：全国第一三八位，福建排名第二十六位，厦门排名第二十二位，海沧第二十一位，人口1300人左右。

表9-1 海沧区庄姓分布表

所在街道	行政村	人口（人）	派系	所在自然村
新阳街道	新垵	71		
	祥露	824	祖地	
东孚镇	山边	38		
第一农场		55		

图腾释义

庄，"大也"。古时"庄"、"壮"通用。表示强大、壮实、粗壮之意。

得姓由来

据《姓氏考略》中记载，庄姓来源出自（颛顼帝之后）芈姓。春秋楚国王族之后，楚王芈旅去世，谥号为"庄"。楚庄王后裔，以此谥号为姓。汉代出现过一次易姓，汉明帝避刘庄名讳，庄姓在汉明帝以后改为"严"姓，《姓氏考略》："汉明帝讳庄，故庄氏或改为"严"氏。"魏晋南北朝时，有严姓复祖姓"庄"，故历史上有"庄严一家"之说。

入闽入沧

光州固始县玉融村人庄森，字文盛，唐感宗年间中甲榜授官黄门都监，有功绩。唐僖宗光启二年（886年），庄森随其舅王潮、王审知兄弟入闽，定居泉州府永春县桃源里善政乡蓬莱，为庄姓入闽开基始祖。庄森生四子：韦、章、中、申。长子韦裔孙分居广东深圳等地，次子章居惠安龙田古县，三子中迁晋江洛阳改曰浔，四子申居永春桃源。

庄森传至九世曰庄夏，字子礼，号藻斋，宋淳熙辛丑登进士，赠爵少师。居晋江，为官有德政。南宋甯宗皇帝御笔赐庄夏祖父庄观的墓之所在为"锦绣山"。庄氏灯号原为"天水"，自此，庄森衍派灯号改为"锦绣"。

庄森十二世庄祐孙，号古山。宋绍定三年（1230年），庄祐孙爱青阳（今属晋江）山水之秀，于是买田筑室于其间，是为青阳始祖。祐孙生五子，长公哲分居同安，次思齐、三公茂仍居青阳，四公望分衍居漳浦凤田（今龙海市榜山镇田边村），五公从居潮州。今厦门庄姓属青阳派。南宋末年，祐孙长子公哲携母分居同安，先住东市、潘土，再迁县城坊北隅。

庄祐孙六世孙庄勤励，字允畴，讳仙福，生于洪武二十五年（1392年），四岁失怙，事母以孝，事兄以恭，有大志，于书无所不读。明永乐十四年（1416年），由坊北隅移居城外西桥之祥露乡，为开基两祥露始祖。

祥露村 勤励公外家周氏在鼎美黄林保。永乐十八年（1420年），勤励公乐其山水之秀，复营居置业，规模与城西祥露相当，故其地名也称祥露。民间为方便区分同属同安县的两祥露，将离县城较近的西桥祥露称为"顶祥露"，将离县城较远的鼎美祥露称为"下祥露"，或称过"水祥露"。

庄勤励生八子，因幼尚谦少殇，故分宗七个房派，其中长、四、六、七等四房派定居下祥露（今海沧区祥露社区），二、三、五等三个房派定居顶祥露（今同安区西桥头）。在下祥露的四房是：长崇一（金房）、四崇周（竹房）、六崇仁（土房）、七崇辅（革房）；顶祥露的三房：次崇德（石房）、三崇义（丝房）、五崇威（匏房）。至庄祐孙十二世孙致政，同姚姚氏从同安入晋江锦宅开基。锦宅庄氏，今人口900多人。

今祥露庄姓人口约900人，约占全村人口的75%左右。祥露庄氏裔孙由庄再添、庄勤励兄弟所传。庄勤励分衍长福崇一（金房），四福崇周（竹房），六福崇仁（土房），七福崇辅（革房），今已传21代；庄再添是勤励的长兄，明永乐年间迁安溪坪内，称竹树派，其裔孙明铁、明标迁居祥露。

自海沧祥露二世起，昭穆编次为："崇魁国惟，尧时振伯，大尔彦士，浚哲文明。温恭孝友，厥德永修，清芬世守。"共二十八字，现已行至二十二世。今又新编昭穆为：忠贤志坚，诚善惠泽，华景昭灿，嘉瑞传辉，源海鸿昆，荣基兴展。

现有1924年庄银安编《鼎尾祥露庄氏族谱》，另有同安祥露庄氏族谱修纂委员会1995年编的《厦门市同安县锦绣祥露庄氏族谱》。

勤励公墓，在鼎美文圃蜈蚣山下。座西南朝东北，龟型墓。墓座花岗岩质巨碑云："佳城坤艮，庄公生坟偕周氏，荫亿子孙。"

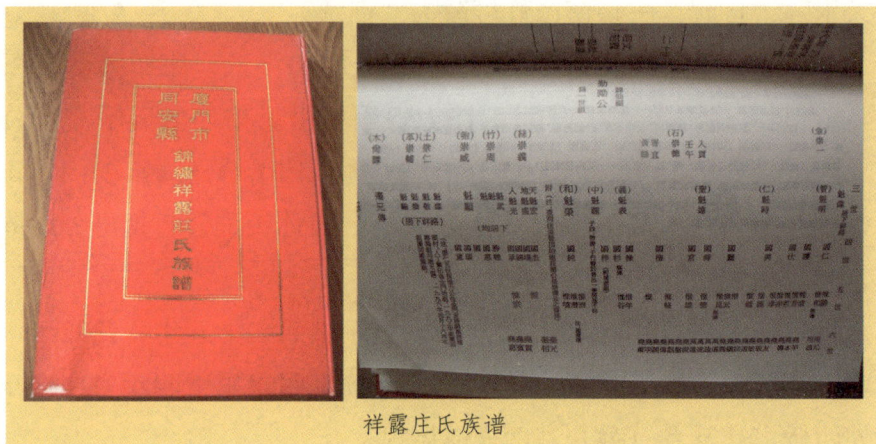

祥露庄氏族谱

郡望堂号

天水郡 西汉初始置郡，相当于今甘肃省天水、陇西以东地区。

锦绣堂 开闽始祖庄森九世孙庄夏，居官有德政，南宋甯宗皇帝赐其建第於泉州府城，将其故乡鬼笑山御笔赐名为"锦绣山"。庄姓堂号"锦绣"由此来。

祠堂家庙

表9-2 海沧庄氏家庙分布简表

何姓家庙	堂号	属何房支	地址
庄氏家庙	怀恩堂	总祠	祥露西片 191 号
庄氏家庙	崇敬堂	长房	祥露社区东片 176 号
庄氏家庙	五福堂		祥露社区篮球场边
庄氏家庙	述志堂	四房	祥露社区尾厝

庄氏家庙		六房	祥露社区西片 325 号
庄氏家庙	茂德堂	七房	祥露社区西片 237 号

祥露怀恩堂 即祥露庄氏总祠堂，址在祥露西片 191 号。始建于明永乐年间，屡有兴废，清同治十二年（1873 年）重修，2005 年重修，2007 年 12 月建成。占地面积 511 平方米，座南朝北，三开间二进，歇山顶建筑。正堂上悬"会元状元"匾，堂上楹联为："祥来百世海骄溪西，各奠方隅聚国族；露濡七朵兰芽桂萼，永蕃奕叶为馨香。"西墙上有同治年间《重修怀恩堂碑记》一块。为厦门市文物保护单位。

祥露庄氏怀恩堂

族贤

庄仙福（1392—1479）字允畴，谥勤励。为同安两祥露始祖，作有《家训十则》留世。

庄清建（？—1916） 生于祥露村的一个贫困的家庭。幼时入塾学，19 岁时结婚后下南洋讨生活，先后到暹罗通扣坡（今泰国的普吉府）、马来亚吉打。他勤劳、守信，深受华人头家的信任，从起初经营杂货店到经营吉打州鸦片和赌博饷码的垄断权，成为巨富。任"华商俱乐部"主席、"福建公会"前身"福寿宫"的总理，以及吉打市政局代表华社的议员。移居槟城后，庄氏家族投身槟城的米较业并获成功。

庄天来 字哲松，同安下祥露人，生于清光绪年间。从小南渡菲律宾谋生，是旅菲庄氏宗亲总会的创始人。经商致富后，不忘回报家乡，于民国初年携巨款返回家乡建业。1917 年独资兴建同祥小学。直至辞世后，由其四子庄缦星秉承父志，坚持至解放后由人民政府接办为止。

庄银安（1855—1936）字吉甫，号希复，同安下祥露人（今新阳街道），为海沧祥露十四世孙。年轻时南渡缅甸经商，1903 年参与创办中华义学和益商学校。1908 年发起组织中国同盟会缅甸分会，被推为会长。1909 年创办《光华报》，任经理，宣传民主革命思想。1910 年12 月，在槟榔屿与陈新政等人创办《光华日报》，继续宣传民主革命思想。1911 年被推举为南洋各埠中国同盟会总代表，回厦门策动起义。厦门光复后，任厦门参事会议长，兼财政长，主持筹饷局，同时被省首任都督聘做顾问。被誉为"民国元勋"。二次革命失败后，不满时政辞职，重返仰光经商。晚年回乡颐养天年，寓所自题为"映碧轩"。曾应聘为福建省侨务委员会委员。

庄光辉 祖籍祥露村，20 岁出任亚罗士打米绞经理，24 岁任大山米绞经理。第二次大战后自创东升米绞。热心文化教育事业，赞助并出任槟城明新学校董事长。第二次大战后，购买两英亩土地献给华民小学，并由董事会同人筹款两万余元完成扩建计划。1946 年，任华侨中学董事长后，兴建新校舍及科学馆，常为家乡的祥露小学捐资捐物。

庄银安　　　　庄银安故居

怀恩堂匾

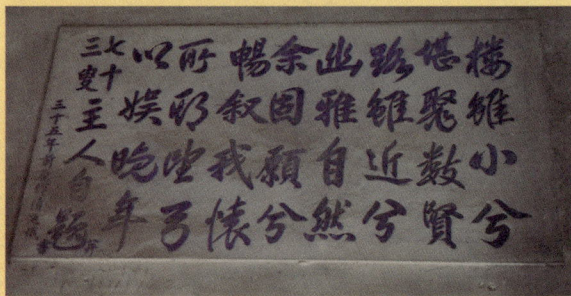

庄银安手迹

第二节 柯 姓

人口排名：全国第一八八位，福建第三十八位，厦门第二十四位，海沧第十七位，人口1800人左右。

表9-3 海沧区柯姓分布表

所在街道	行政村	人口（人）	派系	所在自然村
嵩屿街道	东屿	896	祖地	祖地
新阳街道	新垵	73		
东孚街道	芸美	36		
	后柯	489	祖地	祖地

图腾释义

柯的本义是斧子之柄，也引申为握住斧子用来伐木。柯也是古人用的一种器皿，用来盛饭。

得姓由来

源于姬姓。柯氏始祖仲雍（虞仲）是吴国的第二任君主，为周武王的叔父，周成王与诸侯会盟于柯山，指山为姓。传至第四世孙柯卢，为了纪念曾祖父柯相会诸侯柯山之盛典，确定本氏族后裔正式以先祖名为姓，称"柯氏"，尊柯相为得姓始祖。而以"洛阳"为堂号。

入闽入沧

唐僖宗光启二年（886 年），柯亮（字延熙，号商庵）自固始随王绪赴闽，伴王审知同上福州，驻寓金斗桥，居桃源平和里（今永春），为入闽一世祖。

据载，二世孝思移至卓埔乡（今永春达埔）田内及石马（柯罗村）聚族而居，并起盖宗祠，后因族繁地窄，而兄弟离乡分处，卜筑不一。三世希夷改迁龙岩州宁洋县桃源杨坑（今属大田）。四世有吉、宝、昌三兄弟。下表为闽南柯氏简要世序。

表9-4 闽南柯氏世序简表

入闽1世	亮						
2世	孝思						
3世	希夷						
4世	吉						宝 居莆田	昌
入闽5世 南安1世	庆文（南安柯氏一世祖）						庆升	天聪
南安2世	述				逑 居漳州	迪 居莆田	逞 居同安	
3世	瑗 留永春	元宝 居莆田	元曾					
4世			翰（开基后柯村）					
5世			缵宗居安海	绍宗	继宗			
6世			启学	肇学 居塘边	勉学	兴学 出家	直学	
7世					山翁	德宗 分西柯	德泰	德润
8世					光震		升学 子弥高	彰学 子弥赐 居长屿

海沧柯姓集中在东孚街道的后柯村和海沧街道的东屿村。

后柯村 后柯村柯姓源自泉州水沟巷。柯吉生蓴，即庆文，首居永春，后迁居泉州水沟巷，为南安柯氏一世祖。根据《庄江柯氏族谱》载，庆文生述、述（仲德）、迪（仲吉）、廷（据说居同安，入赘叶氏）四兄弟，皆进士。二世柯述（1017—1111年），字仲常，北宋嘉祐四年（1059年）进士，两知漳州、福州。生子：瑗（守祖总祠瑞鹊堂）、元宝（居莆田）、元曾。三世元曾，生翰，仕至迪功郎，徙迁晋江，葬于田中央。四世翰，字国材，南宋初，开基同安后柯，为同安柯氏始祖。

后柯柯翰生有三子，缵宗、绍宗、继宗。长缵宗（名鼎承）居安海。幼继宗分居各邑。而居后柯的绍宗（五世）生直学，直学（六世）生德宗、德泰、德润。德宗（七世），其子隐德、守阳分衍同安西柯。（七世）德润（生彰学）之孙弥赐（九世）迁居长屿（今海沧东屿）。德泰（七世）字南起，号览山，生升学、复学、三学、未学。升学（八世，讳惟顺）生弥高、弥昌、弥坚、芳弥、弥明。弥高（九世）生子魁，子魁（十世）生贤恂、贤斌（生惟佳、惟瑞、惟贞、惟表、惟森）。后柯柯姓昭穆自十九世起为"昭兹来许，绳其祖武，于斯万年，受天之佑"。

自柯翰开基以来，其后柯裔孙传有七个房头。传至今已达35代，人口千人左右。

《闽南柯氏一经堂族谱》由闽南柯氏一经堂理事会编修，于2010年12月修成发行，有题词、先祖像赞、祠堂、姓氏源流、历代世系、历代名贤等内容，录有朱熹撰的《一经堂记》，该谱记载了柯氏在闽南的分系，详叙了后柯柯氏各支房的近现代世系，由于材料的缺失，中有若干断代。

后柯柯氏族谱

东屿村 东屿村柯姓有二源，其一为后柯支派，柯翰五世孙弥赐迁居东屿，后有后柯23世柯绳映公，字灿斋，道光廿五年（1845年）居长江（今东屿村）三房乌井角。其二为莆田支派。柯宝从永春迁莆田，莆田始祖柯宝之十三世孙念一郎（名光申）于元中期从莆田迁徙到宁洋县集贤里，生三子，长子祐祖（名嗣）分衍洲尾（今石尾），三子祐翔（名越）开基天宝塔美，而次子祐立（名齐）在元至正年间迁漳州龙兴屿（今东屿）。柯祐立为东屿柯氏始祖，明顾起元的《懒真草堂集》书中录有《文林郎陕西道监察御史立台柯公墓志铭》，文中的柯立台，即东屿柯氏的九世孙柯挺。其墓志铭曰："先世为莆人，至正间，祐立公始徙于漳之龙兴屿。"

柯祐立在此开基东屿后，以养鸭为生。其裔孙结庐造地，经几代人的努力，垦作的埭田和海堰无数。今裔孙分为四房，已传至25代，人口约有900人（部分为后柯裔孙）。

关于裔孙往外迁徙情况，据《文林郎陕西道监察御史立台柯公墓志铭》载，九世孙柯挺晚年迁居建宁府（今建瓯）。因旧柯氏族谱散失不存，致裔孙蕃衍其它各地情况不清。据村中老人回忆，祐立次子从元末明初迁广东埔尾，三世孙在明初移居后溪中。分衍在集美区后溪镇前进村中保自然村的裔孙约300人。清朝期间，有不少裔孙前往东南亚各国，其中以马来西亚、新加坡、印度尼西亚为最。后柯二十四世振文公抵印尼爪哇岛三宝垄开基，柯珍东于清中期迁马来西亚实叻创业。

郡望堂号

济阳郡 始设于晋代，西晋惠帝时，将陈留郡一部分划出设置济阳国，后改为郡，治所在济阳，领济阳、考城诸县，辖区相当于今河南兰考、民权一带。晋代，世居济阳郡的柯氏为当地的旺族。后裔遂以"济阳"为堂号。

祠堂家庙

表9-5 海沧柯氏家庙分布简表

何姓家庙	堂号	属何房支	地址
柯氏家庙	一经堂	祖祠	后柯村南区 158 号之一右
柯氏家庙	思成堂	长房(田头角)	后柯村南区 120 号旁
柯氏家庙	追远堂	七房	后柯村南区 280 号右旁
柯氏家庙	自我堂	七房	后柯村
柯氏家庙	时思堂	七房下	后柯村北区 69 号
柯氏家庙	衍里堂	七房下	后柯村后路沟
柯氏家庙	敦厚堂	前柯	后柯村北区 175 号内
柯氏家庙	垂裕堂	猪灶角小房	后柯村南区 158 号之一右
柯氏家庙	享德堂	祖祠	东屿社区上社长坪角
柯氏家庙	继至堂	九柱	东屿社区乌井角大夫第

后柯一经堂 在东孚街道后柯村村中。始建于宋，现存为清代建筑，民国 36 年（1947 年）重修。庙堂占地面积 246 平方米，坐北朝南，穿斗抬梁混合式，砖木结构。门厅进深一间，正堂进深三间，悬山顶。高约 8 米，整体布局为二进一天井式，通面阔三间计 11.2 米，总进深计 22 米。厅柱题词作联"雨化生徒高士轩中教泽，云祥富贵一经堂上觉精风。"堂悬挂朱熹手书"一经堂"及"理学名儒"匾额。中脊绘太极图，并书"丁才旺贤，子孙昌盛"字样。堂内保存宋代一世祖神主牌位及镌有"乡试头号"字样的武进士举重石一块。

后柯柯氏一经堂

东屿享德堂 在嵩屿街道东屿村上社，为柯氏家庙。明万历年间建，清乾隆十四年 (1749 年) 及 1930 年、1993 年重修。坐南朝北，占地面积 161 平方米，穿斗式砖木结构，硬山顶。面阔三间计 11.2 米，总进深 14.4 米，高约 8 米。正堂悬挂南京礼部左侍郎朱之蕃所题"尚义可芳"木匾。进士及第南京礼部左侍郎朱之蕃为太师相老夫子柯（讳）挺立"吴楚激扬藤鑑"匾，另有后裔宗亲会赠送的"桑梓荣光"、"长江辈种三槐"、"祖得荣昌"匾，楹联有："源溯莆阳显祚永湮绵百世，古分东屿系归长江蔚林苗"、"长屿聿修新俎豆，兴安仍衍旧簪袍"等。庙前有石旗杆座二对。享德堂西侧，存有一方《督抚提臬道府列宪批县审详谳案》石碑，该碑高 247 厘米、宽 117 厘米，厚 17 厘米。保存完好，落款为清乾隆十四年（1749 年），牌身正反两面记载了当时东屿柯氏与石塘谢氏因海泊纠纷的县府裁决告示。

东屿柯氏享德堂

享德堂存碑二方　　　　　　享德堂"尚义可芳"匾

柯 族贤

柯 翰（1116—1176）后柯人，字国材，为后柯村开基祖。柯翰教授百余人，为名儒。南宋绍兴二十三年（1153年），朱熹首仕同安县主簿时，慕名到后柯村拜谒柯君，并与之交游相乐，聘为县儒学教授。绍兴二十五年（1155年），柯翰葺庐以居，取"古之学者耕且养，三年通一经"之义，自号寝居为"一经堂"。朱子为其作《一经堂记》。柯翰谢世后，朱熹以文哭之，褒扬柯先生"探讨之勤，白首不置。弗索于禄，弗媚于时"。

柯南起　讳时，又名德泰，字南起，号览山，宋末元初积善里坂尾（今后柯）人。授同安县令，再转龙溪、漳浦知县。最后官将乐县尹。五年后回家，杜门不出。

柯 挺（1537—1610）字以拔，号立台，明代海澄县三都东屿人。明万历八年（1580年）中进士，授南乐县令，"减徭役，锄豪强，剔衙蠹，庭无留狱，盗不窥境。入觐署事者，遂以盗告，逮治七人，皆诬服。挺再至，察其冤，密踪迹盗，于清丰县境得之七八人，皆得白"。后升陕西道御史，上疏劾忠贤奸，请除奸魁。万历三十八年（1610年）卒于建宁之里第，年七十四。

柯祖仕　字学优，清代后柯人。少业农，后往南洋创业，家拥巨资。性耿直，然诺不苟。置祀田，设义塾。每值故乡荒年，花费巨金购米平粜，并捐修庙宇，舍药施茶，刊刷善书及筑桥造路，赈贫困恤孤寡，造福乡里。光绪季年以功赈捐，援例加道员衔。

柯孟淇（1872—1952）祖籍后柯村，在商行供职。之后与兄弟合创"孟兄弟公司"，经营船务生意，继尔开设源利兴轮船公司，合办东方船务有限公司。拥有大片椰园，还经营铸造厂。曾任港务局总经理、工部局议员、华人参事局参事，槟州中华总商会发起人之一。

柯玉珠　新加坡前总理李光耀夫人，祖籍后柯村。其先祖柯其厘（字振文）父子在清末从后柯往印尼三宝垄经商。传三代至柯守智，生四男一女，此女就是柯玉珠。柯玉珠之侄柯宗元为新加坡国家博物院院长。

第三节 胡 姓

人口排位：全国第十三位，福建第三十二位，厦门第三十五位，海沧第十六位，人口1840人左右。

表9-6 海沧区胡姓分布表

所在街道	行政村	人口（人）	派系	所在自然村
新阳街道	新垵	52		
东孚街道	东瑶	49		
	鼎美	1189	祖地	
第一农场		89		

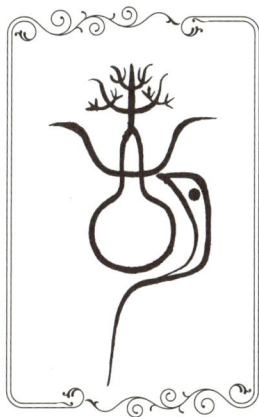

图腾释义

胡姓是伏羲氏以葫芦为图腾的族称。胡由"古"和"月"组成，"古"像一个葫芦，是在坛潭（坛四周有水环绕）之上立竿（扶桑木），象征观测太阳。"月"即月亮。"胡"即观测日月运行之意。

得姓由来

胡姓是伏羲氏的后裔。

以国为姓。据《姓纂》考证，周武王灭商后，追封帝舜的后裔妫满于陈，建立陈国，去世后，谥号陈胡公，也称胡公满。其子孙以谥为姓，胡公满成为胡氏始祖。

胡氏由来还有一支，周时有两个胡国，一个是姬姓的胡国，在河南漯河市东；一个是归姓胡国，在今安徽阜阳。春秋时，两个胡国先后为楚国攻灭。两个国君的子孙都以国为姓。

入闽入沧

（一）西晋末年，因"永嘉之乱"，中原士族大举南迁，胡姓为"入闽八姓"之一。

（二）五代年间，胡姓族人胡辣迁入晋安郡（包括今福建漳、泉二州），被奉为闽中胡姓的始祖。史料记载："至唐有胡辣者，登进士第，官中议大夫，即闽中胡姓第一世祖。迨至宋末，避元入粤，居于闽南各县。今闽中胡氏，俱其后裔。"其五子分迁于福建、安徽、江西等省。

（三）《胡氏渊源》载，胡霸，南唐时授吉州（今江西）刺史，封卢陵郡侯，为江西吉州芦芽城胡氏始祖。其裔孙胡铨，于宋治平三年（1066年）携家眷始迁于宁都州上三乡苦竹凹。胡铨第四世孙胡万九（名梓），南宋绍定年间（1228—1233年），由宁都迁徙汀州府第三街大塘背村落居，为胡氏闽西始祖。胡万九郎，姚龚氏，生五郎、六郎、七郎三子。胡七郎，姚曹氏，生胡十二郎。因避战乱，于元朝初年，举家从长汀县迁徙永定（原属上杭）金丰里下洋的塘下墩开基，为永定胡氏的开基始祖。胡七郎在下洋塘下墩肇基后，传下十二郎、念八郎、五六郎、百七郎、明广、彦成、宗贵、铁缘共九代，并先后播迁至下洋的中川、觉川、下村等地。

鼎美村　在永定下洋的胡七郎，生子十二郎，十二郎生二子：念七郎、念八郎。念七郎名"二九"，传南靖、平和、绍安、漳浦及漳州府西门外。

念八郎名"三九"，配黄氏、陈氏为妻，生三子：进福、进德、五六郎。元末，念八郎率长子进福、次子进德外出打铁谋生。初住南坂湖社，后转入十八都积善里的鼎美社定居，以养鸭为生，成为鼎美胡姓的肇基祖。九世胡乾生三子：顺夫、庸夫、毅夫。自第十世始分三房，今传28代，人口1200人左右。裔孙迁居国内有：同安、惠安、南安、大埔、厦门下溪仔。清代部分胡姓赴台，开发台南下寮村。目前已传7000余人，还有部分裔孙迁居马来西亚槟城。原昭穆26字，前14字失传，后12字为"宜尔子孙，功昭奕世，德裕后昆"。念八郎墓，葬在龙门石狮头。

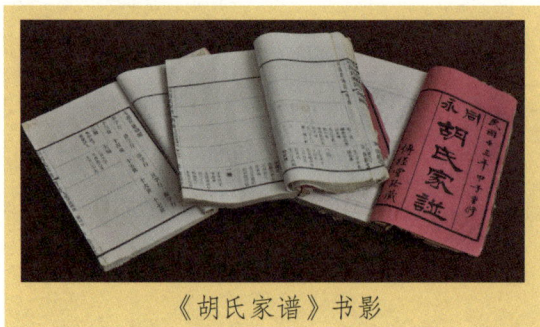

《胡氏家谱》书影

郡望堂号

安定郡 汉代设置，东汉移治临泾（今镇原东南），隋唐安定郡，即泾州。西汉胡城公，字允安，正直敢言，慷慨有气节，为西汉三十六将军之一，封大中大夫。其裔孙为官者众，成当地望族，是西汉至唐朝期间皇室的功臣与外戚，有"天下胡氏出安定"的说法。

祠堂家庙

表9-7 海沧胡氏家庙分布简表

何姓家庙	堂号	属何房支	地址
胡氏家庙	敦睦堂	祖祠	鼎美村北区 17 号旁
胡氏家庙	燕诒堂	长房	鼎美村西区 7 号对面
胡氏家庙	承德堂	二房	鼎美村东区 23 号旁

鼎美敦睦堂 址在鼎美村北区 17 号旁，明朝时始建，历代均有修葺，最近一次修缮在 1996 年，三落一护厝，土木结构的红瓦屋，占地面积 1000 多平方米，建筑风格与永定祖地相似，大堂上方依次悬挂"乡贤名宦"、"家族万年"、"敦睦堂"匾额，楹联"安镇槟城长忆同安鼎美，定思木本常怀永定下洋。"

鼎美胡氏敦睦堂

族贤

胡元轩　鼎美人。明弘治期间,授忠义将士郎。其墓葬建于明弘治七年（1494 年）,规模较大,周围约 100 平方米。目前保存完好。

胡有耀　字子谦,鼎美人,居同安城郊,邑秀才。明嘉靖三十七年（1558 年）,倭寇围同安县城,有耀献产结寨,组织乡勇击倭,寨破被俘,骂贼而死,朝廷赠州同知,荫其子,县志入传,祀忠义祠。

胡明佐　字良甫,号拱柱,明代同安县人。万历十年（1582年）举人,二十年（1592年）进士。授南城县令,时县洪水泛滥,他救灾恤民,建太平桥。后调宜城,再调循州,最后官山东参政,因不避权贵归乡,终年73岁。

胡贵　明末授广东提督;

胡超宗　鼎美人,清顺治四年岁贡,知县诸城;

胡林勋　鼎美人,清顺治十七年武举人;

胡恒岳　鼎美人,康熙二十六年岁贡;

胡光彩　鼎美人,雍正十三年举人;

胡 明　曾任中央轻工业部第一副部长。

第四节 欧阳姓

人口排名：中国第八十六位（欧阳氏，欧氏、阳氏三姓合计），福建、厦门皆在百名之后，海沧第六十二位，人口150人左右。

图腾释义

欧阳是古代东夷阳鸟夷的族称。"欧"是古长江流域的追随太阳的鸟，也称洛鸟，它们落在沼泽地和多水的稻田，用鸟爪走来走去，所以有鸟田耕耘的说法。大禹葬在会稽，守陵人就以当地这种景观命姓氏，得姓欧阳。欧阳由"欧"和"太阳"组成，（图腾的左边是"太阳"，右边是追随太阳的鸟正落在向农田之中）。

得姓由来

出自姒姓，为禹王的后代。禹之子启建立夏朝，传至少康封支庶子于会稽，建立越国。战国时期，越王无疆亡国于楚。无疆之子蹄受封于乌程的欧余山（浙江吴兴县）之阳，为亭侯，故称欧阳亭侯。其后代子孙遂为欧阳氏。欧与欧阳、区同宗。

入闽入沧

唐初贞观年间，欧阳昌官泉州通判，自江西鄱阳迁居泉郡城南潘湖，为福建欧阳氏始祖。元和年间，裔孙欧阳巩由晋江潘湖举家迁居福州欧厝。七世欧阳萌，由晋江潘湖迁居莆阳福平山北螺村。九世欧阳杰，南唐保大元年（943年），徙居凤山豪井上。经流传数十代，户口繁多。迨因明朝洪武二年（1369年），遭乱名，曰乌蜂为害，上迁于兴化，下入于漳州之漳浦，或居南靖、海澄、长泰，也有在泉之晋江、南安、同安、安溪。

欧阳仪，字闽贤，潘湖欧厝长房。宋度宗咸淳七年辛未（1271年）六月生，元惠宗至正十一年（1351年）十二月卒，葬龙首妙峰山。配本邑凤池李池，子六：长子锦园分南靖、海澄、石码塔潭、漳浦，析居同安乌屿；次子隆安析居塘边欧厝，分惠安东山乡永春州外晋江县外海干；三子应期迁南安东田，子德安赘居安溪尚卿；四子迁江徙蚶江，分金门澎湖鸡母坞、同安欧厝、晋江北门外山院；五子汝禄徙漳郡征头江东；六子万一徙同安鼎美乌屿。

祥露村 欧阳万一，欧阳仪六子，明洪武十七年（1384年）先居过坂杨厝，后移居鼎美乌屿（今祥露），为鼎美始祖。今传至25代，人口110人左右。

清代以来，欧阳裔孙大量外迁台湾、南洋。因远隔重洋，音讯尽失，内弱外旺现象明显。清道光十八年（1838年），台湾长房七世孙欧阳启晓（潭边乡人）编就《欧阳氏族谱》，其序说："只缘同安县鼎美社分迁以后，或移居台郡台南以及嘉义，或往澎湖地号鸡舞坞并仔接，及潭边、吉贝屿、大案山、妈宫、太武、林投、西溪、红罗罩、良文港、土治公前、港仔、港尾、大赤崁等乡，皆同一派，并分而出也。"可证台湾裔孙颇多。

祥露欧阳氏的昭穆为"德甫慕尔锡，卿士公侯伯，世兆钟彦良，可谓族中易，诗书承祖泽，忠孝振家声，子孙能继志，文献有明征"。今已传至"中"字辈。欧阳万一墓，在东孚后坑市委党校后面。

渤海郡 欧阳氏的郡望，西汉时置郡，地点在今河北省沧县。

助教堂 即欧阳家庙，址在祥露东片149号。为"开口厅"形建筑。悬有"渤海传芳"匾，大门联："渤海家声远，鼎山世泽长"，堂中联"渤水长流衍派本支传万世，海天不老鼎山宗庙配千秋。"

祥露欧阳助教堂

第十章 江姓、温姓、许姓、郑姓

第一节 江 姓

人口排位：中国第七十四位，福建第二十七位，厦门排第三十九位，海沧第二十三位，人口1120人左右。

表10-1 海沧区江姓分布表

所在街道	行政村	人口（人）	派系	所在自然村
海沧街道	贞庵	638	祖地	
	锦里	31	派下	
	海沧	35	派下	

图腾释义

江姓是共工氏的本姓。图腾由"水"、"工"、"日"、"蛇"组成。"日"为炎帝太阳图腾，"蛇"为本族图腾。世为水正、工正，所以又以"水"、"工"为图腾。凡江、鸿、邛、红、工、共、邛、龚、洪、恭等皆为其分支。

得姓由来

以国为姓。江国建立于西周末期，时在公元前1102年，赢济助周武王伐纣有功，周平王封其于江地，建江国，江国的国君尊元仲（黄帝裔孙伯益三子）为始祖，赢姓。到春秋末期，江国被楚国灭亡，子孙四处逃难，裔孙以国为姓。

入闽入沧

福建江姓较多为江万里兄弟裔孙。宋末，江西都昌江万里为宋朝宰相，宋朝灭亡时，他赴止水自杀。弟江万载扶帝昺南逃，三弟江万顷也遭杀害。江万里兄弟的子侄在福建各地繁衍，江万里裔孙遍及闽侯、闽清、长乐、古田、永泰、连江、福州、屏南等地；江万顷裔孙则在闽西南各县广布，而江万载苗裔分布于闽南沿海各县。

闽南江氏源于万载公。南宋末年，景炎丙子年（1276年）十一月，万里之弟江万载在福建奉帝昺逃难，经福州、泉州港，避居同安县嘉禾里洪水桥汤坂里（现厦门市湖里区金山街道高林社区田里社）。传三世至尧寿，字仲勉，号洪水，为汤坂里开基始祖。六世江世昌生五子，明洪武八年（1375年），因避兵役，兄弟五人分居各地，长子佛元仍住居汤坂里，二子佛智移居安溪九石示；三子佛祐（讳翼裕）迁于漳浦县二十三都硕辅（现龙海市港尾镇石埠）；四子佛护迁往海澄前庵（今海沧贞庵村），五子佛才迁于漳浦县二十三都径头（现漳浦县前亭镇江厝）居住。

佛护开基祯庵（即贞庵）后，生子九秋。九秋生子三：中阿、扑叟、豪轩。九世中阿，姓李慧聪，生六子：述尧、述贤、思瀚、思道、思茂、思尹。九世豪轩生子江允敏居岭上。今贞庵江姓分六大房，已传至32代，人口630人左右。

海沧区的江姓皆属贞庵派，海沧农场坪埕社江姓人口约有百人左右，是清朝末年从贞庵迁此的，已传6代；锦里村的江姓约20多人，是从海沧村坪埕迁来的。中阿之孙江思道，今居龙溪下樟亭乾社。

贞庵现有清末族人江煦1935年编的《江氏家谱初稿》，今有江清凉1985年重抄本。江煦为族人拟就昭穆为"果明启绍祖，德忠孝廉节，礼义仁智信，温和恭谦让，荣显光裕，俾尔昌炽，永垂千万斯世"。佛护公墓，在贞庵村澳头社母粒石路边（今三台山西侧）。

郡望堂号

济阳郡 在今兰考、民权一带。到魏晋南北朝时，这里设济阳郡。时江姓为济阳望族，江氏以"济阳"为郡望。

祠堂家庙

表10-2 海沧江氏家庙分布简表

何姓家庙	堂号	属何房支	地址
江氏宗祠	追远堂	总祠	贞庵村贞庵社
江氏宗祠	崇德堂	二房	贞庵村贞庵社
江氏宗祠	诒燕堂	六房	贞庵村贞庵社

贞庵追远堂，江氏大宗，在贞庵村内，兴建于明洪武八年（1375年），历有修葺，1998年又重修，祠堂内挂"追远堂"堂匾，两侧石柱刻楹联："澄瀛聚族安居乐业拾捌峰，汤坂分基创业开科伍佰载"，"淮阳典范史笔流芳传时代，祖宗品行洪恩浩荡铸后裔"，"太武当前育子禄锦衣世书，大观在上赐社稷兴旺富强。"

贞庵江氏追远堂

贞庵追远堂碑记

贞庵江氏崇德堂

崇德堂碑记

族贤

江启澄 清乾隆庚辰举人。

江汝松 明嘉靖乙卯举人。

江 煦 原名启漳，字仲春，号晓香，海沧贞庵人。生于清朝末年，晚年居广东澳门。民国时期，在厦门先后任职英商集记、和记洋行文牍、会计，后考入海关供职。著有《春梦》、《竹堂别集》、《竹堂别集》、《鹭江名胜诗抄》（菽庄主人刊印）、《闽三家诗》、《圭海集》、《闽四家诗》等。

江河流

江河流（1918—1941） 原名启渊，海沧贞庵人。1936年从海外回国，就读于集美中学。1937年抗日战争爆发后，偕同三十多名同学奔赴皖南，在新四军二支队三团政治处担任民运股长。1938年加入中国共产党，1941年在一次行军路上，与敌人遭遇，战斗中牺牲。

第二节 温姓

姓氏人口排位：中国第一零四位，福建第六十一位，厦门第六十九位，海沧第二十四位，人口1100人左右。

图腾释义

温，从水昷声。古温地，因温泉而得名，在今河南温县。

得姓由来

出自姬姓黄帝的后裔，以国名为姓。其远祖先是黄帝，近祖先是颛顼，受姓祖先为温平。陆终长子昆吾的裔孙岔生，西周初任司寇，受封建立苏国，都温（今河南温县）。公元前650年，温国为狄所灭，国君温子逃到卫国，子孙以国为氏，称为温氏。

入闽入沧

温俐（689-753）字衡斋，号俐舍。江西省宁都县梅江镇刘坑上背村人。祖籍浙江永嘉。唐景云二年（711年）赐进士。开元元年（713年）任虔化（今宁都）县令。因惠政于民，百姓拥戴，遂留籍任所，成为宁都温姓始祖。

温俐七世孙少四郎生铜宝（同保），南宋末年，同保生九子，时值世乱纷纷，携九子避于石城县。乱后其长子迁回宁都县，二、三、四子俱在石城；五子迁居广东梅州程乡永和圩，乃为迁粤最早的一支；六子迁居惠州之循地（今五华）紫金中心坝；八子迁居惠州海丰县；九子温九郎（元旺）迁上杭县安乡洪山塘古基坑（现庐丰镇中坊村）开基。温九郎裔孙广布闽、粤、台各地。

据上杭《温氏族谱》（光绪抄本）载，温九郎殁时，有八子七女绕家室。其五子五郎母子二人，逃到永定县溪南双井村（今永定仙师恩前村）姑父林德威家里以避官祸，五郎暂改姓林以避祸。林五郎生一子取名五二郎，恢复温姓。四世七郎，五世十三郎，六世小三郎，七世温禧生五子，次宗庆；八世宗庆生十一子，良兴、良甫、良钦、良善、良德、良政、良恭、良彬、福祖、福宗、福生。九世孙良钦，迁往闽南泉州开基，还有迁居平和、漳州等地。

温厝村 目前温厝温氏族谱遗失，其来源有二种说法：其一，据漳州平和芦溪清乾隆期间修《温氏族谱》记载，温子恭（传说是九世良钦公之子，存疑）迁平和芦溪双峰村，为芦溪始祖。温子恭生于元至大元年（1308年），二世奋才，生于元天历二年（1329年），生满。三世满，生至正十六年（1356年），生五子，仁、义、礼、智、信。四世温礼（约在明洪武年间）分居漳州海澄县垄塘社温家庄（即今温厝村）。其二，据江西赣州于都大佛寺组温仕坤家藏族谱记载，温良县（讳尼端）于明成化年间开基漳州府龙溪县新开海澄县三都温厝社，传至5世孙温惟玄，讳如璋登万历十七年进士。温如璋五弟温惟师迁龙溪二十五都开基，后裔再迁同安毛头岭后，再迁江西赣州于都大佛寺。

温厝温氏灯号"太原"，祖坟在温厝村过田小山后。温氏厝裔孙分三大房,至今已传至27代，人口1100人左右。长房居温厝村赤石社，二、三房居温厝社。

郡望堂号

平原郡 西汉时置郡，相当于现在山东省北部平原县一带。

祠堂家庙

表10-2 海沧江氏家庙分布简表

何姓家庙	堂号	属何房支	地址
温氏家庙	垂裕堂	总祠	温厝村温厝社 169 号
温氏家庙		长房	温厝村赤石社 38 号

温氏家庙		长房	兴港路 2301 号
温氏家庙	善述堂	二房	温厝村温厝社 42 号
温氏家庙	肇修堂	三房	温厝村过田

垂裕堂 温厝大房、二房、三房总宗祠，坐落于温厝村河尾，坐北朝南，约建成于明末清初，历有修葺，2003年重修，占地面积约1200平方米。前门石刻楹联"效忠晋室家声远，按治越邦政绩彰"，大厅前柱楹联"龙飞凤舞祥云瑞气相辉映，塘深水润妙慧零智争涌呈"，中柱楹联："温良恭让溯本进源思吾宗，礼义仁孝敬亲念祖重修祠"，后柱楹联："祀列祖列宗香火鼎盛连绵，祈后世子孙福泽兴旺无疆"。

温厝温氏垂裕堂

温氏大房宗祠 位于赤石社西北面，坐西朝东，建成年代不详，1998 年重修。整体建筑由大门、天井及三开间的主屋构成，前门木柱楹联"赤胆忠心子孝孙贤，石坚意诚后继有人"，堂内悬挂"选魁"牌匾。2011 年搬迁到兴港花园店面。

温厝大房家庙

善述堂 温厝二房宗祠，座落呈温厝村河顶，座北朝南，约建成于明末清初，清道光年间，2003 年重修。大厅两侧朱熹手迹"孝弟忠信，礼义廉耻"。神主龛左右各书朱子治家格言"祖宗虽远祭祀不可不诚，子孙虽愚经书不可不读"，堂内大梁悬挂"父子侍御"、"巡按都察"匾。

温厝温氏善述堂

肇修堂 温厝温氏三房家庙，座落于温厝村过田，之前已损毁，2015年重修。

温厝温氏肇修堂

族贤

温如璋 海澄三都人，字孚德，万历十七年（1589年）进士。初授贵溪令，有治声。丁艰服阕，补霍丘。甫至境，捕盗魁数百人，悉诛之。岁大疫，捐俸施药，所活甚夥。招逃亡六百余家，俾复旧业。行取拜广西道御史，其在豸直，多所匡济。出视两浙鹾政，宿弊顿清。海宁陈某，挟其父威，狼噬乡曲，如璋逮治之，多方营救，不能脱。嗣按东土，惠威双驰。税监马堂，暴横所部，如璋疏纠甚力，珰为气缩。事竣还里。奉命按吴，行有期矣，病疡而卒。

温文旦（Oon Boon Tan） 字旭初、震东，生于清同治三年（1864年）1月，原籍漳州海澄三都温厝赤石社，马来西亚槟榔屿著名儒商，约于1880年抵槟榔屿，开设"万得丰"号，以经营胡椒业而称于时，其后又兼营树胶业于大街10号之福顺店内。一生酷嗜书画文章，珍藏丰富，名其寓曰"陶然楼"，为流寓槟岛士人与过境吏员谈文论艺之地。文旦热爱故土，捐资倡导家乡建设，筑堤造田，还在海外建立温氏基金会，造福温氏宗亲。文旦在槟榔屿热心参与组建当地

温文旦

华侨联络团体，并热衷槟榔屿的教育及乡团服务：从1923年起至他逝世前，他一直是槟城联合福建公冢的董事及信理员；他还是槟城三都联络局、槟榔屿漳州会馆发起人之一。一生珍藏有大量的古文书籍，后由其后人温开西代表温家捐给了马来亚大学东亚图书馆。

温开封（Oon Khye Hong） 温文旦长子，毕业于槟城大英义学，随即去美国完成高等教育，获得麻省理工学院的科学硕士（化学工程）。去世前任新加坡化学制造有限公司总经理。娶陈嘉庚第四女陈秀满为妻，曾在陈嘉庚开办的橡胶厂担任总经理。

温开西（Oon Khye Kee） 温文旦次子，在槟城英华学校接受教育，继承父业，1953年退休。他热心公益，1940年曾代表槟城树胶公会赞助武汉合唱团的演出，1975年半价报效双溪大年老街场华文小学地皮四亩。

温开铭（Oon Khye Beng） 温文旦三子，在槟城大英义学接受教育，1927年获英女王奖学金赴剑桥求学，1930年获得机械科学学位，成为马来亚第一个本土机械工程师，随后加入吉隆坡和怡保的采矿业，直至1958年退休。1976年时在剑桥唐宁学院设立"赤石信托基金"，名字即来自于其祖籍地，1992年去世。

温开疆（Oon Khye Kiang） 温文旦四子，先后在槟城义学和莱佛士学院接受教育，毕业后历任新加坡治安法庭助理、遗产税署理专员、财政部常务秘书等职。

第三节 许 姓

人口排名，中国第三十五位，福建第十三位，厦门第十二位，海沧第十八位，人口1780人左右。

表4-1 海沧区李姓分布表

所在街道	行政村	人口（人）	派系	所在自然村
海沧街道	渐美	539	祖地	
	海沧	44		后柯迁来
新阳街道	霞阳	34		
	新垵	332	祖地	在许厝社
东孚街道	过坂	44		
	东瑶	76		

图腾释义

许是炎帝族一支的族称。由"言"和"午"组成，"言"代表天的使者所传达的天的规律。"午"是天干重仪。即巫觋用天干重仪观测日影晷迹的变化。以这种发明和职司为特长的氏族称为"许"。始祖伯夷，以舞阳、许昌为邑地。

得姓由来

传为炎帝氏族的一支。

（一）上古时期就有许姓。据载："许姓，许由之后也。"许由，字武仲，是个有名的隐士，以贤名扬于天下。尧听说后，要把天下让给他，他就逃到颍水之南隐居起来，尧派人找到他，请他出来当九州之长，许由赶走了来人，并认为让他当官的话污脏了耳朵，就跑到河边拼命地洗耳朵。他的后人以他的名为姓，奉许由为许姓始祖。许昌是许姓的祖居地。

（二）以国为氏。源于姜姓，周武王克商后，封伯夷的后人文叔于许（今河南许昌东），建许国。战国初为楚国所灭，其后代以"许"为姓。

入闽入沧

（一）**许濙派系** 西汉武帝元鼎四年（公元前113年），左翊将军许濙奉命自许州（今河南许昌）入闽平叛，留镇同安，子孙居同安，其故址称营城（今同安小西门）。濙为中原入闽第一人，子15人，分居全闽各地。今同安、金门许氏多为其后裔，称许濙派系。

（二）**漳南派系** 唐总章二年（669年），河南固始人许陶、许天正父子随陈政、陈元光父子入闽平乱，被奉为许姓开漳始祖。其后散居于南安、安溪、海澄、马坪以及广东潮州等地。在漳南的裔孙宋末抗元兵时，损失惨重，只剩诏安耐京一族，漳州其他各县也所剩无几，许耐京为诏安复兴一世祖。因泉州许氏在抗元以后，为避蒲寿庚之害，称祖自漳州，属天正公后裔。故此支与晋江许氏关系密切，继承许天正一系。闽漳许氏皆奉许陶为始祖，称天正公世系（或漳南派系）。

（三）**许稷派系** 唐景龙二年（708年）许辅乾由中州来闽任武荣州（泉州）刺史，殁后葬莆田壶光山。及后裔许稷成名，世人称辅乾一系为许稷系。唐唐宣宗时，许延一、许延二弃官隐闽。延一卜居建宁祭头村；延二初居建宁东湖，后徙居政和县梧桐乡开基繁衍。

（四）**许爱派系** 唐中和年间（881—884年），固始人许爱入闽镇守漳、泉二州。先居瑶林，后迁石龟，子孙遍布漳、泉二州。以称"瑶林衍派"。称许爱派系。

厦门许姓主要属下列派系：

1.许濙派系。现厦门境内许濙裔孙主要分布，在同安区营城，湖里区五通社区田厝，翔安区陈坂、东界、洪坑、南美、下店、东界、坝上许等村，集美区下许、竹坑两村，思明区以及散居在古同安今龙海的鸿渐等地。

2.许爱派系。裔孙在厦门繁衍的村落有翔安区的新店镇、马巷镇，同安区凤南农场等，集美区石兜，厦门岛内、金门后埔。

3.漳南派系（天正公世系）。宋末，四十九郎治远、五十郎忠辅从南诏迁到金门，将最初居住地取名丹诏（山灶）。不久，忠辅徙居后浦。治远第八世许肇建，于明嘉靖二十二年（1543年）迁居同安区桐屿村。裔孙许忠，任海澄营备，从施琅平台，升厦门后营游府。后居同安城外田墘乡，三世后迁居同安北门。另从金门迁居厦门小嶝前保，发展到300多人，迁到同安城北门、马巷街各十多户，分堂号"丹诏"。

渐美村 属漳南派系。唐朝末年，许天正裔孙许均正从龙溪马坪（今龙海埭溪）到渐美落户，为渐美许氏始祖。裔孙原分九房，今仅为五房（一、二、三、五、九房）。今传几代待考，人口约500人。许均正墓，在海沧农场田墘窟。

新垵村许厝 始祖许惠庵，据族人说，明朝迁来，因无族谱，从何地而来，传至几代，皆失考。裔孙人口330人。许厝祖墓，在石室院右。

郡望堂号

汝南郡 汉高帝时置郡，治所在上蔡（今河南上蔡西南）。此支许氏，其开基始祖为秦末隐居不仕的高士许猗。

祠堂家庙

表10-5 海沧许氏家庙分布简表

何姓家庙	堂号	属何房支	地址
许氏宗祠	孝思堂	漳南派系	渐美村西片 542 号
许氏小宗	怀思堂		渐美村西片 596 号
许氏祠堂	敦睦堂		新垵村许厝 190 号

渐美孝恩堂 址在渐美西片542号。始建年代不详，1993年，2010年有过重修，占地面积350平方米。

族贤

许朝老 渐美人，清末商人。

渐美许氏孝思堂

渐美许氏孝思堂

许厝许氏敦睦堂

许厝许氏敦睦堂

第四节 郑 姓

人口排名,中国第二十三位,福建第八位,厦门第十三位,海沧第二十位,人口1520人左右。

表10-6 海沧区郑姓分布表

所在街道	行政村	人口（人）	派系	所在自然村
嵩屿街道	东屿	335	大嶝	
海沧街道	后井	59		
	海沧	53		

图腾释义

郑是炎帝祝融支以封地为命名的族称,郑由"酋"和"太阳运行的阶梯"组成。"酋"是仰韶时代的尖底瓶插在地上作为"酋时"（傍晚的时候）的观测仪器,很可能就是后来滴漏的雏形。"酋"放在宫殿议事厅中柱下火塘（灶）前。"酋"后来演化为"尊",所以"尊"又成为氏族族长的标志,在陶器时代相当于鼎,代表政权和权力,酋人居地为郑。

得姓由来

郑姓为炎帝祝融氏族的后裔。

以国为姓。西周时,公元前806年,周宣王之弟姬友初封于郑(在今陕西省华县西北),建郑国,是为桓公。至其子武公东迁新郑。公元前375年被韩所灭,亡国后的郑人奔于陈、宋间,为纪念故国,以郑名姓。

入闽入沧

（一）三国时，郑胄仕吴，为建安太守。后留居侯官县。

（二）西晋永嘉二年（308年）。郑昭自丹阳郡秣陵县桑梓里（今江苏江宁）出任晋安（今福州）县令、建安太守，为开闽始祖第一人。现闽东、莆田、仙游的南湖系、夹漈系，均为其后裔。唐建中元年（780年），后裔庄、露、淑三人由永泰迁到兴化（今莆田），隐居南湖山，史称"南湖三先生"。其后分居长乐、晋安、侯官及广东、广西等地。露后裔有一迁入永春夹漈，特以"夹漈"来命地名，已发展成为当地一大望族，称"夹漈派"。

（三）唐总章二年（669年），郑宏穆、郑忠惠父子随陈政父子入闽平叛，后在漳州安家落户，漳州、同安之角尾、洪塘等郑氏均为此支，称"南瀛派"。

东屿村是海沧郑姓人口最多的村庄，其主流属郑宏穆派下。五世孙郑质居青礁下庭，于宋景炎元年（1276年）迁入角尾苏释村。十世孙郑尚助于明永乐间迁往同安大嶝田墘村开基，其后裔清代三次入迁海沧东屿：清初顺治年间，十岁的郑某到东屿落户，今传九代左右；清中后期，田墘的郑序搬家来东屿，裔孙已传六代；民国初年，郑礼源家的上祖阳迁居东屿，今传四代。

郡望为荥阳郡 荥阳郡，三国时置郡。治所在荥阳（今河南省荥阳县东北）。据《新唐书·宰相世系表》称："幽公生公子鲁，鲁七世孙当时为汉大司农，居荥阳、开封。

海沧家庙的门神

第十一章 吴姓、钟姓、康姓、何姓

第一节 吴 姓

人口排名：中国第十位，福建第五位，厦门第八位，海沧第十五位，人口2030人左右。

表11-1 海沧区吴姓分布表

所在街道	行政村	人口（人）	派系	所在自然村
嵩屿街道	鳌冠	127		
海沧街道	后井	63		
	海沧	29		
新阳街道	新垵	88		
东孚街道	莲花	45		
	山边	56		
	寨后	43		
	过坂	100		
	洪塘	87		
	凤山	70		
	东瑶	43		
第一农场		66		

图腾释义

吴是以句（读勾）芒玄鸟为图腾。吴由"太阳"和"玄鸟"组成。句芒是太昊的长子，是专门测量春分点的上古东方氏族，是太昊的助手。吴权、吴回、吴枢、虞、周古公长子太伯，皆吴始祖。

得姓由来

出自姬姓。商朝时，世称太王的古公亶父生泰伯、仲雍、季历三个儿子。古公亶父晚年欲传位于季历（周文王之父），泰伯和仲雍知父之意，借口外出采药，来到荆蛮吴越地区，建立姬姓国家"句吴"。泰伯无子，去世后仲雍继立为吴君。仲雍下传四代，至周章，周灭商后，周武王正式封周章为句吴国君。传国十余代，春秋时期被越国所灭。吴国子孙逃往四方，以国为姓。

入闽入沧

（一）南朝梁至德三年（585年），吴惠觉为建安太守，其裔先居建宁，后择居会垣清源山朋山（旧称屏山）岭后。

（二）唐高宗时，有吴姓将佐随陈政、陈元光父子入闽，开辟漳州。

（三）唐开元十二年（724年），河南固始人吴图元，以治书御史奉命都统节制经略闽疆。先住福州古桥头，后又迁居尤溪，子孙分衍大田、漳平、安溪等地。

（四）唐乾符二年（875年）左右，河南固始人吴卓入闽为官。因黄巢之乱，携父及兄弟入闽，定居南平南山。

（五）唐中和二年（882年），固始人吴仁禄，因避广明之乱，徙居晋江县白马庙东大吴乡（今惠安县东岭镇大吴村）。今已传四十世，誉为"名宦乡贤裔，忠臣孝子家"。

（六）唐光启二年（886年）固始人吴祭随王审知入闽。吴祭兄弟六人（祭、曦、兴、瑞、良、斌）入闽后，居建宁。后分居福州、侯官、泉州、兴化、黄石、水南等地，称吴氏六祖。吴祭官王部屯田员外郎、平章政事兼观察使，光启三年（887年）避难，迁莆田灵岩山，后卜居钱坡。吴祭生四子，其子孙分居福清、漳浦、云霄、莆田、崇安、连城、诏安、泉州、厦门等市县。

（七）五代后汉乾祐元年（948年），吴纶次子吴宥从江西祝家山迁山塘（属宁化）隐居。吴宥次子坤二由宁化迁永定。坤二生八子，长子泰甫，为宋执事郎中，三子吉甫，任广东博罗县知县，吴吉甫四世孙吴懒翁（字志仲，1325—1387年）于明洪武十三年（1380年），携其幼孙吴温明，从泉州东门移居晋江灵水。

（八）北宋初年，吴冑后裔吴晟的第五子吴仁部开基周宁县狮城镇南源村。

（九）连江吴氏，宋代吴省元因避乱，由南京迁居连江东塘。至今已传衍三十一世。

（十）宋末元初（1249年），吴薪为龙岩令，从浙江兰溪入闽。后改判潮州，莅任时，途径海阳探访祖迹，不幸染疾。其子徙居漳下坡，后裔蕃盛于福建、广东、广西、台湾和东南亚诸国。

鳌冠村 明洪武十三年（1380年），吴懒翁携其幼孙吴温明（1375—1443年），从泉州东门移居晋江灵水。吴温明生三子，老大守祖，老二迁安海东埔，老三吴敏于明正统八年（1443年），迁居到鳌冠落户。吴敏为鳌冠吴氏开基祖，今裔孙蕃息24代左右，本村人口约130人，其后裔陆续分衍周边村社吴姓。

吴敏祖墓，在竹篮山，20世纪80年代初，平整土地时毁。

郡望堂号

延陵郡 西晋时，分曲阿县置县（今江苏武进县）。

祠堂家庙

表11-2 海沧吴氏家庙分布简表

何姓家庙	堂号	属何房支	地址
吴氏家庙	垂裕堂		鳌冠东片 262 号
吴氏家庙			东埔社区中区

鳌冠垂裕堂 址在鳌冠东片262号，始建于1538年，历有修葺，最近一次重修在2005年，内有"垂裕堂"、"司马"、"宽惠赳桓"三方匾额。大门楹联："支分渤海知源远，派入沧江溯泽长"，内室石柱楹联："灵水源流本源可溯，吴冠永奠支派频分。"宗祠大门坐一对石狮。

碑文（竖排右起）：

重修吴氏家庙垂裕堂碑志

吾乡吴氏延陵衍派源於晋江县灵水乡，始祖敏公在明朝正统年间（一四四三年）到梧贯（吴冠）肇基衍传，据族谱记载，距今已有五百多年的历史。敏公派入吴冠后，兴旺发达，添丁发财，建家立业，同时创建了吴氏家庙垂裕堂，当时丁火鼎盛，人众超越，有过往南洋侨居，在各年代都有考上文武官员、司马、状元、明经、提督大臣等……

吴氏家庙垂裕堂历史悠久，深受海内外宗亲供奉祖地。庙宇由於历经沧桑，时代变迁。为重修吴氏家庙，经董事会研究，并参议众宗亲意见，决定以董事长吴江水为首组成四人基建领导小组配合工程队。庙宇於本年八月初七日动土开工，至十一月初十日竣工，历时108天时间，完成庙宇的全部工程，耗资壹拾伍万多元。家庙的巷廊及前大埕埔设板村六角砖，重修的吴氏家庙回复了原来的风貌，气势宏伟壮观。

鳌冠吴氏垂裕堂

族贤

吴升 字泽源，清代海澄县三都（今属厦门市海沧）人。本姓黄，幼寄养母姨吴姓家。年壮从戎，由千总随征，克陈州、金门等地。康熙二十二年（1683年），随水师提督施琅收复台湾。后升为浙江提督。在浙七年，康熙帝授"宽惠赳桓"匾。其府第"泽家楼"在海沧鳌冠村。雍正四年（1726年），退休回籍，72岁逝世。

鳌冠村提督府第石匾、康熙帝御赐木匾

第二节 钟 姓

全国排名三百位以外，福建省、厦门市皆在排在百位之后，海沧排行第三十位，人口540人左右。

图腾释义

钟是由"俞表"和"重仪"合成。左边为俞表，是用来确定方向的。右边的"重仪"由"辛""目""东""土"组成。"辛"是设立方向标，古代称"相风"，"目"表示人的眼睛，以此为基准观测日、月、星辰，通过璇玑盘四个方向的天地维准绳的时间和度数来确定历法。"申"璇玑盘是用来辨别方位的。"土"表示璇玑盘所立的方向，句芒、祝融都以蛇为图腾之一，蛇又称"螭"，所以钟姓又称"钟离氏"，钟简化为"章"，所以周代又称大章氏，居漳水。

得姓由来

（一）出自子姓，为商汤的后代，以邑为氏。相传周武王灭商后，微子投奔周武王，后被周武王分封到宋。至宋桓公时，他的儿子州犁遭嫉被害逃到楚国，任楚太宰，食采钟离，后人以地名为姓，或单称钟氏。

（二）出自嬴姓，为钟离氏改钟姓。周代伯益的后人封钟离国，春秋时被楚国吞并，国人称钟离氏。

入闽入沧

（一）唐朝时钟朝（字会正）官拜都督大将军，唐玄宗时，由江西随官迁到汀州，在鄞江白虎村（今长汀白石村）定居。朝生三子，长逸职（钟念五郎）、次道职（钟念八郎）、三远职（钟念十郎）。闽、粤、赣俱尊钟会正为共同始迁祖。

（二）唐初，陈元光父子奉命入闽开辟漳州，随从将佐有钟德兴、钟招在漳州安家。唐昭宗时，钟盛（字全慕）由河南到汀州任刺史。唐昭宗景福二年（893年），"汀州刺史钟全慕叛，附于王潮"，"王审知喜其骁勇有谋略，分汀州使守之，祀名宦祠。"生有三子：仁德、义德、礼德。义德生三子：理政、朝政、礼政。理政字翱，《长汀县志·循吏传》云："钟翱，全慕孙。具经济，善骑射，继全慕为刺史。官至金紫光禄大夫。"五代后晋天福二年（937年）后，南唐国兴起，钟翱受南唐国的重用，累官金紫光禄大夫、上柱国。

（三）南宋隆兴元年（1163年），永丰乐仁里人钟道器任漳州府教授，见冠山（龙海海澄屿上）耸秀，择卜而居。其中六房钟化成，居住在月边社。四世得美，居浦南松洲。

（四）厦门钟姓发源地在今湖里区禾山镇钟宅村。明朝洪武九年（1376年），钟泮儒从龙海海澄屿上村迁居同安县嘉禾里钟宅村，为钟宅村钟姓开基祖。今传至20多世。伴儒传下五子：维清、维明、维节、维月、维亮，分为"五房"。长房维清，现有91户；二房维明，后代钟颜德由钟宅迁入今安溪善坛（初名盐坛）定居；三房维节，迄今传下308户，分五个角落顶公仔、岁公仔、鱼池墘、涂节崒、砖仔场；四房维月，现有279户。四房下面有六个角落：前后角柱、大指甲花柱、顶菜池柱、小社柱、油车柱、小指甲花柱；五房维亮，共有40户。

今厦门钟姓裔孙大多属钟宅，主要分布在海沧区钟山、渐美、贞岱、凤山等村。

贞岱村 贞岱村钟姓人口约110人。1937年，从厦门钟宅迁来。凤山村钟姓人口约70人，为贞岱派。

钟山村 钟山村钟姓人数约40人。

郡望昭穆

颍川郡 秦始皇十七年（公元前230年）置郡。以颍水得名，治所在今河南禹县。相当于今河南登封以东，尉氏以西，密县以南，叶县、武县以北的地区。

竟陵郡 秦置郡，治所在今湖北潜江西北。西晋时封江夏郡，治所在石城。南朝宋时相当于今湖北钟祥、天门、京山、潜江、沔阳等地。

昭穆 忠孝智仁昌，诗书德义扬，俊贤绵世泽，龙凤腾翔长。

第三节　康　姓

人口排行：中国第七十六位，福建第五十八位，厦门第三十八位，海沧第三十六位，人口480人左右。

图腾释义

康是天表重的简化。共工氏因主持天表而称为康回。"回"是灵台方坛。上部为牙璋，中部为玑盘，天竿两侧的八点为圭度，即八卦历度。

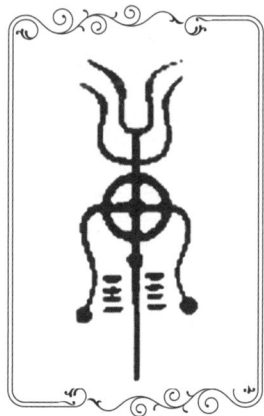

得姓由来

（一）主源出自姬姓，为康叔后裔，以祖上谥号为氏。周武王灭商后，把同母幼弟姬叔封在康，故称康叔。武王死后，成王即位，把原来商都周围地区分封给康叔统治，并改封康叔为卫君，建立卫国，故又称卫康叔。到周成王亲政时康叔被举为司寇，他死后谥号"康"，其后便以谥为氏，称康氏。史称康姓正宗。

（二）汉代西域康居国王子之后裔，以国名为氏。据《梁书·康绚传》所载，汉代时，西域康居国派遣他们的王子来到中国，以示臣服，汉代在西域设置都护，那位王子到达我国后就在河西落脚待诏，后康居国王子定居河西（河西走廊与湟水流域一带），其后人以国为氏，是为甘肃康姓。

从秦代开始，康氏子孙已经向西、向东继续繁衍播迁，以致后来在陕西、山东两省形成了早期康姓两个大的族派，即古代京兆及东平一带的望族，并形成京兆、东平两大郡望。

入闽入沧

（一）据《漳州图经》记载，唐嗣圣年间（684年），胡商康没遮到漳浦温源溪，投钱洗浴的记载。今漳州地的康姓主要分布于九龙江下游的龙海市紫泥镇境内。唐、宋时期进入漳州的穆斯林，大多与当地人通婚，其后裔成为"土生蕃客"。其上源来自康居国的康姓族人。

（二）唐开元四年（716年），光州固始县人康子元（字右昌，号毓琦），时因天下离乱，乞疏致仕奉旨入闽。同夫人孔氏携子仲璟，迁居建宁府建阳县，是为始祖。十一世 天墀（仲达长子）、天阶（仲达次子）、天德（仲达三子）迁居泉郡。天德子真福生昆保，据传，天德后裔后迁居安溪湖上、永春锦斗、芦丘，后移居玉斗凤山美垵。

海沧东孚东瑶村霞美康氏属京兆衍派，据族人介绍，祖上居石码沙坂康厝林，因遭灭族之祸，五子往东逃，长子避于石码安山，次子居东孚东瑶霞山，三子居同安豪山，四子居翔安箱山，五子居惠安松山。其中，东瑶霞美康氏今分9房，人口约450人。裔孙有迁居龙海角美新岭。清末，众多族人往台湾嘉义义竹乡、菲律宾、缅甸仰光谋生。家庙为"霞文堂"。昭穆为"公侯伯子男，仁义礼智信，温良恭俭让"，今行至"信"字辈。

东瑶霞美康氏霞文堂　　　　　　　　霞文堂昭穆碑

又据同安豪山（即今同安新民禾山）康氏族老介绍，其亦属龙溪康厝林派。南宋绍兴年间（1131—1162年），自龙溪康厝林来同安豪山定居蕃衍，始祖名二十八，先居前房。元至正元年（1341年）二月，顽童在树上撒尿先淋和尚之头，后又淋过路红巾军官兵而遭致剿杀，惨遇灭族之灾，惟五岁康景旸外逃免于难。元末景旸复归故里，因前房住宅已被烧毁，则卜居东北约半里的今祠堂边，后裔孙繁茂，繁衍禾山村刘塘、前房、墙后、下庄、垅仔尾、乙楼、后路、宋厝、前山、九栈林等社，成为同安西部的大姓。二、三房居山尾林社，人口3000人左右。从七世起昭穆编为：惟允资文勋，浦尔卿夫士，公侯伯子男，仁义礼智信，温良恭俭让，肃艾睿哲圣。

海沧霞山与同安豪山康氏应是兄弟无疑，今列出记载较为详细的同安豪山康氏资料，做为了解东瑶霞山康氏的参考。

郡望堂号

京兆郡 三国曹魏文帝黄初元年（220年），改京兆尹为京兆郡。黄初二年（221年）封皇子礼为秦公，以京兆郡为秦国，黄初三年（222年）又改名为京兆国。魏明帝青龙三年（235年）封皇子洵为秦王，改京兆国为秦国。齐王（曹芳）正始五年（244年）改为京兆郡。西晋时仍置京兆郡，隋唐均设京兆尹（郡、府）或雍州，作为郡级建制以统长安、大兴（唐改为万年）等20余县。

第四节 何 姓

人口排名：中国第十七位，福建第二十三位，厦门第二十九位，海沧第二十七位，人口790人左右。

图腾释义

何姓是人方河伯氏族的族称。古代黄河流域分为西河、河套、东河和中河，以"河"为姓。"河"由"亻"、"可"组成，"亻"代表人方（东夷的一支），"可"像黄河流经的区域。

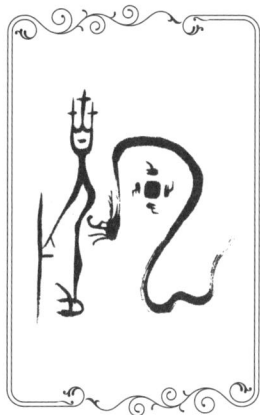

得姓由来

源于姬姓，本于韩。公元前678年，曲沃武公夺得晋国君位，封小叔姬万于韩原，号为韩武子，韩姓自此起。公元前230年，秦虏韩王安，韩国遂亡。当秦始皇南巡途经博浪沙遭伏击，误中副驾，秦始皇下令搜捕韩国遗民，原韩国恒惠王庶子韩瑊在江淮揖渡，遇秦吏诘问姓氏，当地人"韩"字与"河"字音相似，韩瑊指水而答，避过秦吏搜捕。事后方知原委至为大骇，韩瑊庆幸因河免遭刀祸，遂改为何姓。是为主源，发源地在安徽省巢湖市的庐江县。

入闽入沧

唐总章二年（669年），何嗣韩辅（名德，号衍）佐陈政、陈元光父子定闽开漳，功勋卓著，封光禄大夫、辅国将军、安抚节度使，分镇泉州，食采螺阳，家居于惠安埔崎，卒葬北门外青林山舍利院。南宋淳祐年间，其裔孙何普成（字逊基），从螺阳迁至温陵县浔江，生五子：元镇、元钊、元钲、元镛、元铉，为漳泉分派之祖。元初至元年间（377—394年），元钊移惠安埔崎，元钲分居莆田何桥，元镛移漳郡岳日莲花，元钲为诏安鼻祖。

何元镇（讳靖之，号我泉），仍居温陵，生有七子：添清、添治、添润、添沮、添湢、添河、添漪。元初，何添清任大理评事。元兵统治泉州时，横徵暴敛，元大德二年（1298年），还要抓他的弟弟去当兵服役，何添清一气之下，带着六个弟弟驾船从泉州出海，弃官潜逃，全家向南航海至同安嘉禾里顺济宫歇息，择居东澳。后来，为了逃避元兵追捕，何氏七兄弟又一次聚集在顺济宫前商量对策，并商定七个兄弟分散到福建各地，各自生根开花，繁衍后代，大兄何添清，留在嘉禾东澳，开基何厝村；二兄添治返回泉州清源山下浔美村；三兄添润开基晋江好德坊；四弟添沮和五弟添湢开基漳浦的官浔（分上宗、下宗）；六弟添河开基平和何地村（今属云宵）；七弟添漪开基安溪珍地村。

厦门市何姓常住人口万余人，几乎属温陵何元镇派下。何元镇长子何添清（字祖乾），留在嘉禾东澳，开基东澳何厝村（今思明区莲前街道何厝社区）。何添清与妻唐氏生三子，长子佛淑，次子仲淑，三子仁淑。添清定居东澳后，便往金门何山埔浦边村（今属金沙镇）开垦，再娶戴氏并生子，金门岛内何氏聚居村落已有东坑、何厝、新市、刘澳、沙尾、成功、山外、营山、下后垵等，人口3000余人。

海沧何姓主要聚居在困瑶村大埕社和海沧农场坪埕社。元末明初，何添清之孙何天成迁来海沧困瑶大埕，裔孙分5大房，其中2房往海沧农场坪埕，3房往台湾。大埕裔孙已传至28代，人口280人左右（含海沧区各村落）。郡望为庐江，家庙为庐江堂，位于困瑶村大埕69号，另海沧农场坪埕社有何氏小宗一座。

坪埕何氏小宗

又据《何氏族谱志》明正统十二年（1447年）记载，居于龙溪白石乡（今龙海角尾）的何成，其裔孙何文宝（何衍 10 世孙）南宋中期迁居海沧，据说其孙国文、国贤、国俊皆为南宋嘉定年间进士。这支何文宝裔孙，宋末因兵祸子孙移迁，在海沧守祖者因之衰零，有的迁往晋江，今海沧已难觅其踪。

海沧何氏沿用何厝何氏昭穆，昭穆为："日时景世会"。后续为："天开地劈人生贵，月明星灿宿列张，风适浪静水澄清，嘉禾俗美治升平。"

郡望堂号

庐江郡 汉置郡治在今安徽庐江县西二十里。汉末徙治，在今安徽潜山县。三国魏，迁今安徽六安市北。西晋时期，辖今东起安徽芜湖、北至寿县、南至江西九江的广大地区，郡治舒县（今安徽省庐江县）。南朝宋置，后魏因之，治所在今安徽霍山县东北三十里。魏晋南朝时期的庐江何氏，人丁兴旺，政治显赫，文事繁荣，以之为郡望。

第十二章：王姓、卢姓、叶姓、萧姓

第一节 王 姓

人口排行：中国第二位，福建第七位，厦门第四位，海沧第十位，人口3660人左右。

表12-1 海沧区王姓分布表

所在街道	行政村	人口（人）	派系	所在自然村
嵩屿街道	石塘	114		
	东屿	76		
	贞庵	57		
海沧街道	渐美	100		
	温厝	78		
	锦里	43		
	后井	59		
	海沧	95		
	囷瑶	176		
	青礁	108		
	古楼	22		
新阳街道	霞阳	47		
	新垵	113		
东孚街道	莲花	374	白礁派	茂林
	东埔	52	白礁派	
	山边	256	白礁派	浦头
	过坂	63		
	洪塘	119		

	凤山	74		
东孚街道	贞岱	60		
	东瑶	109		
	芸美	46		
	鼎美	52		
第一农场		50		
海沧农场		101		

图腾释义

王姓是远古三苗之一的柯约耶劳的族称。王姓由天齐建木和盖天图组成，或说是酋长戴一顶半月形的钺斧天文仪器做成的王冠。周天历度称"盖天图"、"浑天图"。王姓是首创这种天文历法文明的氏族之一。

得姓由来

王氏源出姬姓。东周至周灵王廿二年（公元前550年），周灵王太子晋，辅王政。只因谷、洛二水暴涨，将及王宫，灵王患而壅之。而太子则主其不可，不期竟触怒父王，致被贬为平民。太子贲志以终，年仅十七。太子晋之弟，名敬宗，曾仕周为司徒，周室就衰，乃毅然引退，避乱居太原，改姓为王。时人犹称之曰王家，乃以王为姓，并尊晋公为"王氏系姓始祖"，时称"太原王氏"。

入闽入沧

唐末光启二年（886年），固始人王潮、王审知、王审邽入闽。唐乾宁四年（897年），王潮病逝于福州，王审知继任，五代开平三年（909年），封王审知为"闽王"。同光三年（925年），王审知病逝，葬于晋安区新店镇莲花山下。王审知之子王延翰、王延钧、王延曦、王延政，俱先后称帝，至后晋开运二年（945年），闽为南唐所灭。王审知三兄弟之裔孙广布全闽各地，是福建王姓主流，为"开闽传芳"派，属"忠懿王氏"。郡望为太原郡，是王氏发祥地。以下是王审知派下情况。

长子王延翰，漳州诸邑的王姓皆其裔孙。

四子王延政，莆中王氏尊王延政为二世祖。王延政传六子：继成、继昌、继达、继元、继重、继晋（又作继勤）。次子王继昌，又名秉祯，字伯祥，生有五子：管礼、管朋、管斌、管友、管智。后晋开运二年（945年），南唐兵逼福州，王继昌被原王审知的部下、谪居于福清的李仁达率军攻入福州所杀。其子王管礼避居南安翁山（又称瑛内，现南安英都，后裔迁安溪少卿），王管朋避居永春东卿（坑），王管斌避居安溪长卿（今长坑），王管友避居南安岩头，王管智避居安溪招卿（今属芦田），《王氏谱志》称之为"五子分四卿"。

元末明初，闽王十四世孙王际隆居福州南台。际隆生四子：长右泰，次右丰，三右丞，四右辅。右泰生于元朝中叶，进士出身，官拜兵部郎中。1368年，右丰携右泰三个幼子避祸，先奔晋江仓头，再徙同安积善里白礁。白礁下巷系右泰三子正本、正始、正翕所传，右丰传上巷。右丞居马銮（今属集美区），右辅居漳浦横口。右丰上巷派再分衍内厝镇美山、马巷街大宫口。台湾前行政院领导人王金平即为白礁上巷后裔，其渡台祖王文医是白礁王氏第13世裔孙，王金平为第22世裔孙。

白礁王氏昭穆为"右正伯方启，元宗伟继天，子祈行事志，臣原学良贤。礼义家为本，智仁世可传，存诚能取信，裕后并光前。德大勋弥溥，才高业益蕃，千年承缵绪，万代绍渊源"。家庙为世飨堂，始建于大明甲午年间（1474年），历代均有修葺。存有《白礁王氏族谱》，清乾隆四十三年（1778年），白礁王羽仪、王用宾等人增修并敬序。

海沧王氏裔孙大多属于王审知白礁派系，主要分布在东孚的莲花村茂林社、山边村浦头社、洪塘村、东瑶村及海沧街道的囷瑶村西陵坑社、渐美村和石塘村。其中，莲花村茂林社，清康熙年间迁来，始祖名字失考。祖墓地点在村内。今繁衍12代，人口250人。家庙为"世德堂"，大门联曰"太原望族源三晋，固始义师靖八闽"，堂内悬有"照光"、"进士"二匾，山边村浦头社，乾隆八年（1743年）迁来，始祖名字失考。裔孙人口250人。浦头村中部原有祠堂，称珉公厅，20世纪50年代倒塌。

　　族贤王三接，字允康，号晋斋，明代同安县人。嘉靖二十九年（1550年）进士，授南户部主事，分管凤阳。到凤阳后，管理军饷，节约有余。后调方协司郎中，分守韶州，清冤案无数。卒于任上，年仅22岁，韶民痛哭。

茂林王氏世德堂

第二节　卢　姓

人口排名：中国第四十二位，福建第三十三位，厦门第三十六位，海沧第三十七位，人口350人左右。

图腾释义

卢姓是神农氏第八代参卢的直系嫡传裔支。卢由"虎"、"胃"、"皿"组成，"胃"意指发祥于"渭水"的鬼姓鸟支，与白虎"参"族通婚，擅长制作陶器，所以图腾是"虎"、"胃"、"皿"三合一。始祖参卢。

得姓由来

（一）出自姜姓。西周时，炎帝后裔姜尚（字子牙），因辅佐周武王灭商有功，被周公（周武王之弟）封于齐。姜尚的十一世裔孙高傒任齐国正卿，因屡建丰功，受封于卢（今山东济南长清偏西南）。其子孙以邑为姓。

（二）出自复姓改单姓卢氏。据《通志·氏族略》所载，以"卢蒲"为姓的一支，出自姜姓，到后来纷纷改了单字的卢氏。南北朝时，北魏孝文帝迁都洛阳后，复姓吐伏卢氏、伏卢氏、卢浦氏、莫芦氏改为汉字单姓卢氏。

（三）出自他姓赐卢氏。隋炀帝时，河间人章仇（复姓）太翼，善天文，赐姓卢氏。

（四）出自他姓改卢姓。如范阳有雷氏，以卢氏为著，又以雷、卢音相近，所以在后周初改姓卢氏。

（五）出自国名。春秋时代的庐子国，有人以"庐"为姓，后则改为卢。

入闽入沧

（一）唐高宗总章二年(公元669年)，光州固始人就政、陈元光父子先后率府兵五十八家（姓）军校入闽平定"蛮獠啸乱"，其中有府兵校尉卢铁（653—713年）字如金，闽南多推卢如金为卢氏入闽始祖。卢如金有三子：长子卢伯道为陈元光的长女婿，其子武辉迁居龙溪天宝墨溪，传裔于龙溪、长泰、南靖、平和一带，其中有一支传漳浦杜浔下卢。二子卢伯通、三子卢伯达则居漳浦，传裔于漳浦竹屿和赤土浯源卢厝等处。卢如金的曾孙卢成为漳州墨溪（今天宝镇压卢桥墩头村）卢姓始祖。肇基始祖卢震素于明正统年间（1436—1449年）入垦，定居于龙海市海澄镇西头山麓西门坑。宋代，卢如金的二十世孙卢促庆任永定教谕，迁居永定丰田里，其后裔卢得成移居龙岩县永福里霭平山（今属漳平市）。霭平山卢姓六世孙卢秉崇于明宣德元年（1426年）避乱，迁居青阳传衍。迄今，其后裔还分衍同安杜桥、龙海角美、程溪等12个村庄，以及安溪大坪、南靖等处，

（二）唐僖宗年间，御使中丞固始人卢邹游宦福建，后合族卜居同安古庄村。大约于明朝中期，从同安县苎溪内石兜乡西溪埔（今坂头水库源流处—古庄）迁来到南安李东（霞洞）定居。据苎溪古庄卢氏后裔说："原苎溪卢姓是从卢岑迁到苎溪的。太始祖生有四子：长子、次子与其父留居原地—苎溪古庄，现有人口三百多人，三子卢仁荣携其母迁到南安县，四子迁居金门。其裔孙一支由卢宗发带领于明代迁往浯州岛（今金门）定居。

（三）唐末乾符六年（879年），王潮、王审知等人率领河南光州和寿州之兵入闽开疆，卢光将军随之入闽，居于闽侯（今福州市）。南平市宝珠山卢氏宗谱记载，卢光后迁尤溪县，其后代迁延平（今南平市）西郊。约在宋代，其裔孙迁宝珠山。元代分别迁尤溪、沙县，后徙顺昌、建阳等地，卢氏因此蔚为闽北一大宗族。永泰县卢维文于元（后）至元四年（1338年）迁涵江，莆田县卢仲廉于明代迁长乐猴屿乡浮岐村。

（四）宋高宗末年，卢三六郎（字处信，讳惟钦，号建宁）为避金兵南侵之乱，由江西虔化县迁汀州府宁化县石壁乡。卢处信为卢氏入闽西始祖。生二子：文宝、文新。卢文宝（1162年生），任上杭县教谕，于宋光宗间从宁化石壁下村，偕弟卢文新举家徙居古上杭县丰田里枫林下石壁寨（今永定县龙潭镇枫林下石壁溪村），卢文宝、卢文新为永定卢氏开基始祖。卢光绸派下子孙由江西入闽，分布于宁化、漳州、

同安一带。

海沧卢姓有三支，分布在鳌冠村庙兜社、渐美村芦坑社和贞庵村岭上社，人口数较少，入闽上祖，皆存疑。

鳌冠村庙兜社卢姓今仅存五户，家庭人口30余人，家庙为本音堂，地址在庙兜82号。祠堂联："门拱庵山瑞献宗祠久，堂牧池水源流世泽长。"；渐美村芦坑卢姓，家庭人口50人，家庙在芦坑北片89号，面积近百平方米，为开口厅格式；贞庵村岭上社，家庭人口15人，始祖卢声亮，1908年从浙江平阳供职于厦门美孚石油公司。其油库建在嵩屿，定居岭上。今传至五代。据族人说，平阳卢姓上祖也从福建迁去，在岭上也建有卢氏祠堂。岭上声亮公墓，在京口岩。

郡望为范阳郡，三国魏时改涿郡置郡，治所在涿县（今河北涿县）。西晋改为国，北魏复改为郡。

渐美卢氏家庙

第三节 叶 姓

人口排名：中国第四十九位，福建第十二位，厦门第七位，海沧第十九位，人口1590人左右。

表12-2 海沧区叶姓分布表

所在街道	行政村	人口（人）	派系	所在自然村
嵩屿街道	贞庵	127		
新阳街道	新垵	98	同安派下	
东孚街道	东埔	32		
	山边	48		
	寨后	40		
	过坂	32		
	东瑶	87		
	鼎美	175	同安派下	
第一农场		305	祖地	

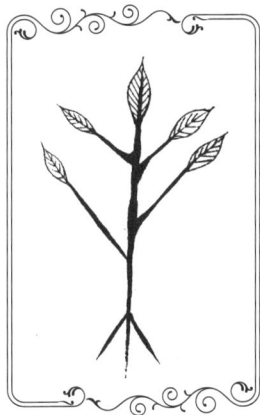

图腾释义

叶姓以树叶为图腾入姓。"叶"的本字作"摄"，"摄"为双手"捧耳"形。"叶"、"摄"同音相假。以叶邑为姓。

得姓由来

出自芈姓沈氏，为帝颛顼的后代。据史书所载，帝颛顼的后裔陆终有一子名季连，赐姓芈。周成王便追封其裔孙熊绎于荆山（今湖北西部）一带，建立荆国，定国号为楚。春秋时，楚庄王有一曾孙叫戍，任沈县尹，称沈尹戍。其后代就有人以沈为姓。沈尹戍后来任楚国左司马，楚昭王十年（公元前506年）沈尹戍战死沙场，昭王封他的儿子沈诸梁食邑叶（今河南叶县南旧城），称为叶公。其后人便以邑为姓，称为叶氏。

入闽入沧

（一）建安派　叶琚因任钱塘令而在当地安家，后成为当地望族。其孙叶游迁居建安县。

（二）仙游古濑派　唐总章二年（669年），处州叶炎曾的裔孙叶德随陈政、陈元光父子入闽。炎曾的裔孙叶清为莆田叶氏开基始祖。五代十国末年，其裔孙叶迅（947—1000年），从仙游古濑迁居南安县十五都龙卧山之下，再迁十三都凌云（今高田村），繁衍南安叶氏一族。

（三）同安佛岭派　南阳叶洙在唐龙纪元年（889年）随王审知入闽，佐闽王理朝政，后卜居同安佛子岗，为闽南叶氏始祖之一。叶氏后裔即以"佛岭"为堂号。至八世叶益（1230—1313年），因得娶魏王赵从政之妹赵玉环为妻，故称"叶郡马"。宋淳祐八年（1248年）创建"郡马府"。

（四）莲溪派　北宋末，河间府的叶十三郎（名颐）"避金人之乱南渡，居漳州之莲溪。"据漳州《莲溪本纪》和《莲坂叶氏家谱》载：叶十三郎，字子平，南宋绍兴年间（1131—1162年）由漳州叶浦社举家迁入今厦门岛内。据说，叶十三郎（名颐）带领一家老幼30多口人跟着陈均迁入今厦门岛，落脚于浦源陈姓村落的左侧，后搬到莲坂定居。后裔一支传同安澳内。

厦门叶姓主要有同安佛岭派和莲溪派二派。同安佛岭派，广布同安各村落；莲溪派主要分布于厦门岛内。清初，莲溪叶氏已经发展到仙岳、西郭、东山、枋湖、后坑、岭下、屿后、竹坑湖、西林、西山、埭头、浦南、双涵等17个自然村，连同"母社"莲坂，有"十八乡正派同堂"之称。

海沧叶姓主要分布在五村社：贞庵村京口、岭上两社，鼎美村、新垵村东社和第一农场。贞庵村京口、岭上两社的叶姓为同宗，因无族谱，其开基祖名字失考，传至几代也无从考究。据族人口传，先祖可能在明朝嘉靖年间从浙江丽水迁此。今家族人口130人左右；新垵村东社叶姓始祖叶公灿，明末从同安莲花迁此。无族谱，裔孙蕃衍情况不明，今裔孙人口约100余人；鼎美有叶姓180人左右，据说从同安迁来。

郡望为南阳郡，战国时秦昭王置郡，治所在宛县（今河南南阳市）。

家庙有四座：一为贞庵京口崇本堂，原址在坑里（今贞庵村博坦油库附近），乾隆癸巳年（1773年）建。1995年移至京口，占地面积120平方米，祠堂石楹联："本植濠门瓜瓞延承丽水，崇源固始棣华竞秀台山"。二为贞庵叶氏宗祠，地址在贞庵村京口社。三为新垵东社叶氏祠堂，抗战期间被日本炸毁。2007年重修，位于东社下叶。四为东孚叶氏家庙，位于东孚街道第一农场孚中央。

贞庵京口叶氏崇本堂

京口崇本堂碑记

许厝叶氏家庙

第四节 萧 姓

人口排行：中国第三十三位，福建第三十位，厦门第四十四位，海沧第三十二位，人口490人左右。

图腾释义

该族始祖发明的观日灵台叫萧。这个观日工具，由三部分组成：第一部分是"扶桑"，亦代指太阳。第二部分是巫觋拿日晷矩尺测量运行轨迹，用刀具刻在树干上。第三部分是潭渊，是四周环水而中间隆起的台地，其上设有坛台。四周的水点是在扶桑树上契刻日月运行的度数，在"亚"形上面是一只手持着一支刀笔进行记录。这个人就是巫觋。始祖殷微子启裔大心，封于萧得姓。

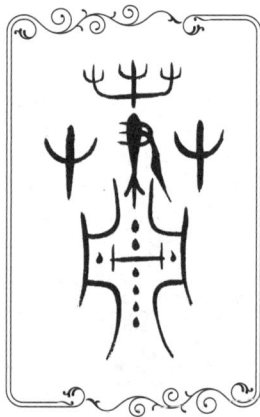

得姓由来

（一）出自子姓。春秋时期，宋国有一名将名叫南宫长万，在攻打鲁国时战败被俘，被囚于后宫，几个月后才回到宋国。宋闵公为此曾多次取笑他，长万因被触痛处而恼羞成怒，一次乘酒兴杀死闵公，并从此公开叛乱，另立公子游为君。宋国群公子纷纷逃往萧邑（今安徽省萧县西北）。后来宋国微子启裔孙大心率王族弟子及随从组建的军队，诛杀了南宫长万，平息了这次叛乱，扶闵公之弟御说继位，是为宋桓公。宋桓公因大心平叛有功，就把他封于萧地，建立萧国以为附庸。公元前597年萧被楚所灭，其子孙遂以国为氏，称为萧姓。大心也就被后人尊为萧姓的得姓始祖。

（二）出自大禹贤士伯益后裔。据有关资料所载，古代嬴姓各部族首领伯益之后作士于萧，便以萧为姓，其后代延袭姓萧。

（三）据《续通志·氏族略》、《姓氏词典》、《古今姓氏书辨证》等有关资料所载，出自少数民族改姓或被赐姓，得姓萧。汉朝时巴哩、伊苏济勒、舒噜三族被赐姓萧，两晋南北朝时契丹巴哩、伊苏济勒、部噜三氏改姓萧。

入闽入沧

唐总章二年（669年），陈政奉旨入闽平乱，府兵队正萧润尔随军入闽，为萧姓入基闽南开基祖。

唐中和年间（883年），萧曦官刺史，自河南避乱入闽，居长乐。后来，他的子孙昌盛于长乐县大鳌坑，称凤翼派。北宋宣和年间，萧潢由长乐迁入莆田岱石。萧愈由长乐徒居永福瑞云峰（今永泰县岭路乡七斗村），宋乾道二年（1166年），其裔孙萧国梁考中状元，奉旨至漳州知州事，萧国梁的后裔分居漳州、大田各地。萧国梁的七世孙萧中立迁徙到厦门乌石浦。后又有一支萧宗寿迁同安浯州。长泰肇基祖为萧汝器。元朝至正年间，萧下萧姓祖先韦松迁居晋江安海后萧村，二子萧烟迁居东石霄霞。

明永乐年间，江西吉安府庐陵县人萧时中为状元，二十岁时（1414年），奉旨督学福建，来漳州巡视时，"观漳州风俗纯美，衣冠整齐，物类丰富，遂生创置之心"。于是定居于龙溪县东门外接官亭（现漳州市新华东路）。萧时中传三子，长子积玉，移居南靖郑店村。次子积金，中进士后，出仕于广东省揭阳县，定居于揭阳。三子积宝，守居漳州东门外。积玉传四子：长子崇星生恭、奋两兄弟。萧恭定居书洋石班滩村，其子萧孟容移居金山下涌村，即为"涌山派"肇基始祖；萧奋先居南坑高港村，于明朝天顺八年（1464年）移居书洋外坑，成为"书山派"肇基始祖；次子肖崇显，移居广东大埔县白喉村；三子萧崇灵，守居郑店；四子萧崇信生下萧细满号满泰，移居书洋菜溪村（即内坑村），成为"斗山派"肇基始祖。

厦门市萧姓常住人口近6000人。萧氏村落在湖里区江头街道乌石浦社。大约在元代，萧国梁的七世孙萧中立从漳州迁徙到厦门乌石浦，成为乌石浦萧氏开基祖。现主要分布在厦门岛内的乌石浦、江村等村社。人口600余人。

温厝肖坑萧氏念德堂

海沧萧姓主要聚居在温厝村肖坑社，周边村社如锦里村草仔尾社、温厝村长园社、后井村欧垄社有零星分布，裔孙百余人。据族老介绍，解放后因族田被占，祭祖活动被迫中断，始祖不明，其族可能与乌石浦萧氏同支。肖坑萧姓分二房支，清末民国初，大批裔孙前往南洋，主要分布在越南和吕宋，曾出现大部分家庭有侨批的现象。萧姓家庙为念德堂，因村庄拆迁移至海沧街道温厝兴港花园 2371 号。

郡望堂号

兰陵郡 西晋元康元年（291 年）分东海郡置兰陵郡。（郡辖境包括邳州北部、苍山县大部及今山东枣庄市及滕县东部、东南部地区）。治所在兰陵（今苍山县兰陵镇）。隋开皇三年（公元 583 年）废。萧姓望族所居。

后 记

　　我生于海沧，长于海沧。我热爱海沧，敬重海沧，不仅仅因为它是家乡，更因为它是个有故事的地方。

　　近二十年来，我热衷游走在海沧各村社。那美轮美奂的祖祠家庙，那勤劳纯朴的宗亲族贤，那生动感人的创业旅程，让我钦佩海沧先民的坚韧拼搏、聪明宽惠。姓氏是血缘纽带、地域纽带，更是文化纽带、精神纽带。每个姓氏都有一番意味深长的来历，都蕴藏着一段段生动感人的历史，让我感慨姓氏文化的绚丽多姿。家庙是裔孙尊祖敬宗、传承祖德、接受族教、振声家风的场所，已成为裔孙的心灵圣殿、精神家园。

　　海沧各姓氏先民筚路蓝缕，拓荒垦植，为后人留下美好的家园，宝贵的精神。您看那堂号："忠义"、"忍和"、"馨德"、"敦睦"、"怀恩"……。教劝着我们要端士品、敦孝悌、睦亲邻、明礼让、务正业、尚节俭等，多殷切的教诲啊！

　　福建是台湾同胞的主要祖籍地，海外侨胞的主要故里，中华姓氏播迁海外的主要中转站。海沧是著名的侨乡，对台交流的桥头堡，海沧乃至福建的姓氏研究，对台湾同胞、海外侨胞的寻根问祖有着重要的意义。

　　几年前，正值《海沧区志》编撰，我和厦门市图书馆原副馆长江林宣研究员接受了编写"海沧姓氏志"的任务。在江老师的带领下，我俩走村串户，遍访耆老，考察家庙，查阅志谱，调取数据，溯源辨伪，经年余而成稿，然我却意犹未尽。

为方便侨、台联谊，游子寻根，我撷取了方家们对姓氏图腾、得姓由来、入闽派系的熠熠硕果，来完整篇幅，清晰脉络。做为一名闽南文化爱好者，斗胆将此稿付梓，期能为见证历史，传承优良，扩展联谊，服务社会之目标尽绵薄之力。

在编写过程中，幸得海沧管委会原副主任邹品柱先生、区政协主席许成福、区委副书记曹放、宣传部部长张谷、统战部部长章春杰等领导的勉励；得到了区委台办、外办、文联、社科联、侨联、档案馆、各街道领导的指导；各街道文化站、各姓氏宗长的鼎力相助；尤其是海沧姓氏源流研究会会长李忠兴先生热诚鼓励，江林宣研究员寒来暑往数十次执手相教；集美大学杨广敏教授、海沧区书画协会副会长张胤生先生和书法家陈浩明盟友，欣然挽袖为拙著题词；黄昱臻学长数月来奔波于家庙间，用相机记录美好；小侄廖燕燕、王晓莉，倾其所学，出力不少。艺聪感恩致谢，谢谢各位贤达亦师亦友的关爱。

碍于水平，书中定有诸多不足之处，期待能得到大家的指正。也祈望方家不吝赐稿，完善内容，一起为侨乡海沧的姓氏研究添砖加瓦。

艺聪谨记于丙申年季春